Andreas Pröve
Mein Traum von Indien

SERIE PIPER

Zu diesem Buch

Abenteuerliche Reisen, allein mit seinem Rollstuhl, sind die
große Leidenschaft von Andreas Pröve. Nach einem Motorradunfall konnte er in seinem Beruf als Tischler nicht mehr
arbeiten und wurde ein bekannter Fotoreporter, der viele
Länder der Erde gesehen hat und eines Tages seinen Traum
von Indien wahr macht: Er wird dem Ganges von Kalkutta
bis zur Quelle folgen. Das letzte Stück im Himalaja tragen
ihn Sherpas über Schluchten und gefährliche Klettersteige.
Doch das Ziel ist nicht das Entscheidende: Weil Andreas
Pröve immer wieder auf Hilfe angewiesen ist, kommt er den
Menschen am Ganges und auf diese Weise dem Land ungewöhnlich nahe. Er versteht es, davon mit ansteckendem Witz
und der Offenheit dessen zu erzählen, der das Leben liebt.
Und wenn sein indischer Freund Nagender Fotograf wird
und eines Tages Fahrrad fährt, obwohl sich das für einen seiner Kaste keinesfalls gehört, dann ist nur einmal mehr bewie-
sen, dass nichts unmöglich ist.

Andreas Pröve, geboren 1957, bekannter Fotoreporter, ver-
unglückte als 23jähriger mit seiner Yamaha und ist seitdem querschnittsgelähmt. Schon drei Jahre nach dem Unfall
brach er zu seiner ersten Indienreise auf und tourte später
monatelang durch Asien, wo er unter anderem für »terre des
hommes« über Kinderarbeit berichtete. Mit seiner Frau und
seinen beiden Kindern lebt er in der Lüneburger Heide. Zuletzt erschien von ihm »Meine orientalische Reise«. Weiteres
zum Autor: www.proeve.com

Andreas Pröve
Mein Traum von Indien

Mit dem Rollstuhl von Kalkutta bis zur
Quelle des Ganges

Mit 20 Farbfotos von
Andreas Pröve und Nagender Chhikara

Ein **MALIK** Buch

Piper München Zürich

Die Fotos wurden von Andreas Pröve aufgenommen,
mit Ausnahme der Bilder 3, 5, 7, 11, 12, 19, die Nagender Chhikara
fotografierte. Die Karte erstellte Eckehard Radehose.

Von Andreas Pröve liegen in der Serie Piper vor:
Mein Traum von Indien (4814)
Meine orientalische Reise (4837)

Dieses Taschenbuch wurde auf FSC-zertifiziertem Papier gedruckt.
FSC (Forest Stewardship Council) ist eine nichtstaatliche, gemeinnützige
Organisation, die sich für eine ökologische und sozialverantwortliche
Nutzung der Wälder unserer Erde einsetzt (vgl. Logo auf der Umschlagrückseite).

Ungekürzte Taschenbuchausgabe
Oktober 2004 (SP 4240)
Oktober 2006
© 2003 Piper Verlag GmbH, München,
erschienen im Verlagsprogramm Malik
Umschlagkonzept: Büro Hamburg
Umschlaggestaltung: Birgit Kohlhaas
Fotos Umschlagvorderseite: Andreas Pröve
Foto Umschlagrückseite: Andreas Pröve
Satz: Dr. Ulrich Mihr GmbH, Tübingen
Papier: Munken Print von Arctic Paper Munkedals AB, Schweden
Druck und Bindung: Clausen & Bosse, Leck
Printed in Germany
ISBN-13: 978-3-492-24814-3
ISBN-10: 3-492-24814-4

www.piper.de

Dieses Buch ist allen gewidmet, die mir halfen.
Der größte Dank gilt meinen Eltern,
meinem Bruder Fritz und meiner Frau Angelika.

Inhalt

Vorwort von Rüdiger Nehberg	9
Einleitung	13

TEIL EINS *Ein langer Weg*

Belgrad, Hauptbahnhof, 11. März 1990	17
Entscheidung in der iranischen Botschaft	22
Ramadan in Karatschi	24
This is ten Rupees	31
Ahmeds Fürsorge	40
Das Leid der anderen	82
Fünftausend Augenpaare	88
Mit Begleitschutz auf den Khyberpass	96
Pakistans wilder Westen	103
Vom Tschador zum Sari	107
Unter Ratten	119
Delhi	123
Zur letzten Etappe	129

TEIL ZWEI *Die Mutter aller Flüsse*

Der alte Traum vom Ganges	141
Start mit Hindernissen	151
Moloch am Golf von Bengalen	157
Zu Gast bei Fischern	163
Nagender Chhikara	177
Wettfahrt durch die Stadt	182
Blutopfer für Göttin Kali	189
Ein schlechter Tausch	195
Eine Liebe in Indien	198
Auf Buddhas Spuren	202
Eine arrangierte Ehe	212
Gangas abscheuliche Fracht	221
Varanasi, Stadt zwischen Himmel und Erde	228
Endlich biken	235
Kläffende Begleiter	246
Böses Erwachen	252
Fest der Farben	255
Rahmenbruch	265
Kumbh Mela	275
Der Preis des Ehrgeizes	287
Blockade aus Geröll	292
Huckepack zur Quelle	297
Karte	324

Vorwort

Andreas Pröve ist kein Normalreisender. Er reist im Rollstuhl. Er ist querschnittgelähmt. Aber nicht nur das macht den Unterschied. Es sind seine Beobachtungsgabe und der Erzählstil, die so fesseln. Als Nichtbehinderter sitzt man plötzlich neben ihm im Rollstuhl und erlebt die Welt aus einer neuen Perspektive. Man leidet, kämpft und lacht mit ihm. Nie zuvor habe ich mir darüber Gedanken gemacht, wie einem Behinderten zumute ist, wenn er die Welt erkunden möchte. Und zwar nicht die vor der eigenen Haustür, was schon schwer genug ist, sondern die im fernen Indien, selbst für Normaltouristen eine Herausforderung. Und auch damit nicht genug. Andreas will nicht etwa in den Städten von Sehenswürdigkeit zu Sehenswürdigkeit rollen, sondern von der Mündung zur Quelle des heiligen Ganges. Zweitausendsechshundert Kilometer Länge und viertausendzweihundert Meter Höhenunterschied. Mit Temperaturen von tropisch bis arktisch.

Es gelingt Andreas Pröve, den Leser neben sich auf den Rolli zu nehmen und mit seiner Erzählkunst zu fesseln. Das aber nur bildlich. Denn in Wirklichkeit ist kein Zentimeter Platz auf seinem Mikromobil. Jeder überflüssige Millimeter wurde abgesägt. Jedes Gramm Gewicht gespart. Weg mit den Schutzblechen, weg mit einer der Bremsen, weg mit der halben Zahnbürste! Der Rolli wird zum handbetriebenen fahrradgleichen Straßenflitzer. Er ist ein Zuhause, ein Wohnmobil. Mit Wohnzimmer, Küche, Reparaturwerkstatt, Toilette. Nur zehn Kilo Gepäck. Andreas Pröves Erzählungen lassen Nichtbehinderte nachfühlen, wie anders die Welt aussieht aus seiner Perspektive, gebunden an den kargen Sitzplatz und ständig in Sorge darum, dass man sich nichts wund scheuert, den Steinen großspuriger Jugendlicher entgeht oder den Bissen tollwütiger Hunde. Pröve nennt es »Restrisiko«. Es schockt ihn nicht. Es ist sein »Salz in der Suppe«.

Bei jeder Zeile spüre ich eine Seelenverwandtschaft zu Andreas. Seine soziale Gesinnung ist wohltuend. Sein Durchhaltevermögen bewundernswert. Seine Kreativität ansteckend. Seine Leistung ist beispielhaft. Seine Geistesgegenwart begeistert. Als ein arroganter Staatsdiener ihm beispielsweise den Zutritt verweigert, verlangt Andreas selbstbewusst Namen und Dienstnummer. Er sei in staatlichem Auftrag unterwegs, um den Umgang der Bediensteten mit Behinderten zu dokumentieren. Klar, dass er sofort durchgelassen wird. Mit vielen Verbeugungen. Seitens des Beamten, seitens meiner selbst beim Lesen.

Das Buch sollte Pflichtlektüre für alle Reiselustigen werden. Egal, ob behindert oder nicht. Es zeigt, wozu ein Mensch fähig ist, wenn er nur will. Es wird Unentschlossene motivieren, nun doch endlich loszufahren. Es wird notorische Sesselhocker unterhalten, informieren, amüsieren und wahrscheinlich selbst sie aus dem Sessel reißen, hinaus in die pralle Lebensfülle dieser Welt.

Behinderten wird er ungeahnte Perspektiven, Dimensionen und eine höhere Lebensqualität vorleben. Dort, wo selbst Nichtbehinderte schon längst vor Erreichen der Gangesquelle aufgegeben hätten, trotzt Andreas misslichsten Situationen noch eine Portion Humor ab. Ob die Bundesbahn ihn als Stückgut statt Passagier befördern will, oder

als sich der Teppich seines indischen Hotelzimmers als
»Fliegender Teppich« entpuppt: bestehend aus tausenden
von Kakerlaken.

Auf den Straßen erdrücken ihn die Menschenmassen, im
Karni Mata-Tempel sind's die Ratten. Den Rolli muss er
draußen lassen. Zwei Träger setzen Andreas im Tempel
ab, irgendwo im Rattenkot. Rattenkot wie Kugellager. Als
die Nager satt sind, werden sie neugierig auf Andreas.
Wehrlos hockt er da, als die erste Ratte sein Hosenbein
entert. Er umspannt den Stoff mit den Händen und zwingt
sie zur Umkehr. Mit Gewalt will er es nicht versuchen. Sie
könnte beißen, und er würde es nicht fühlen. Jede Verletzung kann das Ende der Reise, das Aus für seinen Lebenstraum bedeuten.

Zimperlich darf man nicht sein, wenn man durch Indien
reist. Und das ist Andreas beileibe nicht. »Könnte man in
Gestank erstinken«, wäre Andreas nach eigener Einschät-
zung längst tot. Leichen treiben im Ganges, woanders watet
man in Exkrementen. Ungerechtigkeit, Korruption, Arro-
ganz auf der einen Seite. Hilfsbereitschaft und Aufopferung
auf der anderen. Ein skelettdürrer Rikschafahrer quält sich,
drei korpulente Frauen auf überladenem Gefährt vorwärts
zu zerren. Próves indischer Freund Nagender beschließt
spontan, ihn drei Monate lang zu begleiten und zu beschützen. Allerdings reist der Inder mit dem Zug, während
Andreas sich mit den Händen durch Dieselruß und Straßenstaub von Ort zu Ort kurbelt. Ohne den Inder wäre die
Reise sicherlich anders verlaufen. Und ohne die aufopfernde Zähigkeit der Sherpas hätte Andreas auch die Gangesquelle nicht erreicht. Doch die Gnade des Glücks ist letzten Endes für jeden Reisenden wichtig, ungeachtet seiner
Unversehrtheit und Kondition.

Andreas' Reisebericht ist etwas Besonderes. Seine »andere Perspektive«, sein Humor machen ihn aus. Es sind die vielen kleinen Beobachtungen am Straßenrand, es ist die Kurzweiligkeit des Buches. Nicht umsonst wurde Andreas Pröve von der Firma Globetrotter Ausrüstung zum »Globetrotter des Jahres« gewählt. Was er geleistet hat, ist einsame Klasse. Ich bin gespannt auf seinen Diavortrag.

Andreas wird mir ein leuchtendes Beispiel sein, wenn meine Kräfte altersbedingt nachlassen, während die Reiselust immer noch Purzelbäume schlägt und die Adrenalindrüsen ein Übersoll erfüllen.

Danke, Andreas!

Rüdiger Nehberg (67)
www.ruediger.nehberg.de
Rausdorf

»Warum fahren Sie eigentlich immer wieder nach Indien?«, werde ich nach meinen Vorträgen oft gefragt. Indien ist nicht in Worte zu fassen. Vielleicht ist es das flüchtige Lächeln eines Fremden im Vorbeigehen oder der durchdringende und fragende Blick aus den Augen eines Kindes. Vielleicht sind es die unbegreiflichen Widersprüche? Steinreiche Asketen predigen Entsagung, der Genuss von verseuchtem Gangeswasser verspricht ein langes Leben, und die Überlebenschancen von Kühen, Ratten, Hunden und Geiern sind größer als die vieler Kinder. Vielleicht ist es nur der Schrei der Krähen, die im Morgennebel über den marmornen Kuppeln der Mausoleen vergangener Herrscher kreisen. Indien mit Worten zu beschreiben gleicht einen Schwarm Mücken mit der Hand einzufangen. Einen kleinen Teil kann man verstehen, gleichzeitig entgeht einem der große Rest.

Obwohl ich schon viele Monate durch Indien gereist bin, ist mir das Land ein Rätsel geblieben. Um das Leben dort zu begreifen, will ich mich dieses Mal auf dem Landweg nähern. Ich bin neugierig auf die Menschen und ihre Alltagskultur, ihre Geschichte und Religion. Langsam will ich reisen und auf dem Weg Indien begreifen lernen.

Ich habe mich in Bremen von meiner Frau Angelika verabschiedet, um mir einen lang gehegten Traum zu erfüllen. Von Belgrad will ich mit der Bahn bis nach Istanbul fahren, dann den Iran und Pakistan durchqueren. Der Höhepunkt meiner Reise soll ein bedeutendes Pilgerziel der Hindus, die Quelle des Ganges im Himalaja, sein.

TEIL EINS

Ein langer Weg

Belgrad, Hauptbahnhof, 11. März 1990

Die Menschenmenge auf dem Bahnsteig wird langsam unruhig. Einige stehen auf, nehmen ihr Gepäck in die Hand, andere schälen sich aus ihren Decken, unter denen sie die vergangenen zehn Stunden geschlafen haben. Die Kälte steckt mir jetzt tief in den Knochen. Meine Knie sind eisig kalt, die Beine fühlen sich wie ein Stück Eisen an. Es ist Anfang März und es regnet in Strömen. Offensichtlich wurde bei der letzten Lautsprecherdurchsage endlich das Einlaufen des Orient-Express angekündigt. Auch bei mir kommt Unruhe auf. Der Adrenalinspiegel steigt und ich bekomme Herzklopfen, denn ich habe keine Platzreservierung und das bedeutet Stress. Der Bahnsteig ist so überfüllt, dass mir klar wird, ich habe keine Chance. Und tatsächlich: Nur drei Waggons des Zuges gehen nach Istanbul und die sind bereits bei der Einfahrt halb gefüllt. Das Schauspiel, das sich mir bietet, wäre ein Foto wert und normalerweise würde ich mich köstlich darüber amüsieren. Doch mir ist nicht zum Lachen, denn irgendwie, ich weiß nicht wie, muss ich auch in den Zug.

Während aus den Lautsprechern ein ohrenbetäubendes Gekrächze in jugoslawischer Sprache ertönt, dessen Sinn mir ein Rätsel bleibt, gibt es regelrechte Kämpfe an den Zugtüren. Wahrscheinlich hat keiner eine Reservierung und jeder weiß, wer keinen Sitzplatz bekommt, muss die kommenden vierundzwanzig Stunden stehen oder auf der Erde sitzen.

Nur Männer drängen in den Zug. Ihre Familien und Gepäckstücke stehen in sicherem Abstand auf dem Bahnsteig. Erst wird ein Abteil okkupiert und dann Kinder und Gepäck durch die Fenster hineingeschoben.

Von außen sehe ich, dass es kein freies Abteil mehr gibt, und auch in den Gängen lässt man sich bereits häuslich nieder. Immer wieder rolle ich an den drei Waggons entlang auf der Suche nach etwas Platz und Reisenden, die mir helfen könnten. Wieder sehe ich zwei junge kräftige Jugoslawen, die in der Tür stehen. Mit Engelszungen bitte ich zum zehnten Mal in englischer Sprache: »Würden Sie mir in den Zug helfen?« Doch erneut erhalte ich als Antwort ein Achselzucken oder abweisende Handbewegungen. »Nein, hier ist kein Platz«, bekomme ich zu hören. Das ist die Höhe, ich brülle vor Wut die Längsseite der Waggons an. Fragend und etwas mitleidig schaut man aus den Fenstern zu mir hinunter. Wahrscheinlich gebe ich in diesem Moment ein jämmerliches Bild ab.

Ich schaue mich um und stelle bestürzt fest, dass außer mir nur noch der Schaffner auf dem Bahnsteig steht. Er ist meine letzte Rettung. Ich rolle auf ihn zu und versuche ihm klar zu machen, dass ich auch noch in den Zug muss. Während ich wild gestikulierend mit dem Ticket nach Istanbul in der Hand vor seiner Nase herumwedele, steckt er seine Pfeife in den Mund, hebt den Arm mit der Kelle in der Hand und will gerade pusten. Nein, ich will nicht auf dem Bahnhof von Belgrad im strömenden Regen bei Temperaturen um den Gefrierpunkt zurückbleiben, ich will nach Indien! Kurz entschlossen entreiße ich ihm die Pfeife und während er, verblüfft über diesen Affront, mit offenem Mund dasteht, flehe ich ihn auf Deutsch an: »Bitte, nur eine Minute!«

Gleichzeitig höre ich hinter mir, wie sich eine Tür nach der anderen schließt. Ich rolle zur erstbesten Tür und weiß innerlich, es ist zu spät. Mit aller Gewalt reiße ich die Tür wieder auf. Fast fallen mir die Menschen, die sich angelehnt hatten, entgegen. Der Zug ist einfach voll.

Plötzlich kommt noch ein verspäteter Fahrgast den Bahnsteig entlanggerannt. Genau auf mich zu. Er steckt in einem makellosen Nadelstreifenanzug, hat eine kräftige Statur und dunkle, gegerbte Haut. Zwischen Hakennase und Oberlippe prangt ein riesiger Schnauzer. In der Hand trägt er keinen Aktenkoffer, wie es zu seinem Äußeren passen würde, sondern eine Plastiktüte von Aldi. Er ist Türke und meine letzte Chance. Bevor ich ihn fragen kann, sagt er zu mir in feinstem Rheinländisch: »Soll isch disch reintrache?« Mir fällt ein Stein vom Herzen. Mit energischen Worten schiebt er die Menschen an der Tür um einen Meter zusammen, während ich den Schaffner auffordere, den Rolli vorne zu heben. Dort, wo Ali (es scheinen die Hälfte der Männer zwischen Istanbul und Karatschi den Namen Ali zu tragen) Platz geschaffen hatte, stehe ich nun für die nächsten zwölf Stunden. Links die Toilette, mit Ausdünstungen, die mir bereits jetzt den Atem stocken lassen. Rechts die Kupplung, von der ohrenbetäubender Lärm und feuchtkalte Zugluft kommen. Tatsächlich habe ich mir die Fahrt mit dem legendären Orient-Express anders vorgestellt.

Seit acht Stunden sitze ich hier und kann keinen Meter vor oder zurück. Wer auf die Toilette will, muss über mich klettern. Das bedeutet ständiges Hin und Her. Zum Glück habe ich meinen Stuhl immer dabei, sonst müsste ich jetzt stehen. Das sieht Ali auch so. Er hat seine Regenjacke auf meinen Reifen gelegt und nutzt meinen Rolli als Sitz. Wir sind wie zwei Verbündete. Hätte ich dem Schaffner nicht die Pfeife aus dem Mund genommen, hätte Ali den Zug verpasst und ohne Ali würde ich jetzt wohl auf dem Bahnsteig ziemlich dumm aus der Wäsche gucken. Schnell kommen wir ins Gespräch.

»Du bist bestimmt auf Heimaturlaub.«

»Ja, ich will nach Izmir, da leben meine Eltern und die besuche ich einmal im Jahr.«

»Bist du nicht verheiratet?«

»Doch, aber mein ältester Sohn ist krank geworden. Jetzt ist meine Frau zu Hause geblieben. Normalerweise fahren wir alle mit dem Auto in die Türkei.«

Überrascht ist er über mein Reiseziel kaum. Aber mit großer Begeisterung sagt er sofort: »Dann musst du mich in Izmir besuchen. Ich lade dich ein, du kannst bei uns schlafen«, kramt einen Kuli und Zettel heraus und schreibt mir seine Adresse auf.

»Hast du nicht mehr Gepäck?« Ich deute dabei auf seine Plastiktüte.

»Nein, mehr brauche ich für die drei Tage Fahrt nicht.« Er hebt die Tüte, zieht eine Zweiliterflasche Cola und zwei belegte Brötchen heraus, von denen er mir eines anbietet.

In Niš steigen endlich viele Passagiere aus und bevor eine große Gruppe derb aussehender Russen in den Zug stürzt, hat Ali seine Chance genutzt und einen Sitzplatz im Gang ergattert. Auch ich kann meine Situation verbessern und entferne mich aus meiner zugigen Ecke. Jetzt bin ich umringt von Russen, die mich sofort in ein Gespräch verwickeln. Sie haben etwas vor, das spüre ich. Und tatsächlich, bei dem Krach aus der Kupplung beugt sich eine der Frauen zu mir hinunter und flüstert in gebrochenem Deutsch:

»Können Sie helfen, wir wollen nach Deutschland, aber bekommen Visum nur mit Einladung. Können Sie Einladung schreiben? Wir bringen auch Kaviar mit!« Die Ehemänner stehen dahinter und schauen mich erwartungsvoll an. Unter normalen Umständen würde ich ablehnen, denn mit einer solchen Einladung ist auch eine Bürgschaft verbunden. Aber ich bin umringt von ihnen; eindeutig in der Minderheit und daher der Meinung, dass es meine Situation jetzt erfordert, die Adressen aufzuschreiben und ein Versprechen zu geben, das ich nicht einhalten kann.

Endlich kann ich meine Beine hochlegen. Auch die Russen sind nur bis Sofia gefahren und Ali hat uns ein freies Abteil organisiert. Es ist mitten in der Nacht und ich habe es tatsächlich geschafft, einen Moment zu schlafen. Auch ohne die Augen zu öffnen erkenne ich, dass es wohl der leichte Spasmus in meinen Beinen sein muss, der mich geweckt hat. Ich versuche wieder einzuschlafen, doch die Bewegungen werden immer stärker, bis ich die Augen aufschlage, um zu sehen, was los ist.

Neben mir steht ein Mann in Uniform und tippt die ganze Zeit auf meinem Knie herum. Aber davon habe ich natürlich nichts gespürt. Das Abteil ist völlig leer, Ali scheint sich die Beine zu vertreten. Der Beamte deutet äußerst ungeduldig und unfreundlich auf meine Reisetasche im Gepäckfach über mir. Offensichtlich sind wir an einer Grenze. Mein Rolli ist zusammengeklappt unter dem Sitz verstaut und ich versuche dem Mann klar zu machen, dass ich nicht aufstehen kann. Er begreift nichts, sieht nur, dass ich seinem Befehl nicht folge und wird immer ungeduldiger. Ich deute auf meine Beine und mache ihm Zeichen. Aber darauf achtet er nicht im geringsten, fordert immer nur das Gepäck zu sehen. Um Zeit zu schinden, biete ich ihm meinen Pass an und hoffe, dass Ali bald zurückkommt. Ein paar Minuten habe ich so gewonnen. Wieder richtet sich seine Aufmerksamkeit auf meine Tasche. Jetzt reicht es mir. Ich nehme ihn am Arm und ziehe mit der anderen Hand den Rolli unter dem Sitz hervor. Jetzt begreift er endlich und ist augenblicklich wie ausgewechselt, macht entschuldigende Handzeichen, rennt aus dem Abteil den Gang hinunter und kommt kurze Zeit später mit einer Tasse Tee zurück …

Inzwischen liegen Jugoslawien und Bulgarien hinter mir, und ich habe die türkische Grenze erreicht.

Entscheidung in der iranischen Botschaft

Das Hotel ist eine furchtbare Kaschemme mit sanitären Anlagen auf dem Flur, die diesen Namen nicht verdienen. Aber das stört mich nicht, denn mit meinem Rolli passe ich da sowieso nicht hinein. Dafür liegen in der Nähe das Hilton und das Sheraton-Hotel, die im Foyer schöne, mit Marmor verkleidete, rolligerechte Toiletten haben. Duftende Seife, warmes Wasser und Handtücher gibt es gratis in luxuriöser Umgebung. Weil mein Äußeres nicht der Kleiderordnung hier entspricht, fragt mich der Portier nach meiner Zimmernummer. Ohne ihn anzuschauen nenne ich im Vorbeirollen eine Zahl zwischen hundert und fünfhundert, und sofort ist sein Misstrauen verflogen.

Istanbul ist eine der wichtigsten Stationen auf meiner Reise nach Indien. Hier entscheidet es sich, wie die Weiterreise verlaufen wird. Alles dreht sich um das iranische Visum. Ich hatte es in den Botschaften mehrerer europäischer Städte versucht und überall bekam ich eine Ablehnung mit dem Hinweis auf die Iranische Botschaft in Istanbul, wo es noch eine Chance gäbe. Nun stehe ich vor dem Konsulat und bereite mich mental auf alle Eventualitäten vor. Ich bin frisch rasiert und habe die sauberste Hose, die ich finden konnte, angezogen (die Wahl war nicht schwer, ich habe nur zwei dabei). Noch einmal kontrolliere ich meine Papiere: Reisepass, Visumantrag mit Passbildern und das Bittschreiben in Farsi (die Übersetzung hat in Bremen sechzig Mark gekostet), alles in sauberen Klarsichthüllen. Mit ein bisschen Herzklopfen rolle ich auf den bewaffneten Soldaten am Tor zu. Plötzlich fällt mir siedend heiß ein, ich habe etwas vergessen. Schnell drehe ich wieder um, ziehe

22

einen neuen Zehndollarschein aus meinem Geldgurt und lege ihn in die erste Seite meines Passes. Auf ein Neues, jetzt muss es klappen. Der Soldat lässt mich tatsächlich passieren, die erste Hürde ist überwunden.

Schnell orientiere ich mich im Innenhof, rechts steht eine Gruppe Männer und daneben sehe ich ein Loch in der Wand, das durch die vielen schmutzigen Hände einen dunklen Rand aufweist. Ich stecke mir den Koran, in dem ich seit Wochen immer wieder lese, in die Brusttasche meiner Jacke, lasse den Titel auffällig herausschauen. Ich denke, das muss einen guten Eindruck machen und rolle auf den Schalter zu. »Ich möchte in den Iran und ein Visum beantragen.« Dabei reiche ich meine Mappe durch das Loch. Ohne etwas zu sagen, nimmt der Beamte sie entgegen. Wieder ist eine Hürde überwunden, ich sehe mich fast am Ziel. Doch dann schiebt er meine Unterlagen zurück, schaut mich böse an und sagt: »Kein Visum! Geh«, und weist dabei in Richtung Ausgang. Ich schiebe alles wieder zurück und entgegne: »Nur ein Transitvisum, bitte.« Wieder nimmt er es, gibt mir nur den Pass zurück und sagt: »Wir schicken Ihren Antrag nach Teheran. Kommen Sie in drei Monaten wieder.« Ich bin geschockt. In drei Monaten will ich wieder zu Hause sein. So viel Zeit hier in Istanbul zu verbringen und dann vielleicht eine Ablehnung aus Teheran zu erhalten, das will ich nicht riskieren. So muss ich mir wider Willen ein Flugticket nach Pakistan besorgen. Schweren Herzens sage ich ihm: »Ich kann nicht so lange warten. Bitte geben Sie mir meine Papiere zurück.« Ohne Kommentar schiebt er mir alles herüber. Das Geld ist natürlich weg.

Ramadan in Karatschi

»Manchmal kommen sie mit leerem Magen hierher, völlig ausgehungert, haben sich einen christlichen Namen gegeben und bestellen etwas zu essen. Sie tun mir Leid und natürlich bekommen sie etwas. Aber jeder hier weiß, dass es Moslems sind.« Ich bin im YMCA untergekommen und unterhalte mich mit dem Hausherrn, der perfekt englisch spricht. »Haben Sie noch nie Probleme mit den Moslems gehabt?«

»Oh doch«, antwortet er mir, »manchmal gibt es Schmiereien an der Hauswand und vor zwei Monaten sind sogar Steine ins Fenster geflogen.« Mir ist hier ein wenig mulmig zumute. Karatschi ist eine unruhige Stadt mit rivalisierenden Banden, die sich nachts Schießereien liefern. Vielleicht ist es keine so gute Idee gewesen, in einem streng moslemischen Land bei Christen zu wohnen, die schnell Ziel von Ausschreitungen werden können. Ich nehme mir vor, meinen Aufenthalt in Karatschi so kurz wie möglich zu gestalten.

Das Haus ist weitgehend ebenerdig und es gibt sogar eine Dusche, in die ich hineinkomme, die erste, seit ich zu Hause losgefahren bin und diese Wohltat werde ich mir nicht entgehen lassen. Doch zuvor muss ich etwas in meinen leeren Magen bekommen. Es ist Ramadan und tagsüber sollten Moslems in diesen dreißig Tagen weder essen noch trinken. Am Abend dann, wenn man einen weißen Faden nicht mehr von einem schwarzen unterscheiden kann, geht der Run auf das Essen los. Nachts sind alle Restaurants komplett ausgebucht. Auch Touristen sollten sich an diese Regeln halten und es ist für mich schwer, tagsüber an Lebensmittel zu gelangen. Ich rolle in die Innenstadt zum Basar, weil ich denke, dass es dort immer etwas zu essen gibt. Voller Abscheu und dem Brechreiz nahe, komme ich wieder heraus. Würde man vom Gestank Durchfall bekommen, ich wäre jetzt todkrank und schwöre mir, auf der Reise durch Pakistan Vegetarier zu bleiben. Im Fleischmarkt riecht es nach Aas. Unter meinen Rädern knirscht es, bis ich sehe, dass es monstergroße Kakerlaken sind, die ich zerquetsche. Ich muss ständig in Bewegung bleiben, sonst krabbelt mir das Ungeziefer am Rolli hoch oder Hunderttausende von Fliegen lassen sich auf mir nieder. Ich begnüge mich mit Bananen und Apfelsinen, rolle enttäuscht zum YMCA zurück und versuche mich mit der Vorfreude auf eine Dusche aufzumuntern. Doch kaum habe ich mich eingeseift, wird aus dem Rinnsal der Dusche ein klägliches Tröpfeln und auch das versiegt, bevor ich die Seife abduschen kann. Dieser Tag ist nicht meiner. Während ich die Seife mit dem Schmutz ins Handtuch schmiere, fällt der Strom aus, es wird stockdunkel und der Ventilator an der Decke rollt aus. Splitternackt werfe ich mich aufs Bett und noch immer stehen mir die Schweißtropfen auf der Stirn, denn die Temperaturen liegen selbst nachts noch bei über fünfundzwanzig Grad.

Diese Reise scheint unter keinem guten Stern zu stehen. Das Wetter in Europa war eisig kalt und regnerisch, die Eisenbahnfahrt zwischen Belgrad und Istanbul eine Tortur, das Visum für den Iran wurde mir verweigert, meine erste Dusche war nur eine halbe und nun schwitze ich aus allen Poren. Da kann es ja nur besser werden.

Der weiße Marmor blendet derartig, dass die Augen schmerzen. Im krassen Gegensatz zu seiner heruntergekommenen Umgebung glänzt das riesige Mausoleum des Ali Mohamed Jinnah vor steriler Sauberkeit. Es ist die Ruhestätte des Begründers der Moslemliga, der maßgeblich die Teilung Indiens vorangetrieben hatte. 1947 wurde er der erste Gouverneur Pakistans.

Vor mir erhebt sich ein unüberwindlicher Berg von fünf- zig bis sechzig Stufen. Während ich noch dastehe, über die Architektur dieses Gebäudes staune und langsam meine Hoffnung begrabe, dort hinauf zu gelangen, werde ich von zwei jungen Männern angesprochen: »Können wir Ihnen helfen?« Das lasse ich mir natürlich nicht zwei Mal sagen und antworte: »Oh, das wäre sehr nett«, denke aber dabei, die wissen nicht, was auf sie zukommt, sonst würden sie sich schleunigst verdrücken. Nicht gerade von kräftiger Sta- tur, schleppen sie mich tatsächlich unter Einsatz ihrer letz- ten Reserven bis zur oberen Plattform. Ich habe es geahnt, gerade noch kann ich mein Dankeschön loswerden, da sind sie über alle Berge. Den Weg wieder hinunter wollen sie sich ersparen. Außer ein paar alten Frauen ist hier oben nie- mand. Doch bevor ich in Panik gerate und mir Sorgen machen muss, wie ich wieder hinunterkomme, will ich erst einmal die Aussicht genießen. Das Mausoleum besteht aus einer riesigen, ungefähr zwanzig Meter hohen, abgeschnit- tenen Pyramide, die von einer kreisrunden Kuppel gekrönt ist. Ob ich das Gebäude aus rein weißem Marmor schön finden soll, weiß ich nicht so recht. Karatschi ist eine laute, versmogte Stadt voller verdreckter Straßen mit offener Kanalisation, aus der die schlimmsten Gerüche kommen, aber hier im Mausoleum kann man getrost vom Fußboden essen, so sauber ist der Marmor geputzt. Im Innern erhebt sich der Sarkophag, über dem ein monströser Kronleuchter prangt.

Es ist gerade Wachablösung, so dass sich mir eine gute Gelegenheit bietet, ein paar Soldaten zu rekrutieren, die mir wieder hinunterhelfen werden. Sie wissen nur noch nichts von ihrem Glück. Damit sie keine Ausreden erfinden können, rolle ich hinter ihnen her und spreche sie erst kurz vor den Treppenstufen an: »Bitte, können Sie mir helfen?« Sie haben mich genau verstanden, doch was nun geschieht, könnte auch aus einem Asterix-Heft stammen. Zehn müde Soldaten stehen wie die Blockflöten vor mir und schieben den schwarzen Peter von einem zum anderen, bis der Kleinste und Schwächste einstimmig auserkoren wird, mir zu helfen. Wenn ich jetzt nicht das Kommando übernehme, komme ich nie hier weg. Ich gehe auf Tuchfühlung, das funktioniert immer. Ich nehme die Hand des Stärksten unter ihnen und führe sie an die Schiebegriffe des Rollis: »Halten Sie hier fest«, den Nächsten führe ich an die Fußstütze: »Und Sie da.« Plötzlich fassen alle zehn mit an, so dass sie sich gegenseitig auf die Füße treten.

Ein Iraner, mit dem ich mich lange im Zug zwischen Sofia und Istanbul unterhalten habe, gab mir eine Beschreibung, wie ich die Bestattungstürme der Parsen in Karatschi finden kann. Neben Bombay beherbergt Karatschi noch die meisten Anhänger dieser Religion Zarathustras. Die Parsen legen ihre verstorbenen Angehörigen auf Türme, um sie von Geiern fressen zu lassen. Sie kommen ursprünglich aus Persien, wurden dort aber im Zuge der Islamisierung verdrängt. Nicht weit vom Mausoleum des Ali Jinnah stoße ich auf zwei recht unscheinbar wirkende sockelartige, zehn Meter hohe Türme aus Lehm, die, mit einer Rampe versehen, auch einen Aufstieg für mich ermöglichen. Die Steigung ist extrem und mit allerletzter Kraft erreiche ich das Plateau. Ich hätte mir ja denken können, dass das nicht erlaubt ist, denn kaum bin ich oben, kommt jemand auf einem Motorrad angebraust. Er ist auffällig gut gekleidet, mit Jackett und blitzblank geputzten Schuhen. (Wahrscheinlich wohnt er in der Nähe, denn bei den staubigen Straßen bleibt man nicht lange so sauber.) Auch ist er glatt rasiert, wie es hierzulande selten der Fall ist. Ich mache mich auf einen Platzverweis gefasst, doch wider Erwarten ist er ganz zuvorkommend.

»Hier in dieser Gegend leben die meisten Parsen, insgesamt sind es noch zweitausendfünfhundert in Karatschi.«

»Sind Sie selbst auch Parse?«, möchte ich von ihm wissen.

»Ja, wir bezeichnen uns als Zoroastrier und verehren das Feuer.«

Ich erinnere mich an die Türme des Schweigens in Bombay, die bei meinem letzten Besuch noch intakt waren und auch benutzt wurden. Jetzt will ich von ihm erfahren, wie es sich hier verhält. »Wissen Sie«, sagt er ein bisschen niedergeschlagen, »wir leben hier unter Moslems, und die betrachten unser Bestattungsritual mit viel Misstrauen.«

»Aber in Pakistan herrscht doch Religionsfreiheit.«

»Ja«, entgegnet er etwas sarkastisch, »so heißt es offiziell, um tolerant zu erscheinen. Aber die Wirklichkeit sieht anders aus.«

»Wie bestatten Sie jetzt Ihre Toten?« Auf diese Frage will ich schon die ganze Zeit hinaus und bin ganz gespannt auf seine Antwort.

»Zurzeit warten wir, bis fünf Leichen im Kühlhaus gesammelt sind und legen sie dann hier auf diese Bestattungstürme. Wenn nur noch die Knochen übrig sind, gießen wir sie in Beton ein.«

»Warum tun Sie das?«

»Wir müssen unbedingt vermeiden, dass das Feuer, das Wasser, die Erde und die Luft verschmutzt werden.«

»Und was werden Sie machen, wenn Ihnen dieses Ritual verboten wird?«

»Bei unseren Nachbarn im Iran«, antwortet er, »ist es schon vor langer Zeit vom Schah verboten worden. Dort betoniert man heute die Leichen ein, und so werden wir es wohl auch übernehmen.«

Dieser Mann, Anhänger einer uralten, aber aussterbenden Religion, studiert Informatik an der Universität in Karatschi. Sein Vater gehört zu den wohlhabendsten Männern der Stadt. Er ist einflussreich, wie auch die Parsen in Bombay, die dort in Politik und Wirtschaft den Ton angeben. Als ich ihm zum Schluss erzähle, dass mein Ziel die Quelle des Ganges sei, ist er ganz begeistert und meint: »Sie müssen dann aber unbedingt auch nach Bombay fahren. Hier, ich gebe Ihnen zwei Adressen, da können Sie übernachten.« Er zieht aus seiner Gesäßtasche ein platt gedrücktes Portemonnaie mit zwei Zetteln heraus und schreibt mir die Anschriften in mein Tagebuch. Bombay liegt zwar nicht auf meiner Route, aber ich werde sicher noch öfter nach Indien reisen und dann kann jede Adresse hilfreich sein.

Ich stehe auf dem Busbahnhof, am Stadtrand von Karatschi und warte auf den Bus nach Sehwan Sharif, zweihundertzwanzig Kilometer nördlich von Karatschi. Mit Busbahnhöfen verbinde ich, wo immer ich bin, unangenehme Erinnerungen. Auch jetzt sehe ich viele Probleme auf mich zukommen. Obwohl mein Bus noch nicht eingelaufen ist, erkenne ich an den anderen Fahrzeugen, die hier ankommen und weiterfahren, dass ich mit meinem Rolli auf keinen Fall durch die Tür passen werde. Der einzige Vorteil ist, dass nur wenige Passagiere auf den Bus nach Sehwan Sharif warten, so dass das Einsteigen nicht ganz so anstrengend verlaufen wird.

Der »Flying Coach« läuft ein, ein Gefährt, rund wie eine riesige Gurke, über und über mit Chrom beschlagen, bemalt mit kitschigen Bergmotiven und Zitaten aus dem Koran. Wie befürchtet, ist die Tür zu schmal. Zehn bis zwanzig Neugierige stehen wie immer um mich herum und beobachten meine Aktivitäten, ohne mir Hilfe anzubieten oder auch nur ein Wort zu sagen. Ich rolle vor die Bustür und setze mich auf die erste Stufe. Dann stelle ich mit den Händen meine Füße ebenfalls auf die erste Stufe und sitze nun mit dem Rücken zur Öffnung. So kann ich meinen Rolli und das Gepäck im Auge behalten, während ich mich jetzt Stufe für Stufe rückwärts hocharbeite und dabei immer wieder meine Beine nachhole.

Zum Glück ist neben einer Frau auf der ersten Bank noch ein Platz frei. Jede andere Sitzgelegenheit wäre wegen der Enge im Bus für mich unerreichbar.

»Bitte können Sie mir mein Gepäck geben und den Rollstuhl auf dem Dach festbinden?« Der Busfahrer scheint die einzige vertrauenswürdige Person hier zu sein. Er versteht mein Englisch und so übertrage ich ihm die Verantwortung für meinen Rollstuhl. Ich muss mich voll auf ihn verlassen. Wenn der Rollstuhl während der Fahrt vom Dach fällt und es niemand merkt, bin ich aufgeschmissen. Doch kaum kann ich einmal kurz durchatmen, da ertönt aus dem hinteren Bereich des Busses das wilde Fluchen eines Mannes, der aufgeregt auf mich deutet. Als ich mich umschaue, wird mir mein Fehler sofort klar. Der Bus ist in zwei Hälften geteilt, hier herrscht Geschlechtertrennung. Vorn sitzen nur Frauen und nun auch ich. Weil ich unmöglich nach hinten in den Männerbereich kann, versuche ich einen Kompromiss auszuhandeln. Ich bitte den Ehemann meiner Nachbarin, für sie einen anderen Platz zu suchen. Es wird eine Ausnahme gemacht, und selbst als sich der Bus während der Fahrt an diversen Haltestellen füllt und viele Frauen stehen müssen, setzt sich keine von ihnen neben mich.

This is ten Rupees

Ich weiß nicht, was mich in dieses Nest getrieben hat. Meine Idee war wohl, abseits von Touristenpfaden mehr Ursprünglichkeit kennen zu lernen. Dabei ist mir bisher noch gar kein Tourist begegnet. Aber so wie es aussieht, bin ich am Ende der Welt angekommen. Einzige Unterkunft hier ist ein Dak Bungalow. Das hört sich zwar ganz komfortabel an, aber man sollte seine Erwartungen zügeln. Ein blassgrün getünchter Raum mit einem harten Bett und einem Stuhl, das ist alles. Dafür habe ich aber meine Ruhe, denn ich bin der einzige Gast. Doch ganz grundlos bin ich nicht hierher gekommen. Mein Ziel ist der Schrein von Lal Qalandar Shah Baz. Ein Heiliger, der von Moslems wie Hindus gleichermaßen verehrt wird. Angeblich war er direkter Nachkomme Mohammeds und vermochte sich durch Entbehrung und Meditation in Ekstase zu versetzen.

Obwohl die Mittagssonne auf mich niederbrennt und die Straßen wie ausgestorben sind, will ich nicht auf die kühleren Nachmittagsstunden warten und rolle los. Ein Fehler, denn schnell bin ich bis aufs Hemd durchgeschwitzt. Dabei erinnere ich mich an den Satz eines alten Inders: Nur Verrückte, Engländer und Hunde sind so dumm, mittags auf den Straßen herumzulaufen. Und tatsächlich, außer mir rennen nur halb verhungerte Köter durch die Gegend. Lethargisch liegen im Schatten vereinzelt Männer auf ihren Chaprois, den allseits üblichen Bettgestellen, und warten auf die Abendstunden. Der Ramadan und die Hitze legen das öffentliche Leben völlig lahm. Es herrscht eine merkwürdig gedrückte Stimmung. Hier auf dem Lande werden die Regeln während des Ramadan scheinbar noch strenger befolgt als in Karatschi. Alle Läden sind geschlossen. Abgefülltes Wasser gibt es sowieso nur in Apotheken und selbst eine Flasche von dem zuckersüßen Seven Up ist nicht aufzutreiben.

Die blau gekachelte Fassade des Schreins ist bereits von weitem zu erkennen. Davor stehen Männer, als erwarteten sie mich längst. Es hat sich wohl herumgesprochen, dass ein Tourist mit dem Bus aus Karatschi eingetroffen ist und wo er übernachtet.

Eine gereizte Atmosphäre bestimmt das Bild, niemand grüßt oder lächelt. Bevor ich auch nur einen Blick in den Schrein werfen kann, um herauszufinden, wie viele Stufen mich erwarten, ertönt es hinter mir: »This is ten Rupees!« Mit rot gefärbtem Bart und einem großen Turban sitzt der Wächter vor dem Eingang im Schatten und weist mich auf das Eintrittsgeld hin, das ich in den Schlitz der Blechkiste neben ihm stecken soll. Gerade will ich den Schein dort hineinfummeln, als er zugreift und ihn in seine eigene Tasche steckt. Mir soll es egal sein, wo das Geld landet. Aber dafür kann er mir wenigstens die zehn Stufen in den Schrein hinunterhelfen. Ich bitte ihn, am Rolli zu schieben. Von den Schaulustigen, die sich in Windeseile um mich versammelt haben, wähle ich gleich noch zwei weitere Helfer, die vorn den Rollstuhl halten sollen. Ich bin ganz überrascht, sie sind tatsächlich bereit dazu.

Aber ich habe hier kein gutes Gefühl. Kaum werde ich unten unsanft abgesetzt, fordert jeder von ihnen zehn Rupien von mir. So einfach will ich es ihnen nicht machen, denn ich muss ja auch wieder hier heraus und stelle das Geld erst nach vollbrachter Arbeit in Aussicht. Ich muss meine Schuhe an einem Tresen abgeben und erhalte dafür einen Zettel mit einer Zahl darauf. Dass ich mit den schmutzigen Reifen des Rollis das Gebäude betrete, scheint nicht zu stören.

Ich stehe in einem großen Raum mit einer Art Podest in

der Mitte, auf dem ein in grünes Tuch gehüllter Sarkophag liegt. Rundherum sitzen Fakire auf Brettern mit Nägeln in den verschiedensten Stellungen. Jeder hat eine Blechkiste mit Schlitz vor sich stehen. Ich ahne, was passiert, wenn ich jetzt meine Kamera heraushole und lasse sie lieber eingepackt, zu aggressiv ist die Stimmung hier. Ich rolle um das Podest herum, ohne die Fakire auch nur eines Blickes zu würdigen und doch ertönt von jedem der immer gleiche Satz: »This is ten Rupees!«

Ich verspüre den dringenden Wunsch, diesen Ort so schnell wie möglich zu verlassen. Noch immer verfolgt mich der Wächter mit dem roten Bart und schiebt mich jetzt zu einer weiteren Blechkiste mit Schlitz vor dem Schrein. Erneut wird eine Spende von mir gefordert: »This is ten Rupees!« Weil ich die Leute noch brauche, um wieder herauszukommen und auch weil ich mir nicht unnötig Feinde machen will, zücke ich noch einmal einen Schein, den ich in den Schlitz schieben will. Wieder greift der Wächter zu und sackt ihn ein. Alle sehen das, doch niemand sagt etwas dagegen. Er scheint eine wichtige Person zu sein. Ich will hier weg und deute auf die Treppenstufen. Am Tresen erhalte ich meine Schuhe zurück und muss weitere zehn Rupien dafür berappen. Wie erwartet landet auch dieser Schein in den Taschen des Wächters. Bereitwillig und in der Vorfreude auf »ten Rupees« schleppen sie mich wieder hoch. Erwartungsvoll stehen sie um mich herum und ich frage den rotbärtigen Mann, obwohl ich die Antwort schon kenne: »Was ist der Preis für Ihre Hilfe?«

»Zehn Rupien für jeden«, antwortet er mir im Befehlston. Ich erwidere: »Lal Shah Baz, den Sie so verehren, ist durch seine Askese berühmt geworden. Glauben Sie, es würde ihm gefallen, wenn er wüsste, dass Sie alle Spenden in Ihre eigene Tasche stecken? Sie haben jetzt dreißig Rupien von mir bekommen. Die können Sie sich teilen.«

33

Und bevor jemand protestieren kann, rolle ich, so schnell es geht, davon.

»Wann geht der nächste Zug nach Lahore?«

Der Fahrkartenverkäufer schaut auf die Uhr und meint: »In eineinhalb Stunden.« Und im gleichen Atemzug fügt er an: »Aber der Zug ist ausgebucht. Sie können für übermorgen ein Ticket bekommen.« Einerseits gibt es nichts, was mich in diesem verlassenen Nest noch hält, andererseits weiß ich, was es bedeutet, wenn selbst das Bahnpersonal von einem ausgebuchten Zug spricht.

»Wo ist das Büro des Station Masters?«

»Dort um die Ecke, gleich die erste Tür.« Ich weiß, dass es in jedem Zug ein Kontingent an Plätzen für VIPs gibt, die immer freigehalten werden. Wie ein kleiner König sitzt der Chef des Bahnhofs hinter seinem riesigen Schreibtisch, der das ganze Büro dominiert, ja, er geht dahinter fast unter. Links und rechts hinter ihm stehen zwei deutlich schlechter gekleidete Diener. Freundlich, aber bestimmt schaue ich ihm in die Augen und sage: »Ich muss dringend nach Laho...«, mit einer abwartenden Handbewegung unterbricht er mich und murmelt seinem Diener etwas zu, der sofort losrennt und kurze Zeit später mit einem Glas Tee zurückkommt. Erneut beginne ich: »Ich brauche eine Fahrkarte nach Lahore für achtzehn Uhr, können Sie mir da helfen?« Gerade noch fällt mir ein, dass ich ihm vielleicht eine Dollarnote rüberschieben sollte, als er mit einem Fingerzeig seinen zweiten Diener in Bewegung setzt. Na, erst einmal abwarten, denke ich. Er antwortet mir nicht, sondern fängt zu plaudern an, ohne eine Miene zu verziehen: »Where do you come from, which places have you visited in Pakistan, what's happened with your legs?« Die Antworten interessieren ihn jedoch nicht, er fällt mir gleich mit der nächsten Frage ins Wort. Erst als ich erzähle, dass ich nach Indien, an die Quelle des Ganges will, verzieht er verächtlich sein Ge-

34

sicht und sagt: »Gefällt es Ihnen in Pakistan nicht?« Fehler. Das hätte ich nicht sagen dürfen. Ich sehe meine Chancen auf ein Ticket schwinden. Schnell füge ich an: »Oh, es gefällt mir sehr gut in Pakistan. Die Menschen sind so zuvorkommend und hilfsbereit. Vor allem die Beamten auf den Bahnhöfen.«

Ich glaube, das war zuviel des Guten. Er sagt nichts mehr. Mein Blick schweift im Büro von der Decke über die Wände auf die Erde, bis ich nicht mehr weiß, wohin ich meinen Blick wenden soll. Warum sagt der nichts mehr?, grübele ich, ihm fällt wohl keine Frage mehr ein. Da kommt auch der zweite Diener mit einer Fahrkarte der ersten Klasse herein und legt sie mir auf den Tisch. »Oh, so schnell«, sage ich erfreut. »Was muss ich bezahlen?«, und zücke mein Portemonnaie. Mit einer abweisenden Handbewegung sagt er nur: »Nein, kein Geld, es ist ein Geschenk!« Nach den geldgierigen Wächtern im Shah Baz Schrein bin ich über diese großzügige Geste wirklich überrascht.

In bester Stimmung rolle ich schnell zum Dak Bungalow, um mein Gepäck zu holen. Einen Moment lang habe ich das unbestimmte Gefühl, dass an der Sache ein Haken sein muss. Das ging alles viel zu glatt. Aber mein Misstrauen ist schnell wieder verflogen.

»Kein Zug kommt in dieser verlassenen Ecke der Erde pünktlich«, schimpfe ich um neunzehn Uhr auf dem Bahnsteig laut vor mich hin. Und auch meine Freude auf eine gemütliche Bahnfahrt in der ersten Klasse wird wegen des Ramadan enttäuscht. Weil der Fastenmonat zum Glück dem Ende zugeht, sind alle Leute unterwegs auf Verwandtenbesuch, um das große Schlemmen zu starten. Der Bahnsteig ist voller Menschen und Gepäck, ebenso der Zug, der jetzt mit Menschentrauben an den Türen einrollt.

Der Station Master schenkt mir eine Fahrkarte, obwohl die Passagiere bereits außen am Zug hängen! Hier stimmt etwas nicht, denke ich und rolle mit dunklen Vorahnungen zum Waggon der ersten Klasse in dem Glauben, dort Platz zu finden. Aber auch hier quetschen sich fünfzehn Personen in ein Viererabteil. Jetzt begreife ich, wo der Haken war, warum der Station Master so großzügig sein konnte. Der Zug ist vollkommen überbucht. Jetzt geht's los, denke ich und stürze mich ins Gewühl an der Tür zur zweiten Klasse. Ich drängle, ich schubse und schiebe, gerade so, wie alle anderen.

Es ist die große Stunde der Taschendiebe. Die Sensibilität der Passagiere für Berührungen geht im Gedrängel vollkommen verloren. Doch außer mir sieht hier keiner so aus, als hätte er mehr als zwanzig Rupien in der Tasche. Meine Wertsachen trage ich in einem Gurt unter der Hose und in meine Hosentaschen kann man mir im Sitzen sowieso nicht hineingreifen.

Jetzt stehe ich vor der Zugtür. Ungeduld kommt unter den Einsteigenden auf, denn jeden Moment kann der Zug losfahren. Nun sage ich auf Englisch, auch wenn mich kaum jemand versteht »Wer in den Zug will, muss zuerst mich hineintragen.« Schnell sehen sie ein, dass es besser ist, mir zu helfen und ruck, zuck bin ich drin. Diese Situationen sind immer sehr stressig, und nicht selten ist ein Zug ohne mich abgefahren. Aber dieses Mal habe ich es wieder geschafft.

Mir wird einmal mehr deutlich, was ein voller Zug bedeutet. Auf dem Dach krabbeln Passagiere herum und suchen sich einen Platz, hier unten sind die Gänge mit Säcken, Kisten und Koffern verstopft, auf denen die jeweiligen Besitzer hocken. In den Abteilen liegen die Menschen sogar auf den Gepäckablagen und unter den Bänken. Mit akrobatischen Verrenkungen gelingt es dem Schaffner trotz allem jedes Ticket zu kontrollieren. Allein der Gedanke an die nächsten zwölf Stunden lässt meine Laune auf den Nullpunkt sinken. Eingekeilt sitze ich zwischen Bergen von Gepäck und Menschen. Die Kleider der Leute sind vollkommen verdreckt. Niemand ist so dumm und zieht hier etwas Gutes an, denn in Pakistan Eisenbahn zu fahren bedeutet nichts anderes als Schmutz.

Ich nehme die Mitreisenden in Augenschein. Ein alter Mann mit Turban lehnt links an meinem Rad, auf der rechten Seite und an meinen Fußstützen macht es sich gerade ein Familienvater mit seinen Kindern gemütlich. Jeder versucht sich in der misslichen Situation zu arrangieren, so gut es geht.

Der Alte neben mir steckt sich einen Beedi, kleine, aus Tabakblättern gedrehte Glimmstängel, nach dem anderen an und raucht, bis die Fingernägel schmoren. Die Nägel von Zeigefinger und Mittelfinger sind eingebrannt und gelbbraun wie der Bart um seinen Mund herum. Jedes Mal, wenn er sich einen Beedi ansteckt, hält er mir vorher die Tüte hin. Warum nicht, denke ich, vielleicht stört mich seine Qualmerei nicht mehr, wenn ich auch rauche. Aber das hätte ich nicht tun sollen. Bereits beim ersten Zug wird mir schwindelig. Die Beine fangen an zu kribbeln und in den Füßen verspüre ich ein brennendes Gefühl, als würde ich auf glühenden Kohlen stehen. Es ist kaum zu ertragen, aber ich weiß, das ist nur ein Phantomschmerz, der nicht lange anhält. Ich lächle den Alten an, weil er so ein friedliches Gesicht hat und lasse den Beedi ausqualmen ohne noch einmal daran zu ziehen.

»Where do you come from?« Jeder, der auf die Toilette will und ein paar Brocken Englisch spricht, fragt mich, woher ich komme, aber selten geht es über diese Frage hinaus. Inzwischen müsste der ganze Zug wissen, dass ich Deutscher bin.

Seit vierundzwanzig Stunden bin ich unterwegs, mein Rücken schmerzt und auch diese Nacht werde ich im Roll-

37

stuhl verbringen. Wenn der Zug in einem Provinznest stundenlang hält und es nicht mehr weitergeht, kommt wieder die Hitze. Auf meiner Stirn sammeln sich die ersten Schweißtropfen, unter meinen Achseln verbreitet sich ein unschöner Geruch und vermischt sich mit den muffigen Ausdünstungen dieser vielen Menschen. Kinder pinkeln, wo sie sitzen, und der Gestank nimmt Stunde um Stunde zu.

Bitte Zug, fahr weiter, flehe ich, lass den Wind herein, dass ich wieder atmen kann. Ich will die Augen schließen und all das nicht an mich heranlassen, doch ich muss auf mein Gepäck achten.

Ohne jegliche Vorwarnung geht plötzlich ein starker Ruck durch den Zug, der mich aus dem Stuhl reißt. Ich lande mitten in der Familie zu meinen Füßen und versuche beim Fallen niemanden zu verletzen. Oh, ist mir das peinlich. Hilflos liege ich da und versuche wieder zurück in den Rolli zu krabbeln. Sofort springen alle auf und greifen mir unter die Arme.

Der Zug rollt wieder, doch noch immer sind es zehn Stunden bis Lahore. Oder vielleicht zwölf oder dreizehn. Unsinnig, hier jemanden danach zu fragen. Es scheint allen egal zu sein. Allein der Gedanke an die bevorstehende Nacht lässt die Rückenschmerzen unerträglich werden. Ich versuche mich abzulenken. Mein Blick hängt draußen an der vorbeifliegenden Nacht. Manchmal sehe ich Lichter in den Häusern und sehne mich nach einem gemütlichen, kühlen Ort. Ich will überall auf der Welt sein, nur nicht hier. Was ist, wenn dieser fahrende Menschenhaufen entgleist? Ich male mir die schlimmsten Szenen aus. Oder wenn es im Zug brennt? Es wird eine Panik geben, Blut, Geschrei, Chaos, ich dazwischen, werde zertrampelt, verende hier in diesem gottverlassenen Waggon wie ein Hund.

Ich muss mich zusammenreißen und diese Stunden hinter mich bringen. Gegen den Krach stopfe ich mir Ohropax in

die Gehörgänge. In meinem Gepäck finde ich eine Wäsche-
klammer, die ich ein wenig überdehne und mir auf die Nase
setze. Das Gepäck schließe ich mit meinem Vorhängeschloss am Rolli fest und binde mir mein Halstuch um die
Augen, um Dunkelheit zu schaffen. Wahrscheinlich macht
sich jeder über mein Aussehen lustig, doch davon sehe und
höre ich nichts.

Was tue ich mir hier an, hatte ich mir meine Reise zur
Quelle des Ganges so vorgestellt? Zum ersten Mal denke
ich über einen Abbruch der Reise nach.

Noch mehr beschäftigen mich meine Rückenschmerzen.
Ich muss die Fahrt beenden, ich werde aussteigen, so einfach ist das. Schnell reiße ich mir das Halstuch von den
Augen und wühle im Gepäck, bis ich die Landkarte gefunden habe. Sukkur ist der nächste Halt, groß genug, um dort
ein Hotel zu finden. Aufmerksam versuche ich auf jedem
Bahnhof den Namen zu entziffern. Larkana, endlich, die
nächste Station ist Sukkur. Ich kann es kaum erwarten,
hier wegzukommen, stelle meine Reisetasche auf den Schoß
und sage in die Runde um mich herum: »Ja raha hun Sukkur«, und bitte alle, mir dort zu helfen. Die Tür wird freige-
räumt, denn jeder freut sich über den gewonnenen Qua-
dratmeter Platz.

»Shukria!«, ich bedanke mich bei den anderen. Endlich
Luft, Platz und Bewegung. Augenblicklich sind auch die
Rückenschmerzen verflogen.

Ahmeds Fürsorge

Vollkommen verdreckt, durchgeschwitzt, hungrig und todmüde bin ich in der Dunkelheit nun auf der Suche nach einer Bahnsteigrampe. Dann brauche ich ein Hotel, in dem ich endlich duschen kann und dann will ich nur noch schlafen.

»Can I help you?«, ertönt es aus dem Minibus neben mir. Ein freundlich aussehender, ungefähr vierzig Jahre alter Mann am Steuer bittet mich zu stoppen. »Ja, ich suche das Hotel Asia, es soll hier in dieser Straße sein.« Dabei krame ich meinen Stadtplan heraus. Doch er schaut nicht hin. »Oh, das gibt es nicht mehr, aber ich lade Sie ein, zu mir nach Hause.« Ich schaue mir das Fahrzeug an, in dem mehrere Kinder und eine Frau sitzen, versuche einzuschätzen, ob ich mich ihm anvertrauen kann. Aber ich habe ein gutes Gefühl und darauf konnte ich mich bisher immer verlassen. Wenn er allein im Auto gewesen wäre, hätte ich mich niemals dazugesetzt. Aber mit Frau und Kindern erscheint mir die Situation harmlos.

Er öffnet die Heckklappe, damit ich mich auf die Ladefläche setzen kann. Den Rolli stellt er daneben und los geht's. Ich merke mir den Weg genau und stelle mit Hilfe meines Stadtplans fest, dass wir in Richtung Süden auf einer großen Straße fahren. Nur ein Mal biegt er nach links und dann hält der Wagen an einem großen Metalltor, das sofort von einer verschleierten Frau geöffnet wird. Wir gelangen in einen Innenhof, der von der Außenwelt durch eine hohe Mauer abgeschottet ist.

Während er den Rolli und das Gepäck auslädt, frage ich neugierig: »Warum hast du mich angesprochen?«

»Das kann ich dir sagen«, antwortet er mit ernster Miene, »Du bist in einer Gegend gewesen, in der viele zwielichtige Gestalten herumlaufen. Hast du die drei jungen Männer auf der anderen Straßenseite nicht gesehen?«

»Nein, ich war auf der Suche nach dem Hotel.« Mit einem lauten Krachen schließt er das Tor wieder und wendet sich mir zu: »Die Typen hatten es auf dich abgesehen, da bin ich ganz sicher.« Etwas vorwurfsvoll fügt er noch an: »Du solltest nachts nicht auf der Straße sein, das ist einfach zu gefährlich.« Dabei dreht er den Schlüssel im Vorhängeschloss um. Mich überkommt ein beklemmendes Gefühl und mir schießt ein Gedanke durch den Kopf. Wenn er Recht hat, bin ich gerade einem Überfall entgangen. Aber was ist, wenn er selbst kriminell ist. Dann stecke ich jetzt in der Falle. Niemand weiß, dass ich hier bin. Ich werde offensiv und sage in scherzhaftem Ton: »Wer sagt mir denn, dass du nicht der Räuber bist.« Er lacht und antwortet im gleichen Ton: »Das wirst du ja gleich sehen.« Er steht hinter mir und schiebt mich ins Haus. Ich lasse es mir gefallen. Wenn er dich ausrauben will, hast du sowieso keine Chance. Allerdings weiß ich ja jetzt, wo er wohnt. Also muss er mich auch umbringen! Ich schlucke einmal tief und verwische meine düsteren Gedanken.

Vor der Tür will ich meine Schuhe ausziehen, wie es hier üblich ist, aber er lehnt ab. »Kein Problem, du kannst sie anlassen.« Mittelpunkt des Hauses ist ein spärlich möblierter Raum. Nur ein großes zerwühltes Bett steht an einer Wand, auf dem sich Ahmed gleich niederlässt. Kaum zu glauben, über dem Bett hängt der röhrende Hirsch vor Bergkulisse. An der anderen Wand sehe ich ein Poster mit einem dicken Kind, das in die Kamera grinst, und hier und da ein paar Sinnsprüche in Urdu, die ich nicht entziffern kann.

»Ursprünglich wollte ich nicht nach Sukkur. Aber der Zug nach Lahore war total überbucht«, beginne ich eine

Unterhaltung, »außerdem bin ich voll verdreckt, siehst du?«, und deute dabei auf mein T-Shirt. Ahmed springt sofort auf, um mir die Dusche zu zeigen. Ich bin gespannt, ob ich mit meinem Rolli hineinpasse. Er öffnet eine der Türen. »Hier ist die Dusche«, verkündet er stolz. Ich schaue in ein schwarzes Loch. Erst als sich meine Augen an die Dunkelheit gewöhnt haben, sehe ich einen Wasserschlauch, der von der Decke hängt und den Abfluss am Boden. Links ein Stehklo mit Wasserhahn und ein kleines Waschbecken. Alles ohne Stufen. Mir fällt ein Stein vom Herzen. Nach Wochen endlich eine Dusche, die ich benutzen kann. Auch das Stehklo stellt kein Problem dar. Dafür habe ich extra ein Loch in meinen Rollstuhl geschnitten.

Als ich zurückkomme, glaube ich meinen Augen nicht zu trauen. Eine Festtafel ist auf dem Boden ausgebreitet. Schalen mit eingelegtem Hühnerbein, Hammel und Fisch. Dazu lange Bohnen, kleine Zwiebeln, ein paar Kartoffeln in Sauce und inmitten von allem eine große Schale Reis. Langsam fasse ich Vertrauen zu Ahmed, denn wer verköstigt sein Opfer so fürstlich, bevor er es umbringt?

Die Dusche war herrlich und der Schlaf tief. Wie neugeboren fühle ich mich. Der Frust und die Reisemüdigkeit sind verflogen. »Das musst du dir unbedingt ansehen«, sagt er begeistert, als wir beim Frühstück auf die vorgeschichtliche Induskultur zu sprechen kommen. Obwohl ich mich bei den Vorbereitungen genau informiert habe und Mohenjo Daro für mich kein Fremdwort ist, lasse ich ihm den Spaß, mir mit stolzerfüllter Brust die viertausendfünfhundert Jahre alte Induskultur zu erläutern. Wenig später fahren wir mit seinem Van los. Mohenjo Daro ist eine Ruinenstadt, sechzig Kilometer südlich von Sukkur und nur fünf Kilometer vom Industal entfernt, in der auch heute noch eindrucksvolle Zeugnisse dieser Kultur sichtbar sind. Schon vor über viertausendfünfhundert Jahren existierten hier öffentliche Bäder, ein hoch entwickeltes Wasserleitungssystem und Kornspeicher für die Bevölkerung. Doch die Ruinen zerfallen extrem schnell, denn der Grundwasserspiegel schwankt stark, die Erdsalze werden gelöst und wenn das Wasser in der Trockenzeit sinkt, zerstören die Salzkristalle das Mauerwerk.

Ahmed stöhnt. So schwer hat er sich das nicht vorgestellt. Mohenjo Daro ist alles andere als ebenerdig. Weicher Sand liegt auf allen Ruinen. Hier und da sacken wir knöcheltief ein, es gibt Stufen und Mauern, die zu überwinden sind und er überlegt bald, ob er mir das Ganze nicht von einem erhöhten Aussichtspunkt erklären soll, anstatt mich mit dem Rolli in jeden Winkel der Ruinenstadt zu schieben. Ich komme ihm entgegen. »Ahmed«, sage ich, »ich finde es wirklich toll, dass du mich hier hindurchschiebst und alles so anschaulich erklärst, aber das Gelände wird jetzt immer schwieriger und ich denke, es muss auch eine Grenze geben. Wir sollten umkehren.« – »Ja, ich glaube, du hast Recht«, sagt er mit großer Erleichterung in der Stimme.

Auf dem Rückweg stellt er mir eine Frage, die ich längst erwartet habe und die mir sonst immer zuerst gestellt wird: »Andreas, warum kannst du nicht laufen?« Ich habe kein Problem damit, diese Fragen offen zu beantworten. »Ich hatte einen Motorradunfall und bin querschnittgelähmt«, antworte ich ihm so emotionslos, als hätte er mich nach der Uhrzeit gefragt. Da steckt Absicht dahinter, jeder soll wissen, dass er sein Mitleid getrost bei sich behalten kann. Trotzdem sagt er mit etwas gekünstelter Trauer in der Stimme: »Oh, das tut mir Leid.« Ich verdrehe die Augen, ich hätte mir denken können, dass er so reagiert.

»Ich habe mich daran gewöhnt und du siehst ja, ich kann durch die halbe Welt reisen«, versuche ich sein Mitleid zu zerstreuen und hoffe, das Thema wechseln zu können. Aber er bleibt dran: »Gibt es keine Medizin dagegen?« Anscheinend will er es genau wissen. Das kann er haben, denke ich und erkläre: »Die Nerven im Rückgrat sind bei dem Unfall durchtrennt worden und wachsen nicht wieder zusammen.«

Nach einer Weile sagt er ganz pathetisch: »Andreas, morgen kannst du wieder laufen«, schaut mich erwartungsvoll an und fährt fort: »In Sukkur gibt es einen Arzt, der viele Krankheiten nur durch seine mentale Stärke geheilt hat.« Nicht schon wieder ein Wunderheiler! Energisch und ernst versuche ich ihm noch einmal den Sachverhalt klar zu machen. »Ahmed«, sage ich mit Nachdruck, »ich habe keine Hautkrankheit oder eine Allergie, ich bin querschnittgelähmt und das ist nicht heilbar. Dein Wunderheiler kann auch kein amputiertes Bein wieder wachsen lassen! Ich finde es ja nett, dass du dir so viele Gedanken machst, aber glaube mir, wenn es irgendwo in der Welt jemanden gibt, der wirklich Querschnittgelähmte wieder zum Laufen bringt, dann geht das herum wie ein Lauffeuer.«

»Letztes Jahr kam eine Frau mit einem Tumor im Rücken zu ihm«, entgegnet er ganz aufgebracht. Sie saß im Rollstuhl und ist an Krücken wieder rausgekommen.«

»Das mag ja sein«, kontere ich, »aber dann war ihr Rückenmark vom Tumor vielleicht nur gequetscht, aber nicht durchtrennt und sie konnte nur zeitweise nicht laufen!«

Mit enttäuschtem Gesicht starrt er auf die Straße. Einerseits bin ich gerührt über seine Anteilnahme. Andererseits habe ich absolut keine Lust, mich von ihm zu irgendeinem Wunderdoktor schleppen zu lassen, der mir dann doch nur seine Unfähigkeit erklären muss.

Inzwischen ist die Sonne untergegangen und wir stehen vor dem Metalltor, das, wie am Abend zuvor, sofort geöffnet wird. Beim Aussteigen sage ich zu Ahmed: »Ich möchte morgen weiter nach Lahore reisen, kennst du die Abfahrtzeiten?«

»Ja, ein Zug geht mittags und kommt übermorgen Mittag an.« Wieder wird mir deutlich, wie riesig Pakistan ist oder wie langsam die Züge fahren. Etwas trocken brummelt er: »Ich schicke unseren Hausboy heute Abend noch los, er besorgt dir ein Ticket.« Unser Verhältnis ist nach dem Gespräch im Auto merklich abgekühlt. Es tut mir Leid, aber ich kann es nicht ändern.

Seit zwei Stunden rattert der Zug über die Schienen, ein Geräusch, das ich auf meinen Reisen durch den indischen Subkontinent wie so vieles lieben und hassen gelernt habe. Wenn es mir gut ging, ich einen passablen Sitzplatz ergattert hatte, herrliche Landschaften zu bewundern waren oder interessante Gespräche mit den Mitreisenden entstanden, dann hat mich das gleichförmige »Dukduk dukduk dukduk« fast in eine Reiseeuphorie versetzt und ich konnte nie genug davon bekommen. Doch auch die endlos langen Nachtstunden im Rollstuhl auf den Kupplungen bei höllischem Lärm in eisiger Kälte oder drückender Hitze vergesse ich nicht.

Ich denke zurück an Ahmed, der sich extra einen Tag freigenommen und mir Mohenjo Daro gezeigt hatte. Einfach so, ganz selbstverständlich, und zum Schluss hat er das Geld, das ich ihm diskret zustecken wollte, nicht angenommen. Sogar zu dem Arzt in Sukkur wollte er mich bringen, damit ich geheilt werde. Vielleicht hätte ich ihm meine Geschichte genauer erzählen sollen …

Der Wetterbericht versprach ein sonniges Osterwochenende, das erste im Jahr 1981. Es war Gründonnerstag und die Sonnenstrahlen drangen durch die Werkstattfenster. Schon mittags plante jeder in Gedanken seine Freizeit.

»Wo soll es denn hingehen?«, fragte mich Benno, mein Tischlerkollege.

»Zum Nürburgring, wir fahren gleich los, die anderen warten zu Hause auf mich«, sagte ich.

»Ist denn da ein Autorennen?«, wollte er noch wissen.

»Nein«, antwortete ich, »wir wollen selbst auf dem Ring fahren und es mit einer Tour am Rhein entlang verbinden.«

Ich schnappte mir den Helm, zog die Lederjacke an und wünschte den Kollegen noch schöne Ostertage. »Dann bis Dienstag«, verabschiedete ich mich.

Als die Werkstatttür hinter mir ins Schloss fiel, hatte ich für einen kurzen Moment die Ahnung, nicht so schnell hierher zurückzukehren. Zu viele schwere Unfälle waren in meinem Bekanntenkreis schon passiert, als dass ich neben der Faszination nicht auch die große Gefahr gesehen hätte, die das Motorradfahren mit sich bringt. Aber der Sonnenschein und die Aussicht auf vier freie Tage fegten alle dunklen Gedanken schnell fort.

Zwei Stunden später waren wir auf der Autobahn gen Westen. Alfred mit seiner Honda, Andreas und ich mit den neuen Yamahas, unserem ganzen Stolz. Jenseits von Marburg übernachteten wir in einer Pension an der Straße in einem einfachen Zimmer mit nur einem Bett, zu klein für drei Personen. Daher schlief ich auf dem Fußboden.

Am Karfreitagmorgen ging ich zum letzten Mal eine Treppe hinunter, setzte mich zum letzten Mal auf mein Motorrad, spürte zum letzten Mal meine Beine. Zwischen Marburg und der Autobahnauffahrt bei Limburg durchfuhren wir eine leicht hügelige Landschaft, streckenweise entlang der Lahn, die in den frühen Morgenstunden noch von Nebeln bedeckt war. In schattigen Ebenen lag der Tau auf den Weiden. Kühe, im Morgennebel oft nur als Silhouette erkennbar, boten ein gespenstisches Bild. Auf Zelt und Schlafsäcke hatten wir verzichtet, um die Motorräder möglichst leicht zu halten. Vor allem auf Kurven hatten wir es abgesehen. An manchen Wochenenden sind wir zweihundert Kilometer weit gefahren, nur um in den Bergen eine kurvenreiche Strecke immer wieder hinauf- und hinunterzufahren.

Die Vorfreude, an diesem Tag auf dem Nürburgring das Motorradfahren in Reinkultur endlich ohne Gegenverkehr, Leitplanken und andere gefährliche Hindernisse genießen zu können, war groß. Bei Limburg wollten wir für ein kurzes Stück die Autobahn benutzen, um jenseits von Koblenz wieder kurvenreiche Landstraßen zu fahren. Die Autobahnauffahrt, eine Hundertachtziggradkurve, stieg leicht an, was mich zum Gasgeben animierte. Die extreme Schräglage, im Spiel mit Fliehkräften und Geschwindigkeit, immer wieder eine Herausforderung, zog mich auch jetzt in den Bann. Da wir hier keinen Gegenverkehr zu erwarten hatten, ließ ich mich etwas in die Außenkurve gleiten, um den Druck der Fliehkräfte abzumildern. Nur für den Bruchteil eines Augenblicks nahm ich den feinen Sand auf der Straßenoberfläche wahr, viel zu spät, um darauf reagieren zu können. Das Vorderrad brach aus und sofort geriet alles außer Kontrolle. Ich ließ den Lenker los und schlitterte auf dem Hintern, neben mir das Motorrad, Richtung Leitplanke. Der Rest lief ab wie im Film. Es gab einen Aufprall, alles wurde dunkel.

Jemand nahm mir den Helm ab. Ich lag hinter der Leitplanke auf dem Rücken und schaute in den blauen Himmel. Gut, dachte ich, du lebst ja noch. Schmerzen hatte ich auch nicht, also noch einmal Glück gehabt. Ich wollte aufstehen, aber da war etwas mit meinen Beinen. Der Griff dorthin ging ins Leere, die Beine existierten nicht mehr, jedenfalls nicht spürbar. Aber ich sah sie doch! Schlagartig wurde mir bewusst, dass dieser Tag mein Leben verändern würde.

47

Den ganzen Tag starrte ich an die Decke und grübelte, ob die Kassetten da oben aus Styropor oder Pressholz waren. Links von mir piepsende Geräte, rechts ein Infusionsständer, aus dem es tropfte und zwischen meinen Rippen guckte ein Schlauch heraus, aus dem Blut sickerte. All das interessierte mich nicht.

Gerade hatte der Chefarzt mit mir gesprochen: »Herr Pröve, bei dem Unfall gestern wurde Ihr Rückgrat gestaucht, drei Wirbel sind gebrochen. Die Nerven in der Wirbelsäule sind durchtrennt worden. Ich will ganz offen mit Ihnen reden. Wenn innerhalb der nächsten drei Tage keine Besserung eintritt, wenn Sie bis übermorgen Ihre Zehen oder die Füße nicht bewegen können, werden Sie den Rest Ihres Lebens im Rollstuhl sitzen müssen. Sie sind querschnittgelähmt.«

Ich sagte nur »Ja.«

Mein Blick und die Gedanken wanderten wieder in Richtung Decke.

Die Kassetten sind bestimmt aus Styropor, Holz wäre ja viel zu schwer. Außerdem lässt sich dieser Kunststoff viel leichter herstellen.

Querschnittgelähmt, was für ein furchtbares Wort.

Ich versuchte, den Zeh zu bewegen, aber es tat sich nichts, der Befehl kam nicht an. Und wieder wanderten die Blicke und Gedanken zur Decke. Das Verdrängen der Realität war das einzige Mittel, mit dieser erschütternden Nachricht fertig zu werden.

Doch die Wirklichkeit hat mich immer wieder eingeholt, vor allem wenn Besuch kam. Wie schwerwiegend die Auswirkungen dieses Unfalls sein mussten, wurde mir deutlich, als meinen Brüdern Fritz und Sebastian und auch meinem Vater am Bett die Tränen herunterliefen. Meinen Vater zum ersten Mal weinen zu sehen, und das meinetwegen, hat mich sehr bedrückt.

Er war ein kräftiger, blonder Mann mit großen Händen. Auf seinem Hof, den er von seinen Eltern übernahm und wo ich mit drei Brüdern aufgewachsen bin, hatte er stets die Kommandos gegeben. Für mich war er immer unnahbar geblieben. Zuneigung hat er nicht durch große Worte gezeigt, er war ein Mann der Tat. 1969, ich wurde gerade zwölf Jahre alt, haben sich meine Eltern scheiden lassen. Mit unserer Mutter wohnten wir unter recht ärmlichen Verhältnissen nur zwanzig Meter vom Haus meines Vaters und seiner neuen Frau in einer Wohnung auf dem Gehöft. Aber so konnten wir wenigstens in seiner Nähe sein. Er war die große Respektsperson für mich. Für seine Kinder hat er sich immer uneingeschränkt eingesetzt und alles getan, um ihnen einen guten Start in die Zukunft zu ermöglichen. Mit Beziehungen besorgte er mir nach meinem Schulabschluss eine Lehrstelle in einer Tischlerei und Fritz, meinen jüngeren Bruder, unterstützte er intensiv beim Anerkennungsverfahren als Kriegsdienstverweigerer, was damals noch mit einer gründlichen Gewissensprüfung verbunden war.

Jeden Tag kam der Arzt und hat mir mit einer Nadel in die Beine gepiekst, aber der Schmerz kam auch am dritten Tag nicht an. Die Frist lief ab, ob ich wollte oder nicht, früher oder später musste ich mich an den Gedanken gewöhnen, den Rest meines Lebens im Rollstuhl zu verbringen.

Jetzt war es definitiv. Dr. Lang kam am Nachmittag des dritten Tages auf die Intensivstation und erklärte mir: »Herr Pröve, so wie es aussieht, wird sich keine Besserung mehr einstellen.« Und im gleichen Atemzug: »Sie werden zwar ständig auf einen Rollstuhl angewiesen sein, aber mit einer Handbedienung können Sie wieder Auto fahren, Sie können einen neuen Beruf erlernen und sogar eine Familie gründen.«

Ich fragte ihn: »Und was ist mit dem Reisen?«

Er schien etwas überrascht, antwortete dann aber: »Mit Einschränkungen wird das auch möglich sein.«

Aus Angst vor seiner Antwort, wagte ich nicht weiter nach der Machbarkeit einer Reise nach Indien zu fragen.

Obwohl ich gerade erfahren hatte, dass ich eine komplette Paraplegie ab TH 7/8 hatte und nie wieder laufen würde, war ich nach diesem Gespräch anfangs guten Mutes, was die Zukunft anging. Der Grund für dieses positive Denken lag nicht nur in den Versprechungen des Arztes, sondern sicher auch an dem Tropf, an dem ich hing. Um Gemütsausbrüche oder Schlimmeres zu vermeiden, wurden mir Medikamente zugeführt.

Obwohl die ersten drei Tage nach dem Unfall in meiner Erinnerung leicht vernebelt erscheinen, kristallisierten sich bald die zunächst wichtigen Fragen heraus: Meine Wohnung lag im ersten Stock, ich musste umziehen, meinen Beruf konnte ich nicht mehr ausüben und wovon sollte ich leben? Sollte ich mich verlegen lassen oder den achtmonatigen Krankenhausaufenthalt hier in Koblenz, fünfhundert Kilometer entfernt von zu Hause, absitzen?

Im Vergleich zur Intensivstation fand ich mein Krankenzimmer direkt wohnlich, die Wände waren mit Holz verkleidet, braune Gardinen hingen vor den Fenstern. Fernseher, Radio, Telefon, alles, was sich zur Ablenkung eignete, stand zu meiner Verfügung. Und das war auch nötig, zwei lange Monate musste ich flach auf dem Bauch oder Rücken liegen, damit die Bruchstelle verheilen konnte. Zur Vorbeugung von Druckstellen wurde ich alle drei Stunden in meinem »Sandwichbett« von den Pflegern gedreht. Dazu verschraubte man mich zwischen zwei Matratzen mit Gestell. An Kopf- und Fußende befanden sich die Drehpunkte. Wie ein Stück Hack im Hamburger konnte ich nun von der Rücken- in die Bauchlage und wieder zurück gedreht werden, ohne dass die Wirbelsäule belastet wurde. Nie wieder habe ich so viele Bücher gelesen und Briefe geschrieben. Dafür gab es speziell ein Loch im Kopfteil des Bettes mit einem Tischchen darunter, um auch in der Bauchlage noch lesen oder schreiben zu können.

An der Wand hing eine Fotocollage, die mir Fritz mitgebracht hatte. Bilder meiner ersten Indienreise. Ein Blick genügte und ich verschwand in meinen Erinnerungen, in Indien, Bangladesch oder Sri Lanka. Ich schloss die Augen und tauchte ins indische Verkehrsgewühl zwischen klingelnden Rikschas, hupenden Autos und muhenden Kühen ein. Genoss den indischen Chai, den Geruch der Räucherstäbchen und das Spiel der einfachen Flötenspieler, die durch die Seitengassen Kalkuttas zogen.

Auch das Elend sah ich, erinnerte mich an das Blut, das in Strömen außen an meinem Zugfenster herablief. Einer der vielen blinden Passagiere auf dem Zugdach war im falschen Augenblick aufgestanden und von einer Brücke geköpft worden. Teile des Hirns und Haarbüschel klebten am Zugfenster. Mir wurde übel. Susanne, mit der ich damals reiste, stürzte zur Toilette und musste sich übergeben. Im nächsten Bahnhof kam jemand mit einem Wasserschlauch. Der Leichnam wurde vom Dach geworfen und landete auf dem Bahnsteig wie eine Stoffpuppe. Es erinnerte mich an die Vogelscheuchen, die wir als Kinder mit Stroh und alten Jacken gebastelt hatten und die meist ohne Kopf waren. Anteilnahme schien es unter den Schaulustigen nicht zu geben. Ohne Verspätung ist der Zug weitergefahren. So wurden wir von Indien empfangen.

Diese Reise quer durch den indischen Subkontinent hat in mir eine Faszination hervorgerufen, die mich bis zum heutigen Tag gefangen hält.

Ding-ding, dieses eigentümliche Bimmeln, das den Aufzug ankündigte, werde ich nie vergessen. Ich lag in Hörweite und wann immer das Ding-ding erklang, richtete sich meine ganze Aufmerksamkeit auf die Tür. An den Schritten auf dem Flur konnte ich erkennen, für wen der Besuch kam. Lautes Stiefelgetrappel, das war Besuch für mich. Wenn die Tür dann aufging, stürzte nicht selten eine ganze Meute schwarz gekleideter Motorradfahrer ins Zimmer.

Auf Außenstehende muss diese Gruppe Furcht erregend gewirkt haben: lange, zottelige Haare, vom Fahrtwind gerötete Gesichter und die Hände fast immer schmutzig, denn einige fuhren Motorräder aus dem Ostblock, und für die gab es keinen Wochenendausflug, ohne am Motor oder an der Elektrik zu schrauben. Inzwischen waren alle über den ersten Schock hinweg und niemand vergoss mehr Tränen an meinem Bett. Stattdessen wurde geflachst und gescherzt.

Meine Mutter kam eines Tages mit der Bahn und hatte eine Flasche Sekt dabei, um mit mir darauf anzustoßen, dass ich dem Tod noch einmal von der Schippe gesprungen war. Das war genau die richtige seelische Unterstützung, die ich brauchte. Obwohl meine Mutter ein Leben nicht arm an Entbehrungen führte, war sie immer ein fröhlicher und lebenslustiger Mensch, der niemals aufgab.

Es entwickelte sich ein reger Krankenbesuchstourismus. Ein Besuchsplan wurde erstellt, weil das Zimmer oft zu eng für alle war. Sechs Wochen nach dem Unfall, zu Pfingsten, kamen meine Freunde mit zehn Motorrädern und fünf Autos. Sie präparierten sich außerhalb von Koblenz auf einer Schafswiese einen Zeltplatz und kamen jeden Tag mit einer Abordnung von fünf Leuten in mein Zimmer. Mein Bettnachbar Stefan hatte Urlaub, und so feierten wir am Pfingstsamstag eine kleine Fete auf meiner sturmfreien Bude.

»Habt Ihr nicht ein freies Bett hier?«, war Alfreds spontane Idee, er war nicht gerade nüchtern.

»Nimm das da«, sagte ich und deutete auf Stefans Bett. »Der kommt sowieso erst Montag wieder. Aber einer von euch muss auf dem Fußboden schlafen.« Ich wusste, Kalli und Hans, die Nachtwache hatten, würden ein Auge zudrücken. Alfred und Andreas teilten sich das Bett. Nach drei Stunden kamen dann die beiden Pfleger herein, um mich auf den Bauch zu drehen: »Na, sollen wir euch auch gleich umdrehen?«, tönte es.

Fritz war auch wieder mitgekommen und berichtete mir von den Neuigkeiten zu Hause. Meine Wohnung war gekündigt und meine Möbel waren in einer Scheune untergestellt worden. Fritz meinte vorwurfsvoll: »Du hättest wenigstens vorher abwaschen können, da hatte sich Schimmel in den Tassen gebildet.«

»Ja, wer ahnt denn so etwas«, versuchte ich mich zu verteidigen. Ich bewohnte eine kleine Bude und Aufräumen war nicht gerade meine Stärke.

»Und jetzt pass auf«, begann er geheimnisvoll, »weißt du eigentlich, dass du zwei Invaliditätsversicherungen abgeschlossen hast?«

»Was?«, fragte ich erstaunt.

»Ja, hier«, er holte alle möglichen Papiere mit meiner Unterschrift aus einem Hefter, »einmal über achtzigtausend Mark und die hier zahlt siebzigtausend Mark, dazu gibt es ein Krankenhaustagegeld von achtzig Mark pro Tag.«

Gegen Versicherungsagenten konnte ich mich nie wehren, sie wickelten mich ein und konnten mir verkaufen, was sie wollten. Dabei muss ich wohl den Überblick verloren haben. Ein Bausparvertrag ist beim Ausräumen auch noch zum Vorschein gekommen.

»Glück im Unglück«, meinte Fritz, »wenn du wirklich

53

querschnittgelähmt bleibst und hundert Prozent schwerbehindert bist, dann hast du Geld. Und jetzt kommt die zweite Überraschung.« Fritz' Gesicht wurde ernst. »Wenn das Geld ausgezahlt wird, will Vater dir ein Grundstück hinten auf dem Hof vererben und darauf bauen wir dir ein rollstuhlgerechtes Haus. Na, wie findest du das?«

Ich war sprachlos. »Meinst du wirklich, die bezahlen hundertfünfzigtausend Mark?« Ich wollte es nicht so recht glauben.

»Müssen sie, wenn dein Zustand sich nicht ändert«, versuchte er mich zu überzeugen.

»Na, dann wollen wir mal hoffen, dass es so bleibt«, begann ich zu scherzen. Fritz schien ein bisschen geschockt, aber er wusste, wie ich das gemeint hatte.

Zwei Wochen später überwies erst die eine und mit Hilfe eines Rechtsanwalts dann auch die andere Versicherung das Geld.

Mein Vater war ein wahres Organisationsgenie. In einer Rekordzeit von nur sechs Wochen besorgte er einen Bauplan und eine Baugenehmigung für ein rollstuhlgerechtes Haus und auch um die Finanzierung kümmerte er sich.

Nun musste ich mit weniger Besuch zufrieden sein, denn alle arbeiteten bei mir zu Hause auf der Baustelle.

Es begann ein Wettlauf mit der Zeit: Wird das Haus bezugsfertig sein, bevor ich entlassen werden kann, oder schaffe ich es, fit für die Entlassung zu sein, bevor das Haus fertig ist?

Während zu Hause in jeder freien Stunde auf der Baustelle gearbeitet wurde, setzten sich bei mir Energien frei, von denen ich bis dahin nichts geahnt hatte. Doch zuerst musste ich die Wirklichkeit begreifen lernen. Nur langsam ließ ich die Tatsache, querschnittgelähmt zu sein, an mich heran. In den ersten zwei Wochen nach dem Unfall existierte der gelähmte Teil meines Körpers allenfalls, wenn Renate, die Krankengymnastin kam, um die Beine durchzubewegen. Dann sah ich zwar, wie meine Beine von ihr gebeugt, nach oben und zur Seite bewegt wurden, aber ich spürte nichts, keinen Schmerz und kein Wohlbefinden. Das konnten nicht meine Beine sein. In der übrigen Zeit hat es mich nicht interessiert, was da unter der Bettdecke lag, wie mein Urin in den Beutel kam, der am Bett hing, oder der Stuhlgang vor sich ging.

Langsam begann ich Fragen zu stellen. Renate löcherte ich zuerst.

»Das Durchbewegen der Beine ist sehr wichtig, um zu verhindern, dass die Gelenke versteifen. Einmal am Tag muss das sein. Angefangen bei den Zehen, über die Fuß- und Kniegelenke bis rauf zum Becken.«

»Für immer?«, war meine bange Frage.

»Ja«, antwortete sie kurz.

»Und wer macht das, wenn ich hier entlassen bin?«

»Das können Sie selbst, oder Sie suchen sich eine Praxis für Krankengymnastik.«

»Und diese Gummistrümpfe da?«, ich wusste, dass ich von ihr eine ehrliche Antwort bekommen würde.

»Die Kompressionsstrümpfe werden Sie wohl den Rest Ihres Lebens tragen müssen.«

Solche Strümpfe sind doch etwas für Großmütter, aber nicht für mich, mit meinen dreiundzwanzig Jahren. Ich wollte immer ehrliche Antworten, aber was Renate da gesagt hatte, brachte bei mir das Fass zum Überlaufen. Bisher hatte ich alle Probleme verdrängt oder einfach nicht ernst genommen. Damit war jetzt Schluss.

Meine Beine werden mir für die nächsten fünfzig Jahre – sollte ich so lange leben – nur zur Belastung. Fünfzig Jahre jeden Tag die Gelenke mit der Hand bewegen, damit sie nicht versteifen. Fünfzig Jahre Gummistrümpfe tragen, um

Wasser in den Beinen zu vermeiden, fünfzig Jahre auf »die gefährlichen Druckstellen«, wie der Pfleger sagte, achten, wobei mir noch nicht klar war, worum es sich dabei überhaupt handelte. Wie ein Damoklesschwert hing über mir das riesige Problem Inkontinenz. Reichte es nicht, nie wieder laufen zu können?

Niedergeschlagen fragte ich den Stationspfleger: »Warum werden den Querschnittgelähmten nicht die Beine amputiert? Dann müsste man nicht so viel überflüssiges Gewicht mit sich herumschleppen, man spart sich die Krankengymnastik und Druckstellen kann es auch keine mehr geben.« Zuerst sagte er überhaupt nichts dazu. Vielleicht war er ein wenig verblüfft. Doch dann antwortete er: »Wenn es eines Tages eine Methode geben sollte, Querschnittgelähmte zum Laufen zu bringen, schaust du mit Beinstümpfen ziemlich dumm aus der Wäsche!« Jetzt war ich still. Wollte er mir damit Hoffnungen machen oder nur meine irren Gedanken zerstreuen? Nein, der Chefarzt hatte mir definitiv jegliche Hoffnung auf Heilung genommen: »Es wird in absehbarer Zeit keine Behandlungsmethode geben. Was wir tun können, ist, Ihnen zu helfen, sich an die Situation zu gewöhnen.«

Drei Stunden Bauchlage waren gerade das, was ich ertragen konnte. Dann wusste ich nicht mehr wo ich den Kopf hinlegen sollte und jede Minute Verspätung wurde zur Ewigkeit. »Jetzt erklär mir, was eine Druckstelle ist!«, sagte ich zu Kurt, der mit Karl nachmittags durch die Zimmer ging, um die Patienten zu drehen. Karl war Maurer von Beruf und hatte zum Pfleger umgeschult. In meinen Augen eine Fehlentscheidung, denn ich hielt ihn für unsensibel. Nur seine unbändige Kraft wurde von allen Patienten geschätzt. Er war der Einzige, der mir immer unsympathisch blieb. Kurt dagegen spürte, wenn es einem Patienten seelisch schlecht ging. Mit seiner väterlichen Art erklärte er: »Die Muskulatur wird sich im gelähmten Bereich abbauen. Hier fühl mal, da ist jetzt schon nichts mehr dran.« Er nahm meine Hand und führte sie an mein Gesäß. Es bestand buchstäblich nur noch aus Haut und Knochen. Mein knackiger Po war zwei Steißknochen gewichen, die direkt unter der Haut spürbar waren und hervorstanden. »Darauf musst du in Zukunft sitzen. Die Durchblutung ist auch nicht mehr das, was sie früher war.« Während sie begannen, die Drehvorrichtung am Bett zu befestigen, erklärte Kurt weiter: »Wenn du zu lange sitzt und dich nicht hochstützt, entweicht das Blut aus der Haut, sie stirbt ab und beginnt zu faulen. Das ist dann eine Druckstelle oder ein Dekubitus.« »Wie kann ich das denn vermeiden?«, fragte ich ihn. »Sage ich doch«, entgegnete er, »immer schön hochstützen, nicht zu lange am Stück sitzen und jeden Abend mit einem Spiegel Sichtkontrolle machen.«

Häppchenweise ließ ich mich vom Personal über meine Zukunft aufklären und musste bald feststellen, dass querschnittgelähmt zu sein nicht nur bedeutet, nicht mehr laufen zu können. Die Begleiterscheinungen und möglichen Folgeerkrankungen erschienen mir bald viel dramatischer. Vor allem das fehlende Gefühl auf mehr als der Hälfte des Körpers machte mir zu schaffen.

Richtige Aufbauarbeit hat dagegen mein Bettnachbar geleistet. Wenn Stefan anfing zu erzählen, bekam ich große Ohren. »Das darfst du alles nicht so eng sehen. Man gewöhnt sich an vieles. Sieh mal, da unten steht mein Auto, da setze ich mich jetzt hinein und fahre übers Wochenende nach Hause. Morgen gehe ich mit den Freunden in die Disko und am Sonntag treffen wir uns im Schwimmbad. Wenn du hier raus bist, kannst du das auch.« Und im Nu verschwand er durch die Tür. Leider stand Stefan kurz vor seiner Entlassung. Seine Worte bedeuteten Balsam für mein

Gemüt, sie waren einfach glaubhafter, als die schlauen Tipps des Personals auf zwei beweglichen Beinen.

Aber es gab viele Tage, an denen ich frustriert an meine dunkle Zukunft dachte. Seitenweise las ich in meinen Büchern, ohne ein Wort aufzunehmen. An Selbstmord dachte ich, selbst in diesen Momenten, niemals. Habe ich meinen Kopf gedreht, fiel der Blick wieder auf die Fotocollage. Ich, mit langen Haaren und Bart in Bombays Straßen oder am Strand von Goa, in Badehose auf muskulösen Beinen. Das war einmal. Ich musste mich davon lösen und mein neues Leben in Angriff nehmen.

Fast zwei Monate lag ich flach im Bett. Mit jedem Tag wurde ich ungeduldiger. Die ganze Theorie über das, was später möglich wäre und was nicht mehr gehen sollte, nervte mich.

Und dann stand er in meinem Zimmer: voll verchromt, blauer, abwaschbarer Bespannstoff. Ein Rollstuhl wie tausend andere. Ein ganz merkwürdiges Gefühl überkam mich. Etwas in mir hat sich gesträubt, dieses unförmige, vierrädrige Ding zu akzeptieren. Aber dieses Gefährt war für mich das Mittel, endlich mobil zu werden. Die Bezeichnung »notwendiges Übel« konnte passender nicht sein.

Karl und Kurt hatten mich auf die Bettkante gesetzt und hielten mich links und rechts fest. Mit sehr gemischten Gefühlen betrachtete ich den Rollstuhl vor mir. Eine Situation, die mich an meinen ersten Sprung vom Fünfmeterturm im Schwimmbad erinnerte.

»Wir tragen dich jetzt in den Rollstuhl«, begann Karl, »und dann darfst du fünf Minuten herumrollen. Das reicht fürs Erste.« Doch so einfach ging das nicht. Karl hatte mich vorgewarnt. Als würde ich auf einer Kugel sitzen, fiel ich einfach um. Ich hatte mein Gleichgewichtsgefühl verloren. Nicht einmal mehr sitzen konnte ich. Noch eines dieser

Extras, die man zur Querschnittlähmung dazubekommt. »Das lässt sich trainieren«, beruhigte mich Karl, nachdem ich mich ganz niedergeschlagen beschwert hatte. »Außerdem kannst du dich am Rollstuhl festhalten.«

»Du musst beide Räder drehen und gleichzeitig die Balance halten«, lautete der Rat von Kurt, der sprungbereit hinter mir stand, um mich aufzufangen. Aber den Gefallen wollte ich ihnen nicht tun. Schon gar nicht Karl, in dessen Nähe ich mich nicht wohl fühlte.

Mein erster Weg im Rollstuhl führte mich zu dem großen Spiegel im Zimmer, wo ich gleich den nächsten Tiefschlag bekam. Ich mochte kaum hinschauen. Die lange Bewegungslosigkeit hatte ihre Spuren hinterlassen. Das Gesicht war von den Medikamenten aufgequollen und sah krank aus, leichte Hamsterbacken beulten sich an beiden Seiten hervor. Die Muskulatur in den Oberarmen war schlaffer, herunterhängender Haut gewichen. Plötzlich hatte ich einen Bauch (die so genannte »Querschnittwanne«, wie ich später erfuhr). Grund ist die schlaffe Bauchmuskulatur, die dem Druck des Darms nichts mehr entgegenzusetzen hat. Ober- und Unterschenkel waren extrem dünn geworden, während die Kniegelenke unförmig groß wirkten. Meine Tendenz zum Rundrücken verstärkte sich durch das Sitzen. Meine ganze Erscheinung machte einen ziemlich jämmerlichen Eindruck auf mich. Vielleicht ließ sich die eine oder andere Disharmonie wegtrainieren, doch der Rollstuhl war da und blieb. Und das war es, was mich am meisten schockiert hat: Ich saß im Rollstuhl. Völlig irritiert kehrte ich meinem Spiegelbild den Rücken. Zwei Monate hatte ich mich auf diesen Augenblick vorbereitet und am Schluss konnte ich es nicht mehr erwarten, endlich in den Rollstuhl zu dürfen. Und nun das! Ich war so bestürzt über mein Aussehen, dass mir zum ersten Mal die Tränen kamen. Ich nahm mir vor, den Spiegel zunächst zu meiden, wollte einfach nicht akzeptieren, dass ich es war, der sich da zeigte, mochte mich nicht mehr sehen. »Bring mich wieder ins Bett«, sagte ich resigniert zu Kurt, »für heute bin ich erledigt.«

Am nächsten Morgen wurde ein Terminplan erstellt, der mir keine Zeit mehr zum Trübsalblasen ließ. Ab nun ging es bergauf. Ich musste lernen, die Beine in die Hand zu nehmen und mich vom Bett in den Rollstuhl zu setzen, Türen zu öffnen, mich zu waschen (vor zugehängtem Spiegel) und anzuziehen oder etwas vom Boden aufzuheben. So einfache Dinge, wie geradeaus zu fahren oder mit Messer und Gabel zu essen.

»Aha, es geht bei dir auch los«, Stefan deutete auf meine Füße. Ich wachte gerade aus meinem Mittagsschlaf auf. »Was meinst du?«, fragte ich, während ich mich streckte. »Hast du es nicht gemerkt, dein erster Spasmus setzt ein!« Ich wusste nicht, wovon er überhaupt redete. »Dein Fuß hat sich eben bewegt, das ist der Spasmus.« Mir war schon aufgefallen, dass sich Stefans Beine manchmal bewegten. Plötzlich fingen sie an zu zittern, die Knie beugten sich oder seine Füße streckten sich. Nach ein paar Sekunden war alles vorüber. Ich habe ihn nie danach gefragt und gehofft, er würde mir das von sich aus erklären. Nun hatte ich die Gelegenheit ihn auszufragen. »Das sind unkontrollierte Muskelbewegungen, die du nicht beeinflussen kannst. Es gibt Rollstuhlfahrer, bei denen die Spasmen so extrem sind, dass sie aus dem Rollstuhl fallen. Andere haben einen so starken Streckspasmus in den Beinen, die können sogar ein paar Sekunden stehen.«

Ich beobachtete meine Füße und hoffte, sehen zu können, wie sie sich bewegten. Aber nichts geschah. Renate erklärte mir am nächsten Tag: »Von den verletzten Nervenenden kommen Reize, die die Muskelbewegungen verursachen, aber so richtig erforscht ist die Ursache noch nicht.« – »Was kann man dagegen tun?«, wollte ich wissen. »Wenn die Spasmen zu extrem werden, kann man medikamentös einwirken, aber diese Tabletten machen müde, da sie auf den ganzen Organismus wirken. Und im Grunde sind Muskelbewegungen, ob kontrolliert oder nicht, gut für die Durchblutung.« Das leuchtete mir zwar ein, stimmte mich aber nicht gerade zuversichtlich.

Nur ein paar Tage später entdeckte ich die ersten Bewegungen in den Beinen. Anfangs war es ein leichtes Zucken, das sich in den nächsten Monaten zu einem ausgeprägten Streck- und Beugespasmus entwickelte. Einmal lag ich lesend auf dem Bett, mit hochgestelltem Kopfteil, als aus heiterem Himmel das rechte Knie emporschnellte und mir an die Stirn knallte. Das Buch flog durch die Gegend und ich wäre vor Schreck fast aus dem Bett gefallen. Stefan meinte nur: »Spas-mus-sein.« Wir lachten beide darüber.

Auf meiner Station lagen die unterschiedlichsten Patienten. Da gab es einen Schlägertypen, der seit Monaten mit Druckstellen am Gesäß auf dem Bauch lag und eine Pistole unter der Bettdecke verbarg. Es gab junge Männer, die mit einer vulgären Sprache ihre Betroffenheit überdeckten und alles ins Lächerliche zogen, Leistungssportler, linke Atomkraftgegner, Altnazis, Geschäftsleute und Schüler. Trotz aller Unterschiede hatten sie eines gemeinsam, die Querschnittlähmung. Im Zimmer am Flurende lagen die Härtefälle. Das Abendessen haben die vier meist zurückgehen lassen. Dafür sind dann die Grünen Damen, das waren freiwillige Helferinnen, losgeschickt worden um Bier, Zigaretten, halbe Hähnchen und Pommes zu besorgen. Morgens roch es dort wie in einer kalten Kneipe.

»Wie bist du in den Rollstuhl gekommen?«, fragte ich

Frank, auch dreiundzwanzig Jahre alt. Er erinnerte mich mit seinen roten Haaren immer ein wenig an Asterix. Seit sechs Wochen saß er im Rollstuhl. »Beim Moto-Cross gestürzt«, antwortete er knapp. In späteren Gesprächen spürte ich, dass er sehr darunter litt, nicht mehr Motorrad fahren zu können. Er hatte etliche Siege errungen.

»Und du?« Bernd, ein korpulenter Typ mit blondem ausgehendem Haar und abstehendem Schnauzbart wurde am gleichen Wochenende wie ich eingeliefert. »Ich bin vom Pferd gefallen, mitten im Wald. Der Gaul ist natürlich abgehauen und nach Hause gelaufen. Sechs Stunden habe ich da gelegen, bis man mich gefunden hat.«

Die Station zwei war voll mit solchen Schicksalen: Uwe, achtzehn Jahre alt, saß im Auto seines Freundes auf dem Weg zur Disko, als sich das Fahrzeug in einer Kurve überschlug. Eine Nacht lag er bei vollem Bewusstsein auf dem Acker. Diagnose: Halswirbelfraktur. Auch seine Arme waren gelähmt. Einer war vom Gerüst gefallen, Stefan war mit seinem Moped im Graben gelandet, im Zimmer gegenüber lag jemand, der kopfüber in flaches Wasser gesprungen war. Der Spanier Miguel aus dem Nachbarzimmer, zweiundzwanzig Jahre und Student in Höhr-Grenzhausen wurde kurz nach mir mit einer inkompletten Paraplegie eingeliefert. Nach sechs Monaten ging er an Krücken wieder heraus.

Plötzlich war mein Schicksal nur eines von vielen, und es gab einige, denen es erheblich schlechter ging als mir.

Otto Köth und Arno Becker, die beiden Sporttherapeuten, bildeten eine wichtige Säule bei der Rehabilitation. Otto, ungefähr fünfzig Jahre alt, grau meliert, untersetzt und Alleinherrscher in der Sporthalle, hatte immer etwas Militärisches an sich. Er ging an uns vorbei, als würde er seine Kompanie abschreiten.

»Wenn du einen starken Willen hast, dann wirst du es schaffen, der Wille kann Berge versetzen und ich weiß, du bist ein Kämpfer.« Mit theatralischem Unterton redete er auf mich ein. Dabei stand er breitbeinig vor mir, die eine Hand ruhte auf meiner Schulter, mit der anderen wedelte er in der Luft herum. Ottos Art wirkte zwar etwas befremdlich auf mich, aber seine Autorität und der Wille, alles aus mir herauszuholen, waren für mich eine wichtige Triebfeder. Er konnte mich motivieren und mir immer neue Leistungen abverlangen.

Arno war genau das Gegenteil. Einer, der sich auf jede Diskussion einließ und auch nie davor zurückschreckte, Kritik zu üben oder unangenehme Fragen zu stellen. Ihn konfrontierte ich zuerst mit meinem Wunsch, wieder nach Indien zu reisen.

»Ich will dir keine falschen Hoffnungen machen. Wenn du jemanden findest, der dich begleitet, geht das vielleicht, aber ich glaube nicht, dass so etwas allein möglich ist«, lautete seine eindeutige Antwort.

Sie arbeiteten für mich ein Fitnessprogramm auf einem Rollstuhltrainingsgerät aus, das mich oft an die Grenzen meiner Belastbarkeit führte. Sie gaben mir damit die Möglichkeit, meine Fortschritte jeden Tag schwarz auf weiß an der Leistungskurve abzulesen.

Mit Bernd, Frank und den anderen Rollstuhlfahrern bildete sich bald eine illustre Runde von untereinander konkurrierenden Rollstuhlfahrern. Wir spielten Tischtennis, lernten Bogenschießen, Slalomfahren und Schwimmen.

Die tägliche Krankengymnastik bedeutete eine Stunde Folter auf der Bodenturnmatte. Auf dem Rücken liegend, mussten wir unsere Übungen machen.

Diese Stunde war meist von Frust gekennzeichnet, weil sich Fortschritte nur sehr langsam einstellten und ich mich auf der Matte sehr ausgeliefert fühlte. Mit einem Deckenlift wurde ich auf den Boden herabgelassen und Renate schob den Rollstuhl weit weg. Die Tatsache, dass er für mich jetzt unerreichbar war, bereitete mir Unbehagen. Hier spürte ich meine Hilflosigkeit immer am stärksten.

Die einfachsten Dinge mussten gelernt werden: Keiner von uns konnte in den ersten Wochen auf der Matte sitzen, ohne umzufallen. Wie ein Seiltänzer mit ausgestreckten Armen versuchte ich mit größter Konzentration einfach nur sitzen zu bleiben. Ein leichtes Anstupsen von der Seite brachte mein mühsam gehaltenes Gleichgewicht völlig außer Kontrolle und plumps, lag ich da. Meine Bauchmuskulatur lag weitgehend im gelähmten Bereich und war außer Kraft gesetzt, so dass selbst das Aufrichten aus der Rückenlage ohne Hilfe nicht möglich war.

Zwei Matten weiter rechts lag Günther. Er hatte sich bei einem Betriebsunfall eine Lendenwirbelfraktur zugezogen. Scherzhaft nannten wir ihn »Hobbyquerschnitt«, denn seine Läsion lag in Höhe des Beckenknochens, so dass er noch die volle Bauchmuskulatur besaß. Über Übungen, die uns so viel Mühe machten, konnte er nur lachen. Uwe hatte es am schwersten. Während die Brust- und Lendenwirbelfrakturen als Paraplegie bezeichnet wurden, gehörten die Halswirbelverletzten zu den Tetraplegikern, von uns kurz »Teddys« genannt. Uwe war »Teddy«. Seine Arm- und Handfunktionen waren so eingeschränkt, dass er selbst beim Anheben einer vollen Tasse Schwierigkeiten hatte.

Es waren gerade drei Wochen vergangen, seit ich das Bett verlassen hatte, als plötzlich zwei Pfleger und ein »Weißkittel« aus der orthopädischen Werkstatt ins Zimmer stürzten. Oh nein, dachte ich, was haben sie jetzt wieder mit mir vor? »So, dann wollen wir mal. Sie bekommen jetzt Gehschienen angepasst und dafür müssen wir einen Gipsabdruck Ihrer Beine haben.« Verwirrt starrte ich die drei an und beschloss alles für einen schlechten Scherz zu halten. Ironisch antwortete ich: »Ja, und damit laufe ich dann im Marathon nach Hause!« – »Nein«, warf Kalli, der immer lächelte, ein, »du musst stehen, damit deine Beine belastet werden. Sonst bekommst du Glasknochen. Die werden so spröde, da kannst du dir selbst beim Hoseanziehen einen Trümmerbruch holen.« In diesem Moment erinnerte ich mich wieder an Renates Worte, die von Glasknochen und Gehschienen geredet hatte. Aber weil sie vorher von Inkontinenz und Phantomschmerzen, Nierenfunktionsstörungen, Spitzfuß und Knochenverkalkung sprach, muss mir diese Begleiterscheinung wohl entfallen sein.

Es wurden also Gehschienen angefertigt und zehn Tage später konnte ich wieder laufen. Allerdings nicht wie man sich das vorstellt. Es war eher eine Art zu stehen oder, genauer gesagt, ein wackeliges Hin- und Herkippen im Barren, während mich Renate von hinten und ihre Kollegin Gisela von vorne hielten. Dafür hatten sie mir Ledergriffe um den Bauch geschnallt. Meinen Anblick im Spiegel wollte ich mir ersparen.

»Na, wie ist es?«, prüfend schaute Gisela mir ins Gesicht, um rechtzeitig reagieren zu können, falls mir schwarz vor Augen werden sollte. »Nicht schlecht, endlich kann ich den Fußgängern wieder Aug in Aug gegenüberstehen.« Doch das war auch der einzige Vorteil, den ich in dieser Art der Therapie sah. Die Schienen hielten die Kniegelenke in gestreckter Haltung, während ich das Becken durch eine Hohlkreuzstellung am Wegklappen hinderte. Mein Anblick muss dem eines Zirkusclowns auf einem Ball nicht unähnlich gewesen sein, nur dass keiner gelacht hat.

Nach einigen Wochen stellten sich langsam Erfolge ein. Ich konnte inzwischen sitzen, ohne die Arme dabei auszubreiten und selbst ein Anschubsen hat mich nicht mehr aus dem Gleichgewicht gebracht. Den Deckenlift wollte ich als Nächstes überflüssig machen. Ich meinte, dass es später wichtig sein würde, ohne fremde Hilfe aus dem Rollstuhl und vor allem wieder hinein zu kommen. Auf Reisen würde ich nicht immer solche Hilfsmittel vorfinden und davon abgesehen, wollte ich mein neues Haus nicht mit diesen Geräten verunstalten.

Zunächst habe ich die Füße vom Fußbrett hinunter auf die Matte gestellt, dann bin ich bis zum vordersten Rand des Rollstuhlsitzes gerutscht. Hier saß ich bereits ziemlich wackelig. Renate, die immer mit viel Erfahrung glänzte, gab mir die richtigen Anweisungen: »Jetzt beginnt der gefährliche Teil. Sie müssen darauf achten, dass Sie sich das Sitzbein nicht an der Bremse aufreißen.« Mit dem Oberkörper als Gegengewicht zum gelähmten Rest musste ich mich nun nach unten bücken, um den Po hochzubekommen. Während eine Hand am Rad die Balance hielt, stützte ich mich mit der anderen auf die Erde. Jetzt gab es kein Zurück mehr, ich ließ das Rad los und unaufhaltsam glitt mein Körper nach unten. Aber doch mit Kontrolle der rechten Hand, die auf der Erde stützte. Obwohl ich relativ seicht gelandet war, hatte ich so viel Schwung bekommen, dass ich auf die Seite fiel. Eleganz war hier nicht gefragt.

Aber wie ich zurück in den Rollstuhl kommen sollte, war mir schleierhaft. Dazu reichte die Kraft nicht aus. Mit einem umfangreichen Hanteltraining begann ich die Oberarmmuskulatur aufzubauen.

Mittlerweile begann der Tag früh morgens um sieben Uhr. Das Ankleiden dauerte anfangs eine halbe Stunde. Wie sollte ich die Hose über den Hintern bekommen, wenn ich darauf saß? Es ging nur im Liegen, indem ich mich immer wieder zur Seite drehte und jedes Mal die Hose ein Stück höher zog. Dann, nach dem Frühstück, die Qual auf der

Matte, das anschließende Hanteltraining und dreißig Minuten Stehen im Barren. Von dort rollte ich in die Sporthalle gegenüber, wo Otto hoch motiviert mit seinem Rollstuhlsimulator, Stoppuhr und Leistungsstatistik auf mich wartete. Bevor ich den Puls nicht auf hundertachtzig hochgearbeitet hatte, ließ er mich nicht in Ruhe. Dann noch das Rollstuhlgeschicklichkeitstraining und endlich Mittagspause. Der Nachmittag war mit diversen Sportarten gefüllt, so dass ich abends völlig erschlagen ins Bett fiel.

Die Erfolge ließen nicht lange auf sich warten. Die Hanteln wurden schwerer, die Steigungen am Rollstuhlsimulator steiler eingestellt und die Bahnen in der Schwimmhalle immer mehr. Ich lernte aber auch die Restfunktionen meines Körpers geschickter und effizienter einzusetzen und sogar meine Beine zu benutzen. Beim Übersetzen vom Rollstuhl aufs Bett, auf einen Stuhl oder andere Sitzgelegenheiten brauchte ich kaum noch Kraft aufzuwenden. Allein das Hinunterbeugen des Kopfes und Oberkörpers mit etwas Schwung machte das Anheben des Hinterteils erheblich leichter. Eine kleine Drehung und ich saß auf der Bettkante. Ein Griff unter die Knie beider Beine und ich brauchte mich nur noch nach hinten fallen zu lassen, um im Bett zu liegen. Jetzt noch die Füße ans Fußende schmeißen und fertig.

Dann kam der Tag, an dem ich die aufgebaute Armmuskulatur zum ersten Mal wirklich brauchte. Die Mittagspause ging gerade zu Ende. Schlaftrunken und nicht gerade hoch motiviert richtete ich mich im Bett auf. Nachmittags sollten wir uns in der Schießanlage treffen, Bogenschießen lag mir nicht besonders. Zu spät sah ich, dass ich die Bremse nicht festgestellt hatte. Ich rutschte von der Bettkante, der Rollstuhl drehte sich weg und ich landete mit einem dumpfen Geräusch zwischen Rollstuhl und Bett auf dem Fußboden.

Im Zimmer war niemand, die Tür geschlossen. Da lag ich nun wie ein Fisch auf dem Trockenen.

Zwei Möglichkeiten blieben mir: laut um Hilfe zu schreien oder einfach abzuwarten, bis zufällig jemand hereinkommt. Nein. Jetzt wollte ich es wissen.

Ich platzierte den Rollstuhl schräg neben mir und stellte die Bremse fest. Dann nahm ich das Sitzkissen heraus und drehte mich auf die Seite, um es unter meinen Hintern zu schieben. Ein paar Zentimeter konnte ich so gewinnen. Ich zog meine Schuhe an und stellte die Füße nebeneinander mit angewinkelten Kniegelenken vor mir auf. An der Bettkante zog ich meinen Oberkörper nach vorn und gelangte so in eine Hockstellung. Ich stand in der Hocke auf meinen Füßen und drohte jeden Moment umzufallen. Jetzt kam der Kraftakt: Mit der einen Hand zog ich mir den Rollstuhl von hinten heran, mit der anderen stützte ich mich am Boden ab. Ich ließ den Oberkörper nach vorn fallen, um den Po in die Höhe zu bekommen. Gleichzeitig stemmte ich mich mit aller Kraft von der Erde hoch. Es waren nur noch zwei, drei Zentimeter. Ich konnte durch meine Beine den Rollstuhlsitz sehen. Mit einer letzten Anstrengung stützte ich mich hoch – und saß. Ich hätte vor Freude jubeln können, aber ich behielt dieses Erlebnis für mich.

»Na, hast du endlich deinen AOK-Chopper?« Typisch Alfred, aber auch die anderen Freunde, die wieder einmal mit ihren Motorrädern zu Besuch gekommen waren, nahmen nie ein Blatt vor den Mund. Vorbehalte oder Ängste, mich mit unüberlegten Äußerungen zu verletzen, gab es nicht. Sie behandelten mich wie immer, scherzten mit mir oder über mich und schmiedeten Pläne, wie sie mich am besten in den Beiwagen von Alfreds Gespann befördern könnten. Dieses ungezwungene Miteinander hat mir vieles erleichtert.

Dann kam das Wochenende, an dem ich zum ersten Mal nach Hause durfte und feststellen musste, dass das Leben unter meinesgleichen und Menschen, die den Umgang mit Rollstuhlfahrern gewohnt sind, in einer Scheinwelt stattfand. Mit einer kleinen Reisetasche, die an den Griffen des Rollstuhls hing, stand ich vor der Klinik. So muss es sein, wenn man aus dem Gefängnis entlassen wird, dachte ich und blickte zurück auf den braunen dreistöckigen Bau, in dem ich mich zurechtfand und mir alles vertraut war. Vor mir lag eine große Ungewissheit. Ein Berg unbeantworteter Fragen – die nächste Herausforderung.

Mit der Bahn von Koblenz nach Hannover zu fahren glich einem Hindernislauf mit ungewissem Ausgang. Auf dem Weg in Richtung Innenstadt glaubte ich immer, mich hält hinten jemand fest. Der Rollstuhl war eine furchtbare Krücke, unglaublich schwergängig mit starkem Drall nach links. Am rechten Rad musste ich bremsen und links gleichzeitig drehen, um nicht in der Gosse zu landen. So ein Rollstuhl hat etwas von einem Panzer. Eine Hauptverkehrsstraße musste ich überqueren. Obwohl der Bahnhof auf der gegenüberliegenden Straßenseite lag, zum Greifen nah, musste ich hundert Meter zur Ampelkreuzung hinaufrollen, um dort festzustellen, dass der nächste abgesenkte Bürgersteig weitere hundert Meter oberhalb lag.

Diese Welt war nicht für Rollstuhlfahrer geschaffen. Das ahnte ich jetzt. Zwei Eingangstüren zum Bahnhofsgebäude bildeten die nächste Barriere. Ohne die Hilfe einer netten jungen Frau wäre ich nicht hineingekommen. Der Ticketschalter war mindestens eineinhalb Meter hoch. Ich konnte den Kartenverkäufer nicht einmal sehen. Ich legte einen Hundertmarkschein auf den Tresen.

»Ein Mal Hannover und zurück, bitte!«

Der Schalterbeamte stand auf und schaute verwundert zu mir runter.

»Einmal Hannover und zurück, bitte!«

»Haben Sie keine Begleitperson?«

»Nein, brauch ich die?«

»Ja, wie wollen Sie denn mit Ihrem Fahrstuhl in den Zug kommen?«

»Weiß ich auch nicht, ist Ihr Zug nicht rollstuhlgerecht? Außerdem ist das kein Fahrstuhl, sondern ein Rollstuhl!«, erwiderte ich.

»Warten Sie«, sagte er, »ich gebe Bescheid, es kommt gleich jemand und holt Sie ab.«

Ich werde abgeholt, ich kann nicht selbst die Initiative ergreifen, jemand kümmert sich um mich. Ich fühlte mich ausgeliefert. Am anderen Ende der Bahnhofshalle öffnete sich eine Tür, zwei Bahnbeamte kamen geradewegs auf mich zu. Das mussten sie sein. Ich rollte ihnen entgegen. »Ich will nach Hannover«, sagte ich. »Na, dann wollen wir mal«, antwortete einer der beiden voller Elan, stellte sich sofort hinter mich und begann zu schieben. Ich war überrascht. Noch nie hatte mich jemand geschoben. Ich sträubte mich dagegen und wusste nicht, wo ich meine Hände lassen sollte. In den Schoß legen? Nein, das sieht blöd aus. In die Hosentaschen stecken geht im Sitzen nicht. Ich stemmte die Hände in die Hüften. Warum schiebt der mich jetzt?, fragte ich mich immer wieder, denkt er etwa, ich kann nicht selbst rollen? Was glaubt er, wie ich hergekommen bin? Aber er will doch nur helfen.

So kreisten meine Gedanken völlig irritiert über meine Gefühle in diesem Moment. Es war das Ausgeliefertsein, was mir widerstrebte. Der Bahnbeamte bestimmte meinen Weg. Ohne Einfluss auf das Geschehen musste ich die Hilfe über mich ergehen lassen.

Sein Kollege stand noch am Schalter und rief ihm etwas zu. Sofort stoppte mein Schieber, dass ich fast aus dem Rollstuhl gefallen wäre. Im gleichen Augenblick machte er eine

Wendung und drehte auch meinen Rollstuhl mit um, womit ich nicht gerechnet hatte. Ich klappte zur Seite weg. Jetzt hatte ich genug.

»Sie brauchen mich nicht zu schieben, ich kann selbst rollen.«

»Ich mach das doch gerne und Sie können sich ausruhen«, antwortete er mit einem beleidigten Unterton.

»Ich bin ausgeruht«, entgegnete ich. »Außerdem fange ich an zu frieren, wenn ich mich nicht bewege, also, ich mach das schon.« Er sagte keinen Ton mehr. Ich konnte mir lebhaft vorstellen, was in ihm vorging. Da will man den Behinderten helfen, und dann darf man nicht. Ich fühlte mich gleich besser und war wieder Herr meines Geschickes. Doch er sollte sein Erfolgserlebnis bekommen. Vor uns war eine große Treppe.

»Wollen Sie da auch allein hoch?«, fragte er hämisch.

»Nein, jetzt müssen Sie mich tragen«, antwortete ich kurz und erklärte ihnen, wie sie den Rollstuhl am besten heben können. Auf dem Bahnsteig begann die Diskussion von neuem.

»Jetzt muss ich Sie aber schieben, denn wenn Sie auf die Gleise fallen, bin ich nachher verantwortlich.«

»Ja glauben Sie denn, ich bin zu blöd, geradeaus zu fahren!«, platzte es aus mir heraus, sagte dann aber nichts mehr und ließ es geschehen, denn ich wusste ja, ich brauche die beiden noch. Die Reisenden standen da und guckten in die Luft oder mit mitleidigem Blick auf mich und mein Gespann. Ich schaute mir die Leute genau an und entdeckte zwei Typen. Die einen wandten sich sofort ab, die anderen musterten mich eine Weile. Doch niemand verzog eine Miene. Was denken die über mich?, das hätte mich jetzt sehr interessiert.

Wir wanderten den ganzen Bahnsteig entlang und stoppten dann weit entfernt von allen übrigen Reisenden. Ich ahnte es. Als der Zug einlief und alle Passagierwagen vorbeigerollt waren, standen wir vor einem Gepäckwagen, dessen Rolltor sich auch sofort öffnete. Jetzt dachte ich an Arnos warnende Worte: »Manchmal stecken sie die Rollstuhlfahrer in die Gepäckwagen.«

Ich wollte das nicht so richtig glauben, doch nun stand ich vor dem Waggon, aus dem eine Rampe für mich herausgezerrt wurde.

»Moment mal«, rief ich empört, »ich habe hier eine Fahrkarte für einen Sitzplatz und keine Gepäckkarte. Ich bin doch kein Stückgut. Diesen Waggon werde ich nicht betreten.« Die Beamten verdrehten die Augen.

»Aber Sie passen doch mit Ihrem Rollstuhl nicht durch die Eingangstür!«, kam es verärgert zurück. Ich ging voll auf Risiko: »Klar passe ich da hindurch, das können Sie doch gar nicht wissen!« Ich wusste es selbst nicht. »Da passt kein Rollstuhl durch!«, lautete die barsche Antwort des Zugbegleiters aus dem Waggon. Ich war auf hundertachtzig, drehte mich auf der Stelle um und rollte in Richtung Personenwagen.

Zum Glück waren noch nicht alle eingestiegen. Ich guckte mir zwei junge Passagiere aus, und bevor die beiden Beamten reagieren konnten, überwand ich meine Hemmungen und bat um Hilfe. Sofort ließen sie ihre Taschen stehen, gerade so, als hätten sie nur darauf gewartet von mir angesprochen zu werden. Einer an der Fußstütze, der andere an den Schiebegriffen, so hoben sie mich. »Ich glaube, das passt nicht, die Tür ist zu schmal«, hörte ich den Mann hinter mir sagen. »Doch, doch, das passt«, erwiderte ich, murmelte ein Stoßgebet und war drin.

Welch ein Erfolgserlebnis, ich hatte es geschafft. Ein Gefühl der Freude kam in mir auf, Freude und Genugtuung darüber, dass ich mich durchsetzen konnte und mein Recht bekam. Nur gut, dass der Zug gleich losfuhr, sonst hätten die beiden Bahnbeamten noch gesehen, dass außer der Eingangstür alles zu schmal für meinen Rollstuhl war. Fünf Stunden musste ich die Nähe zur Toilette und den Lärm der Kupplung ertragen.

Zwei Dinge hatte ich aus dieser Episode gelernt: Erstens, wenn ich nicht selbst die Initiative ergreife, werden immer andere über mich bestimmen. Zweitens, mit diesem Rollstuhl werde ich nicht alt. Zwischen den Seitenteilen und meinem Becken konnte ich locker ein dickes Buch hineinstecken. Das war die reinste Platzverschwendung. Die Fußstütze stand viel zu weit ab, was den Wendekreis enorm vergrößerte und mir das Drehen auf engem Raum unmöglich machte. An den Armlehnen rieb ich mir die Oberarme auf. Dazu kam die schwergängige Konstruktion. Nein, ich brauchte etwas Flottes, keinen Zentimeter größer, als es meine Körpermaße erforderten. Der Rollstuhl, in dem ich saß, hat mich im wahrsten Sinne des Wortes behindert.

Ich hatte Angst vor zu Hause. Auf dem Hof war nichts rollstuhlgerecht. Stufen ins Haus, zum Schlafzimmer, in die Toilette und Schwellen, die jeden Raum vom nächsten trennten. An der Toilette kein Griff, Dusche oder Badewanne unerreichbar. Meine Mutter wohnte mittlerweile im zweiten Stockwerk eines Mietshauses in Wathlingen. Auch hier war nichts auf meine Bedürfnisse zugeschnitten.

»Kann ich Ihnen helfen?« Ein Geschäftsreisender mit Aktenkoffer und Mantel über dem Arm stand vor mir.

»Wobei wollen Sie mir helfen?«

»Wir sind gleich in Köln, ich dachte, weil Sie hier stehen, vielleicht wollen Sie aussteigen.«

»Nein, danke für Ihr Angebot«, entgegnete ich, »ich fahre bis Hannover und stehe hier nur, weil mein Rollstuhl nicht durch den Gang und ins Abteil passt.«

Weitere Passagiere sammelten sich an der Tür und blickten etwas mitleidig auf mich herab.

Meinen Bruder Fritz, strohblond und hochgewachsen konnte man in einer größeren Menschenmenge immer sofort erkennen. Ich entdeckte ihn aus dem einfahrenden Zug in Hannover schon von weitem. Es gab viel zu erzählen und vor allem interessierte mich die Baustelle.

Als Kind spielte ich hier mit meinen Brüdern. Nun war alles aufgerissen. Der Aushub, ein Berg Mutterboden, auf dem die Nachbarskinder tobten, wurde unter den alten Obstbäumen aufgeschichtet. Die Grundmauern waren bereits zu erkennen. Da, wo wir Toilette und Küche geplant hatten, schauten Rohre aus dem frischen Beton. Andreas und Alfred, mit denen ich vor drei Monaten zum Nürburgring fahren wollte, und mindestens zehn weitere Freunde arbeiteten mit Schaufeln, Karren und Betonmischer, um die Grundplatte zu gießen. Es war Samstag, das herrlichste Motorradwetter, doch jeder opferte seine Zeit, um mir ein Haus zu bauen. Ich war tief berührt.

Es ging zu wie auf einem Ameisenhaufen. Dem Bauleiter Edgar (die einzige Person, die für ihre Arbeit bezahlt wurde) bereitete es Probleme, allen, die helfen wollten, Arbeit zu verschaffen. Selbst wenn genug Schaufeln und Schubkarren zur Verfügung gestanden hätten, Platz für so viele Arbeiter war nicht vorhanden. Einige lümmelten immer in den alten Sperrmüllsofas, die extra herangeschafft wurden, herum und trieben die anderen an.

Sogar Leute, die ich nicht kannte, haben an meinem Haus mitgearbeitet. Die Baustelle entwickelte sich bald zu einem neuen Treffpunkt. Aus einem alten Kassettenrekorder plärrten vom Ausschachten der Grundmauern bis zum Tapezieren der letzten Wände die Hits von Nena und der Neuen Deutschen Welle. Mein Vater schaffte ständig Baumaterialien, Bier und belegte Brote heran, während Fritz zum Polier aufstieg und die Koordination zwischen Bauleiter und der Meute herstellte. Mir kribbelte es in den Fingern, ich hätte so gern mitgearbeitet, mich nützlich gemacht, aber ich konnte ohne Hilfe das unwegsame Gelände nicht einmal betreten.

»Hej Angie«, tönte es, als Fritz mir aus dem Auto half. Ich fand diesen Namen immer furchtbar schmalzig, erst recht, wenn er betont wurde, wie Mick Jagger ihn gesungen hat. Aber dagegen kann man sich nicht wehren, diesen Namen wurde ich nie wieder los.

»Hier trink erst mal 'ne Zosche«, sagte Andreas und reichte mir eine Flasche Bier. Wir kreierten unsere eigene Sprache. Manche Begriffe wurden einfach durch Fantasienamen ersetzt und wenn man sich nicht auskannte, hatte man Probleme, den Gesprächen zu folgen. Obwohl ich erst drei Monate weg war, spürte ich eine leichte Entfremdung. In der Klinik gab es ganz andere Gesprächsthemen, Umgangsformen und Regeln. Ich war nicht mehr auf dem Laufenden und musste mich hier in die Alltagsgespräche wieder einfügen. Das fiel mir nicht leicht, denn ich lebte jetzt in einer völlig anderen Welt.

Schmerzlich wurde mir bewusst, dass ich meine Stellung in der Gruppe verlieren würde. Ich konnte nicht mehr Motorrad fahren, nicht mehr an allen Aktivitäten teilnehmen und auch nicht mehr die langen Zeltwochenenden mit wilden Gelagen mitmachen, die großen Zusammenhalt gaben. Auch einen neuen Beruf musste ich erlernen. Wo der Sinn meines Lebens in Zukunft liegen würde, war unklar. Nur, so wie es war, würde es nie wieder werden.

»Wer macht das noch mal mit?« Mit dieser Frage, die mein Vater wie einen Befehl aussprach, um die Mittagspause anzukündigen oder zur Arbeit aufzufordern, traf er mit einer Kiste Bier und zwei großen Platten belegter Brote

75

ein. Gisela, die Frau meines Vaters, hatte in dieser Zeit außer ihren drei Kindern und zehn Pflegekindern auch noch zahllose Bauarbeiter zu versorgen. An den Wochenenden, wenn die Flut der Freiwilligen ihren Höhepunkt erreichte, musste sie nicht selten für vierzig Personen kochen.

Ich suchte Fliesen und Klinker aus, Dachziegelfarbe und Wandverkleidungen. Alle Fenster wurden mit tiefer gelegten Griffen bestellt. Die Küche musste gut geplant werden, denn alle Arbeitsplatten sollten unterfahrbar sein, die Schränke durften nicht höher als eineinhalb Meter hängen. Die Türen hatten alle eine Breite von einem Meter. Selbstverständlich gab es bei mir keine Stufen. Auf Griffe an Dusche, Toilette und einen Lift über der Badewanne jedoch wollte ich verzichten. Ich wollte mir das Leben nicht zu einfach machen, um fit zu bleiben.

Abends meinte Fritz: »Komm, wir gehen noch ins Farmers Inn.« In dieser Disko würde ich Bekannte treffen, die von meinem Unfall vielleicht noch nichts wussten. Vor diesen Begegnungen hatte ich Angst. Angst vor den erschütterten Gesichtern und der Sprachlosigkeit. Meine Befürchtungen waren nicht unbegründet. Manche gingen an mir vorbei und schauten einfach weg, als hätten sie mich nicht gesehen. Doch denjenigen, die nicht ausweichen konnten, stand die Bestürzung ins Gesicht geschrieben, als ich von meinem Schicksalsschlag erzählte. Nichts war mir so unangenehm, wie diese Momente. Hätte ich sie trösten sollen? Ich hätte aber zu diesem Zeitpunkt auch nicht sagen können: Im Grunde ist das gar nicht so schlimm, man gewöhnt sich daran, wie ich es heute mit voller Überzeugung tue. So war dieser Diskobesuch zwar nötig, aber ein ziemlich unerquickliches Ereignis.

Die Ahnung, dass Diskoabende uninteressant werden würden, bekam ich aus anderen Gründen. Man geht in erster Linie dorthin, um zu tanzen. Klar, man kann auch im

Rollstuhl tanzen, sich auf die Tanzfläche stellen und mit den Armen wedeln. Doch dazu fehlte mir der Mut. Und dann noch etwas: Wenn es bei dem Krach im Stehen schon schwierig war, sich zu unterhalten, so verstand ich nun, bei meiner Kopfhöhe von hundertdreißig Zentimetern, kein Wort mehr. Nur Zwiegespräche, bei denen sich mein Gesprächspartner zu mir hinuntergebückt hat, waren möglich. Aber wer kann sich schon lange so tief bücken oder in der Hocke bleiben?

Viel zu schnell ging das Wochenende vorüber. Ich stand mit Fritz auf dem Bahnsteig. Der Zug hatte Verspätung und uns blieben noch ein paar Minuten Zeit über die vergangenen Tage zu reden. Da kam ein Schaffner und fragte Fritz über meinen Kopf hinweg: »Wo will er denn hin?«

Ich wollte meinen Ohren nicht trauen und schaute den Beamten zunächst ungläubig an. In mir stieg die Wut hoch. Ich drehte mich zu ihm um und wollte gerade fragen, wen er meint, da sagte Fritz: »Warum fragen Sie ihn nicht selber?« – »Äh, ja, das kann ich natürlich auch«, stammelte er.

Mir wurde bewusst, dieser Mann hat mich nicht für voll genommen. Könnte es etwa sein, dass alle Passanten, die mich mit ihren mitleidigen Blicken musterten, so dachten? Was ging in den Köpfen der Menschen vor? Wie habe ich vor dem Unfall über Rollstuhlfahrer gedacht?

Auf der langen Zugfahrt hatte ich genug Zeit darüber nachzudenken. Ich musste mir eingestehen, dass Rollstuhlfahrer für mich bis zum 17. April 1981 nicht existierten. Ich habe sie nicht wahrgenommen. Ich gehörte zu den Leuten, die die Möglichkeit eines solchen Schicksalsschlages ignorierten. Obwohl oder vielleicht gerade weil ich immer wiederkehrende dunkle Vorahnungen hatte. Mein Freund Bernd Fischer hat mich einmal gefragt: »Hast du gewusst, dass so etwas passieren würde?«, und spontan, ohne zu überlegen, habe ich geantwortet: »Ja, ich habe es immer geahnt.«

Ich musste also davon ausgehen, dass es Menschen gab, die mich für unzurechnungsfähig hielten. Ich veränderte meine Körpersprache. Alles war darauf ausgerichtet, möglichst selbstsicher und bestimmt aufzutreten. Ich schaute den Menschen bewusst in die Augen, stemmte die Hände in die Hüften, bewegte mich schnell und zielgerichtet. Es ging darum, mein Gegenüber keine Sekunde zweifeln zu lassen. Offensiv musste ich auf meine Mitmenschen zugehen, um nicht nur deren Berührungsängste abzubauen, sondern auch gleich deutlich zu machen: Hier, sieh mich an, ich bin ein ganz normaler Mensch, der nur nicht laufen kann.

Wenn ich mein Ziel, möglichst unabhängig zu leben, verwirklichen wollte, musste ich die Initiative dazu selbst ergreifen. Die Hilfe zu dieser Selbsthilfe bekam ich zu Hause. Dort arbeiteten ständig Freunde an meinem Haus, in dem ich eines Tages wieder autark leben wollte. Sie schafften die Voraussetzung, indem sie alles ihnen Mögliche taten, das Haus spätestens zu meiner Entlassung bezugsfertig zu machen. Mein Beitrag war, alles zu tun, um fit für das neue Leben zu sein.

Nach meiner Rückkehr kümmerte ich mich um einen vernünftigen Rollstuhl. Ich setzte mich mit dem Pflegepersonal und dem zuständigen Sanitätshaus zusammen. Wir stellten einen Rollstuhl zusammen, der meinen Körpermaßen entsprach. Die Höhe der Rückenlehne endete da, wo meine Läsion lag. Die Sitzbreite betrug nur noch zweiundvierzig Zentimeter, gerade so breit, wie mein Becken es erforderte. Für Armlehnen war kein Platz. Meine Oberschenkellänge bestimmte die Tiefe des Rollstuhls und damit auch den Wendekreis. Alles sollte möglichst klein sein, auch die Fußstütze sollte eng angebaut werden. Es ging um jeden Zentimeter. Die großen Räder ließ ich ganz weit nach vorn setzen. Das brachte einen noch kleineren Wendekreis und weniger Rollwiderstand auf die kleinen Lenkräder vorn am Rollstuhl, erhöhte allerdings den Kippfaktor. Aber auch das bot nur Vorteile. Jetzt hatte ich einen Rollstuhl, der alles andere als gemütlich war, nicht geeignet, um abends vor dem Fernseher zu sitzen, aber dafür sehr schnell, klein und wendig.

Und tatsächlich, auf meiner nächsten Heimfahrt kurvte ich stolz durch die Gänge und suchte mir ein geeignetes Abteil aus. Ich rollte in den Speisewagen und konnte mit meinem schmalen Rollstuhl im Zug überallhin. Nur vor der Toilette musste ich kapitulieren.

Konnte ich an den Wochenenden nicht nach Hause, versuchte ich alltägliche Aufgaben zu lösen. Auf dem großen Festplatz der Stadt war gerade Kirmes. Vom obersten Stockwerk der Klinik konnte ich das Riesenrad sehen. All die anderen Karussells und Fahrgeräte waren nur durch die Geräusche zu erahnen, die der Wind manchmal herübertrug. Auf dem Weg begrub ich meine Hoffnung, in auch nur einem dieser Geräte mitfahren zu können. Die würden Rollstuhlfahrer bestimmt nicht hineinlassen. Aber so weit kam es gar nicht. Als ich vor diesen Zentrifugen stand, in denen man sich nur halten kann, wenn man sich mit Händen und Füßen, mit Knien und Schultern abstützt, wurde mir klar, dass ich darin keine Chance hätte. Bei der ersten Drehung würde ich wie ein Kartoffelsack herausfallen. Ich schaute mir noch ein paar andere Geräte an, doch nirgends sah ich für mich eine Möglichkeit. Zum Schluss fuhr ich einmal mit der Geisterbahn, aber befriedigt hat mich das nicht. Gefrustet machte ich mich auf den Rückweg und blieb einen Moment am Riesenrad stehen, das sich gemächlich drehte. »Würden Sie mich mitfahren lassen?«, fragte ich den Kartenverkäufer. »Wenn Sie sich in die Gondel setzen können, klar, warum nicht? Der Rollstuhl passt da aber nicht hinein.« Ich fuhr ganz nah an den Sitz heran, stellte die Füße vom Fußbrett in die Gondel und setzte mich mit Schwung über, so wie ich es im Abteil der Eisenbahnen auch immer gemacht hatte. Als das Riesenrad den höchsten Punkt erreicht hatte und sich ein herrlicher Blick über Koblenz bot, war ich unendlich stolz.

Die Monate in Koblenz vergingen immer schneller. Inzwischen hatte ich gelernt, den Rollstuhl vorn anzukippen und auf zwei Rädern zu balancieren. Das war wichtig, um bei starkem Gefälle die Sitzfläche waagerecht zu halten und nicht vorn aus dem Rollstuhl zu rutschen.

Otto Köth und Arno Becker machten mit uns regelmäßig Exkursionen. Wir gingen in eine Kneipe, fuhren mit Rolltreppen hinauf und hinunter und lernten, Bürgersteige zu bewältigen. Es gehörte etwas Mut und ziemliches Geschick dazu, mit voller Kraft auf den Bürgersteig zuzufahren und dann kurz davor den Rollstuhl anzukippen, damit die kleinen Vorderräder auf dem Bürgersteig aufsetzten. Hatte man das geschafft, war der Rest nur noch eine Frage des Schwungs. Bis zu zehn Zentimeter hohe Kanten ließen sich so erklimmen. Hinunter ging es wiederum durch Ankippen des Rollstuhls, um dann auf zwei Rädern hinunterzurollen. Eines Tages konnte ich sogar drei Stufen, gekippt auf zwei Rädern, hinunterrollen.

Das Benutzen der Rolltreppen hat im Kaufhaus immer großes Aufsehen verursacht und war daher unsere Lieblingsbeschäftigung. Doch anfangs ist mir selbst das Herz in die Hose gerutscht. Als ich das erste Mal mit dem Rollstuhl rückwärts auf eine hinunterfahrende Rolltreppe zugefahren bin und so lange gewartet habe, bis die nächste Stufe den Rollstuhl erfasste. Im gleichen Moment musste ich die Räder loslassen und die schwarzen Handläufe der Rolltreppe ergreifen. Ein Griff daneben und ich würde rückwärts samt Rollstuhl die Treppe hinunterpurzeln.

Günther streikte hier. »Mir reicht es, ich bin froh, dass

ich mir nur den Lendenwirbel gebrochen habe, Ihr könnt euch gern noch eine zweite Querschnittlähmung holen, ohne mich, ich fahr mit dem Aufzug!« Er war immer der Skeptiker unter uns und zu keinem Risiko bereit. Bevor er unten mit dem Lift ankam, waren wir bereits drei Mal die Rolltreppe hinauf- und hinuntergefahren.

»Möchtest du lernen, eine Treppe hinunterzufahren?«

Ich schaute Arno ungläubig an: »Wie soll das gehen?«, fragte ich. »Komm mit, ich zeige es dir, wir haben im ersten Stock eine Treppe, an der wir immer üben.« Arno setzte sich in einen Rollstuhl und forderte mich auf, ihm zu folgen. Wir fuhren mit dem Aufzug hoch und rollten zum Treppenhaus. »So, ich mach dir das mal vor.« Dann fuhr er rückwärts an die Treppe, hielt sich mit der linken Hand am Geländer fest und ließ sich die erste Stufe hinunterfallen. »Du musst unbedingt die rechte Hand am Reifen lassen und bremsen, sonst gehst du ab.« Bei den nächsten Stufen krachte die Fußstütze mit einer solchen Wucht auf die Kante, dass jedes Mal ein kleines Stück Fliese abplatzte. Die ganze Treppe zeigte Spuren dieses Rollstuhltrainings. »Wofür soll das gut sein«, fragte ich, »wenn die Treppen zerstört werden?«

»Stell dir nur einen Notfall vor und der Aufzug funktioniert nicht. Dann kann das lebensnotwendig werden«, erklärte Arno.

»Aber du setzt deine ganze Muskulatur ein, die kannst du nicht unterdrücken. Wie willst du so meinen Körperzustand simulieren?«, kritisierte ich ihn.

»Versuch es, ich stelle mich hinter dich und gebe Hilfestellung.«

»Ok«, ich fuhr rückwärts an die Treppe, näherte mich Zentimeter um Zentimeter der Stufe. In mir kam ein ziemlich mulmiges Gefühl hoch, obwohl ich Arno hinter mir wusste. »Fahr ganz dicht ans Geländer und halte dich mit der Linken daran fest!« Gespannt schauten andere Patienten zu, die sich inzwischen, vom Lärm neugierig geworden, gesammelt hatten, während ich mich nach vorne beugte und die erste Stufe hinunterkrachte. Ich spürte, dass ich mich mit aller Kraft am Geländer festhalten und gleichzeitig aber den Rollstuhl bremsen musste, um zu verhindern, dass ich sofort die nächste Stufe hinunterfiel und die Kontrolle verlor. Auch drohte der Rollstuhl hintenüber zu kippen. »Nun die nächste Stufe!«, kam von hinten der Befehl, »bis jetzt habe ich dir noch nicht helfen müssen.« So holperte ich eine Stufe nach der anderen hinunter. Treppe und Rollstuhl haben zwar arg gelitten, aber das war unerheblich im Vergleich zu dem guten Gefühl, die Angst einmal mehr überwunden zu haben und im Notfall nicht hilflos zu sein. Ab diesem Tag habe ich oft die Treppe genommen, wenn die Aufzüge mal wieder minutenlang besetzt waren. So lange, bis mir von der Klinikleitung mitgeteilt wurde, dass man sich zwar über eigenständige Patienten freue, es aber zu teuer werde, wenn man jedes Mal die Treppenfliesen erneuern müsse.

Das Leid der anderen

Über den Sommer hatte ich mein Zimmer für mich. Das war zwar schön, weil niemand mit seinem Schnarchen meine Nachtruhe störte, aber mir war oft langweilig. So hielt ich mich fast nur noch bei Bernd, Uwe, Miguel und Günther im Zimmer auf. Dann aber wurde Michael, ein Jugendlicher von achtzehn Jahren, in mein Zimmer gelegt. Sein Schicksal führte mir jeden Tag vor Augen, wie gut es mir ging.

Er wurde auf seinem Mofa angefahren und erlitt eine Halswirbelfraktur. Es muss der zweite oder dritte Wirbel gewesen sein, denn selbst seine Arm- und Handfunktionen waren vollkommen außer Kraft gesetzt. Ohne Hoffnung auf Besserung. Er lag nur noch da und konnte sprechen, riechen, hören, sehen und den Kopf nach links und rechts drehen. Seine Arme lagen den ganzen Tag bewegungslos links und rechts vom Körper. Die Hände mussten bandagiert werden, damit sie sich nicht verkrampften. Ich war über seinen Zustand tief bestürzt. Was ein Unfall aus einem Menschen doch von einem Moment zum anderen machen konnte.

Mitleid, das Letzte, was ich von anderen Menschen für mich erwartete, empfand ich jetzt für ihn. Ihm war klar, er würde den größten Teil seines restlichen Lebens im Bett verbringen. Nur mit großem technischen und personellen Aufwand konnte sein Körper aus dem Bett in einen Spezialrollstuhl gehievt werden. Er tat mir Leid, aber das habe ich ihm nie gezeigt. Mir wurde bewusst, dass Fußgänger mich mit dem gleichen Mitleid sahen, welches ich für Michael empfand. Um die Klingel zu betätigen, hing eine Schnur mit Mundstück von der Decke, die er versuchte mit den Lippen zu angeln. Leider gelang ihm das nicht immer. Er glaubte, alle hätten sich gegen ihn verschworen.

Wenn er durch die Kopfbewegungen tiefer ins Kissen rutschte und nicht mehr an seine Klingel kam, war er überzeugt, dass man die Schnur höher gehängt hatte, um sein ständiges Klingeln abzustellen. »Schwester! Schwester!« Dieses flehende Rufen werde ich nie vergessen. Michaels nächtliche Hilferufe verhallten im Zimmer, denn mit seinem geringen Lungenvolumen konnte er kaum noch laut sprechen. Meistens saß eine Fliege auf seiner Nase, die ihn quälte, oder ein Schweißtropfen, der langsam seine Stirn hinunterlief, verursachte ihm ein unerträgliches Kitzeln.

Oft bin ich nachts aus dem Bett und habe die Fliege getötet und seine Stirn getrocknet oder mit meiner Klingel die Nachtschwester gerufen. Die war jedoch so sehr beschäftigt, dass sie lange auf sich warten ließ. Michael glaubte dann immer, ich hätte nicht geklingelt und bot mir hohe Geldbeträge an, wenn ich für ihn klingeln würde.

Besuch bekam er fast nie. Wenn, dann erschien sein Vater. Er roch nach Alkohol und brachte außer drei Flaschen Bier, die er selbst austrank, nie Geschenke für seinen Sohn mit. Was hätte er ihm auch mitbringen sollen. Michael schlief die meiste Zeit oder schaute Fernsehen. Zwei Stunden hat er seinen Sohn angeschwiegen, ihm hin und wieder eine Zigarette in den Mund geschoben und dann stand er irgendwann auf und ging wieder. Drei Jahre nach meiner Entlassung ist Michael in einem Schwerstbehindertenheim in Montabaur gestorben.

Meine Zeit in Koblenz näherte sich langsam ihrem Ende. Das Haus sollte Anfang Dezember bezugsfertig sein. Aber reif für die Entlassung war ich bereits Mitte November.

»Wir können dir nichts mehr beibringen. Nun beginnt für dich der Ernst des Lebens.« Arno war stolz. Er wusste, dass Ottos und seine Arbeit von Erfolg gekrönt war. »Ihr werdet mir fehlen«, sagte ich. »Wer wird mich jetzt beim Fitnesstraining antreiben?« – »Das musst du selbst, du weißt doch, jeder ist seines Glückes Schmied.«

Es hat einen ganzen Vormittag gedauert, mich von allen zu verabschieden. Der Gedanke, die meisten nie wiederzusehen, machte mich traurig. Zu sehr hatte ich mich an die vielen unterschiedlichen Charaktere gewöhnt, die mir durch diese emotional aufgeladene Zeit geholfen haben. Kalli, der immer ein freundliches Lächeln auf den Lippen hatte, Kurt mit seiner väterlichen Art, Bärbel, die jederzeit für Fragen bereitstand, der Bademeister, der mir außerordentlich sympathisch war und natürlich Renate, meine Krankengymnastin. Sogar mit Karl bin ich im Frieden auseinander gegangen. Nicht zuletzt musste ich mich von Dr. Lang verabschieden, dessen Berlinerisch nie vom Koblenzer Dialekt vereinnahmt wurde und in den ich wegen seiner ruhigen, selbstsicheren Art großes Vertrauen fassen konnte.

Ein Krankenwagen stand vor dem Haupteingang für mich bereit. Meine letzte Fahrt von Koblenz nach Wathlingen. Das Fahrzeug war beladen mit einer Bodenturnmatte, mit Hanteln und Matratzenauflagen, einem Galgen fürs Bett, einer Strickleiter für die Badewanne, Toiletten- und Wanneneinlagen, einem Ersatzrollstuhl mit Sitzkissen, den Gehschienen und Krücken, einem Handlauf und diversen Griffen und anderen Hilfsmitteln für Bad und Dusche. Damit war der Wagen voll bis unters Dach. Als ich mir all das ansah, fragte ich mich: Wie willst du je eine Reise mit Rucksack unternehmen, wenn du von so vielen Hilfsmitteln abhängig bist? Ich nahm mir vor, nur wenige zu benutzen. Das machte das Leben zwar unbequem, aber so blieb ich wenigstens fit.

Der Krankenwagenfahrer begann ein Gespräch.

»Können Sie gar nicht mehr laufen?«

»Nein, ich bin querschnittgelähmt.«

»Überhaupt nicht?«

»Nein, habe ich doch gesagt«, entgegnete ich.

»So ein Unglück, so krank zu sein, Sie sind noch so jung! Ich glaube, ich würde mich umbringen!«

Ich sagte nichts und habe mich gefragt: Will der mich jetzt ärgern? Was soll ich denn darauf antworten? Das alles jedoch hat bei mir die Frage aufgeworfen: Ist mein Zustand jetzt ein Unglück oder nicht? Bin ich in einer bedauernswerten Lage? Wie soll ich denn glücklich werden, wenn diese Attribute für immer auf mich zutreffen? Nein, ich kam zu

dem Schluss, dass es, wie immer im Leben, darauf ankommt, was man daraus macht. Bedauernswert fand ich
den Krankenwagenfahrer, der brabbelte, ohne zu überlegen, wie das bei mir ankommt.

»Übrigens, ich bin nicht krank, sondern querschnittgelähmt. Das ist ein Unterschied. Wenn Ihnen ein Bein amputiert wird, sind Sie ja auch nicht bis ans Ende Ihrer Tage
krank!«

»Ja, das stimmt«, sah er ein.

Nicht nur in diesem Gespräch, auch während vieler anderer Unterhaltungen und Begebenheiten wurde mir deutlich,
dass es große Diskrepanzen im Verständnis zwischen den so
genannten Nichtbehinderten und Behinderten gab. Ich begann diese Begriffe abzulehnen, da kein Mensch vollkommen ist. Denn wer glaubt, gesund und nicht behindert zu
sein, hat sich nur noch nicht gründlich genug untersuchen
lassen. Meine Schlussfolgerung lautet daher: Jeder Mensch
ist mehr oder weniger behindert. Bei mir ist die einge-
schränkte Bewegungsfreiheit äußerlich sichtbar, bei anderen schlummert sie im Verborgenen. Die Unzulänglichkeit
des Krankenwagenfahrers hatte ich bereits nach seinen ersten Sätzen erkannt. Seine Vorstellungskraft reichte einfach
nicht aus zu begreifen, dass ein Leben im Rollstuhl nicht
mit Selbstmord enden muss, sondern vielleicht auch erfüllt
und glücklich sein kann. Doch wer gesteht sich schon gern
seine eigene Schwäche ein?

Mit einem großen »Herzlich willkommen« über der Tür
wurde ich von allen in meinem neuen Haus begrüßt. Es
war bezugsfertig und doch gab es noch viel zu tun. Ein halbes Jahr lang war die Baustelle der Treffpunkt gewesen,
doch nun ging man wieder zur Brücke im Nachbarort
Bockelskamp, um abends noch ein Bier zu trinken. Nur
Volker konnte sich nicht recht trennen. Er hängte die letz-

ten Schränke auf und hackte mir sogar noch das Kaminholz, dann wurden auch seine Besuche seltener.

Nun kam die große Stunde meiner Mutter. Jeder hatte seinen Möglichkeiten entsprechend Hilfe geleistet, nur sie hatte sich damit begnügen müssen, mich an den Wochenenden in ihrer Wohnung zu verköstigen. Dabei hätte sie so gern mehr für mich getan. Nun konnte sie sich mit ihrem glücklichen Händchen für alles, was wächst, meinem kleinen Garten widmen, mir die Fensterbänke mit Topfblumen schmücken und meinen Haushalt in Ordnung halten. Davon ließ sie sich nicht abbringen. Vieles hätte ich selbst erledigen können, doch einerseits brachte ich es nicht übers Herz, ihre Hilfe abzulehnen, andererseits habe ich ihre Fürsorge auch genossen.

Wie konnte ich nur meine Dankbarkeit für die aufopfernde Leistung eines jeden zeigen? Fritz meinte: »Du musst dich nicht bedanken. Die größte Gegenleistung, die du erbringen kannst, ist, dich nicht hängen zu lassen. Dann sehen alle den Erfolg ihrer Arbeit.«

Mit meinem Ford Taunus per Handbedienung fuhr ich jeden Abend zur Brücke. Wieder spürte ich die Distanz, die inzwischen gewachsen war und die niemand wollte. Motorräder waren das Hauptgesprächsthema, aber ich konnte nicht mehr mitreden. Ich musste meinen eigenen Weg gehen und dabei das Risiko eingehen, den einen oder anderen vor den Kopf zu stoßen.

Aber ich wusste auch, dass es mir niemand übel nehmen würde, wenn ich meinem Leben einen anderen Sinn gab. Gänzlich ist der Kontakt nie abgebrochen ...

Plötzlich reißt mich eine fremde Stimme aus meiner Reise in die Vergangenheit. Noch nicht ganz zurück in der Wirklichkeit, mustere ich ihren Besitzer. Mein Gegenüber ist eine gepflegte Erscheinung und vermutlich gehört er einer gehobenen, gebildeten Schicht an. Er wird gut englisch sprechen, denke ich, und beantworte gern seine Fragen. Dass ich an die Quelle des Ganges reisen möchte, quittiert er überraschenderweise mit keiner abfälligen Bemerkung. Dieser Mitreisende ist mir sympathisch.

Und dann wird es interessant: »Ich war im letzten Jahr in Europa auf Geschäftsreise und wissen Sie, was mich am meisten überrascht hat?« – »Sagen Sie!« – »Ich hätte nicht gedacht, wie ärmlich die Menschen in Europa leben. Viele Leute wohnen ja in Lehmhäusern mit Holzbalken und manche Dächer im Norden Deutschlands sind noch mit Stroh gedeckt! Und dann die vielen Bettler in den Städten, vor allem in der Nähe der Bahnhöfe. Das hat mich am meisten geschockt!«

Ich überlege, wie ich darauf antworte und erkläre ihm dann, dass sich vielerorts nur besonders reiche Bürger ein Fachwerkhaus oder ein mit Reet gedecktes Dach leisten können. Bis tief in die Nacht diskutieren wir noch über die großen sozialen Unterschiede in unseren Ländern.

Fünftausend Augenpaare

Nachdem ich zwölf Hotels abgeklappert habe, die alle nur Zimmer im ersten Stock hatten, lande ich im YWCA. Bitten und betteln musste ich, damit die Chefin eine Ausnahme macht und mich unter strengen Auflagen aufnimmt. Sie ist eine hellhäutige, hochgewachsene Frau in einem blendend weißen Sari, mit strengem Gesicht und zurückgesteckten Haaren. »Der vordere Trakt ist ganz leer, dort gebe ich Ihnen ein Zimmer.« Vermutlich hat sie mich nur aufgenommen, weil ich im Rollstuhl sitze und meint, dass ich ihren

Schützlingen deshalb nichts antue. »Sie dürfen aber diesen Teil des Hauses nur über die Seitentür verlassen. Und bitte gehen Sie nicht in den Innenhof. Das Essen bringen wir Ihnen aufs Zimmer, der Speisesaal ist den Frauen vorbehalten.«

Die Geschlechtertrennung wird hier unter Christen anscheinend noch strenger befolgt als bei den Moslems. Ich hatte gehofft, meinen spärlichen Kontakt zu Frauen ein bisschen ausgleichen zu können, aber da habe ich mich getäuscht. Keine der Studentinnen, die hier zu einem Seminar untergebracht sind, bekomme ich zu Gesicht. Dafür erreiche ich mein Zimmer über eine Rampe. Solch einen Luxus gab es auf dieser Reise noch nie.

Es ist inzwischen Mitte April und jetzt wird es extrem heiß. Die Temperaturen kann ich auf meinem Fieberthermometer ablesen. Es sind Mittags achtunddreißig Grad im Schatten. Erst am Nachmittag mache ich mich auf den Weg zur Badschai-Moschee. Die Chefin des YWCA öffnet mir das Tor und warnt mich: »Fahren Sie vorsichtig, es ist Hauptverkehrszeit.«

Ganz Unrecht hatte sie nicht. Ich muss quer durch die Innenstadt und bleibe tatsächlich im Stau stecken. Aber es ist erträglich und auch interessant, denn ein Großteil der Fahrzeuge wird noch mit Muskelkraft angetrieben. Hier herrscht im wahrsten Sinne des Wortes Verkehrsjam: Kamelkarren (vereinzelt sieht man sogar Elefanten), Pferdekutschen, Ochsenkarren, Rikschas, Fahrräder und arme Leute, die sich selbst vor einen großen Karren gespannt haben und riesige Lasten transportieren.

Beinamputierte und Poliokranke rutschen auf der Erde herum oder sitzen auf einem Brett mit vier ausgedienten Kugellagern. Sie stoßen sich vom Boden ab, um voranzukommen. Ihren Lebensunterhalt verdienen sie mit Bettelei oder dem Verkauf von Lotterielosen. Zwischen diesen vielen Menschen fahren LKW, Busse, Motorrikschas und vereinzelt auch Privatwagen.

Doch nun geht nichts mehr. Ich quetsche mich an ausgezehrten Pferden vorbei und an aus meiner Sicht riesigen Kamelen, die etwas gelangweilt dreinschauen. Gleichzeitig muss ich aufpassen, nicht im Elefantenkot stecken zu bleiben oder zu nah an die Gosse gedrängt zu werden, wo schwimmt, was Mensch und Tier von sich geben.

Ich versuche über eine weniger befahrene Seitengasse den Stau zu umfahren. Es ist zwar eine Einbahnstraße, aber als Rollstuhlfahrer glaube ich mich nicht an solche Regeln halten zu müssen. Aber da habe ich mich getäuscht.

Zuerst wundere ich mich, wer da hinter mir mit einer Trillerpfeife herumspielt. Als das Pfeifen immer näher kommt, drehe ich mich um. Ein Polizist weist mich mit strengem Blick auf die Einbahnstraße hin: »Das ist nicht erlaubt, Sie müssen umdrehen!« Ich schaue ihn ganz verdutzt an. »Das kostet fünfzig Rupien Strafe«, platzt es aus ihm heraus. Jetzt bin ich völlig baff. Einerseits finde ich es gut, dass ich hier keinen Behindertenbonus habe. Andererseits werde ich beim Anblick der vielen Fahrzeuge, die auch entgegen der Einbahnstraße fahren, skeptisch, ob der Polizist in mir nicht doch eine willkommene Möglichkeit sieht, sein knappes Gehalt ein wenig aufzubessern. »Sie machen Witze!«, sage ich scherzhaft, klopfe ihm auf die Schulter und zeige auf die vielen Verkehrssünder. Sprachlos über meine Respektlosigkeit schaut er in die Runde. Ich rolle weiter und lasse ihn einfach stehen. Tatsächlich gibt er sein Vorhaben, mich zu bestrafen, auf.

Ich hatte es geahnt. Die Badschai-Moschee steht auf einem riesigen Sockel und wieder einmal grinsen mich mindestens fünfzig Stufen hämisch an. Eine winzige Hoffnung keimt in mir, dass ich vielleicht auf der anderen Seite eine Rampe vorfinde. Es gibt doch auch gläubige Moslems, die nicht laufen können und außerdem wird an diesem riesigen Komplex ständig gearbeitet und restauriert. Da muss es eine Rampe geben!

Die ganze Zeit verfolgt mich ein junger Mann mit Schnauzbart, gestreiftem Hemd und Jeans. Wenn es Nacht wäre, würde ich in leichte Panik geraten, aber jetzt sind die Straßen so voll, dass ich mich sicher fühle. Vorhin hat er mich auf englisch angesprochen und mich gefragt, woher ich komme. Aber da habe ich mich noch über den unverschämten Polizisten geärgert und war etwas kurz angebunden. Nun sehe ich plötzlich, wie er mich von der anderen Straßenseite beobachtet. Ich denke mir nichts dabei und suche weiter nach einem einigermaßen rollstuhlgerechten Eingang in die Moschee.

Da vorn geht eine Tür auf und ein völlig verdreckter Arbeiter kommt heraus. Mit Handzeichen erkundige ich mich bei ihm. Und tatsächlich, er verweist mich weiter geradeaus auf einen LKW, aus dem Sandsäcke über eine schiefe Ebene in die Moschee transportiert werden.

Ich rolle auf die Arbeiter zu und suche mir gerade ein paar von ihnen aus, die ich ansprechen will, als mir jemand von hinten auf die Schulter tippt: »Wollen Sie in die Moschee?« Natürlich, der mit dem Schnauzbart. Wenn er mich schon fragt, warum nicht? »Ja, können Sie mir helfen?« Als hätte er die ganze Zeit darauf gewartet, schnappt er sich die Schiebegriffe und rast mit mir die Rampe hoch. Mir war klar, dass das nicht gut geht, aber mir blieb gar keine Zeit, mich gegen seine überschwängliche Hilfe zu wehren. Die Rampe ist viel zu steil und außerdem ist überall Sand, auf dem er jetzt ausrutscht. Der Rollstuhl rollt rückwärts und auch ich habe keine Chance, ihn noch zu halten. Er dreht sich und ist gerade im Begriff umzukippen, da springen zwei Arbeiter herbei, die alles mit großen Augen beobachtet haben, und halten mich. Das ging noch einmal gut. Mit den vereinten Kräften dreier Arbeiter und des schnauzbärtigen Mannes gelange ich in den riesigen Vorhof der Moschee. Zwei Fußballfelder sind das bestimmt, denke ich und versuche mir auszumalen, welche Stimmung hier herrscht, wenn Gebetszeit ist. Vier Minarette aus rotem Sandstein und eine umlaufende Mauer begrenzen den Komplex. Auf der Ostseite gelangen die Gläubigen durch ein Portal in den Gebetshof. Gegenüber erhebt sich die Moschee als quadratischer Sandsteinbau mit einem großen Portal, gekrönt von drei blendend weißen Marmorkuppeln.

»Wie heißen Sie?«, erkundige ich mich bei dem Mann mit dem Schnauzbart, der immer noch ein wenig schüchtern neben mir steht. »Mein Name ist Ali Brohi«, antwortet er mir, noch ganz aus der Puste. »Ich studiere hier an der Universität und würde mich gern mit Ihnen unterhalten.« Aha, denke ich, wieder einer, der seine Englischkenntnisse am lebendigen Beispiel ausprobieren möchte. Ich weiß, solche Bekanntschaften sind für beide Seiten nützlich: Ali hat die Möglichkeit, englisch zu sprechen und ich bekomme Einblicke in die Kultur und Religion des Landes. Ganz nebenbei ist er noch von kräftiger Statur und durchaus in der Lage, mir beim Überwinden der vielen Stufen behilflich zu sein.

Wäre ich mit einer Begleitperson unterwegs, würde so manche interessante Bekanntschaft nicht zustande kommen. Das Alleinreisen hat Vorzüge, auch wenn es mitunter schwer ist, allein zu sein und es viele einsame Stunden gibt, in denen ich mir meine Frau herbeiwünsche. Ali auf dem Bahnsteig in Belgrad, Ahmed in Sukkur, Ali Brohi hier in Lahore und die vielen, vielen Menschen, die mir halfen, waren auch immer ein Schlüssel zur Alltagskultur. Als Fußgänger und nicht auf die Hilfe anderer angewiesen, wäre es weitaus schwerer, solche Einblicke zu bekommen. Eine

Reise im Rollstuhl zu unternehmen bringt viele Probleme mit sich, doch es hat auch seine Vorteile.

Über die Treppe am Hauptportal kommt gerade eine Reisegruppe. Sie sind gekleidet, wie es der Reiseführer empfiehlt, durchweg mit Schlapphüten und Kakihosen, die Kamera am Hals und eine Hand immer auf der Tasche, in der die Geldbörse steckt. Einfacher kann man es den Taschendieben nicht machen. Der Reiseleiter betet seinen Text herunter, den ich aus der Entfernung nicht verstehen kann. Es interessiert mich auch nicht. Zu oft habe ich mich solchen Gruppen angeschlossen und zugehört, doch nie erfuhr ich mehr, als in meinen Reiseführern zu lesen war.

Eine Aufsichtsperson hat sich inzwischen zu uns gesellt und Ali versucht, eine Erlaubnis zum Betreten der Moschee zu erlangen. Aber umsonst: »Ungläubige dürfen leider nicht hinein. Mit diesem ›Cycle‹ da erst recht nicht«, dabei weist der Mann auf meinen Rollstuhl. Ich hatte damit gerechnet. Fast immer wird mir der Zutritt verweigert. Ein System scheint nicht dahinter zu stecken, offensichtlich liegt es im Ermessen des Personals. Doch ich frage mich, woher dieser Mann weiß, dass ich kein Moslem bin? Diesen Gedanken verfolge ich nicht weiter, denn viel interessanter ist, was Ali mir erzählt.

»Heute ist Freitag, in einer Stunde ist dieser Platz voller Menschen.« – »Meinst du, ich kann während des Gebetes hier bleiben?«, frage ich Ali und bitte ihn, meinen Wunsch zu übersetzen. Auch wenn ich kein Urdu verstehe, so sehe ich doch am Gesicht des Wärters, dass er nicht generell ablehnt. Doch ein Problem scheint es zu geben. Ali beugt sich zu mir und sagt mit etwas gedämpfter Stimme: »Er möchte ein Geschenk haben, dann kannst du auch fotografieren.« Ah, wie hatte ich das vergessen können, ten Rupees.

Ali Brohi wird mir immer sympathischer. Obwohl er gläubig ist, steht er seiner Religion nicht kritiklos gegenüber. »Die Welt wäre friedlicher, wenn es nicht so viele Menschen gäbe, die alles übertreiben. Christen, Moslems und Juden könnten gut miteinander auskommen. Wir haben die Bibel, den Koran und die Thora als Grundlage unseres Glaubens. Vieles ähnelt sich in diesen Büchern und doch gibt es Scharfmacher, die Hass säen und alle gegeneinander aufbringen«, sagt er.

Langsam füllt sich die Moschee, bis tatsächlich der gesamte Gebetshof übersät ist mit Männern. Verwundert darüber, frage ich Ali Brohi: »Warum beten hier nur Männer? In anderen moslemischen Ländern habe ich auch Frauen in den Moscheen gesehen.«

»Frauen dürfen auch in die Moschee«, entgegnet er, »nur freitags ist sie den Männern vorbehalten.«

Plötzlich werden wir vom Ruf des Muezzins unterbrochen. Lautsprecher, die überall angebracht sind, übertragen das Gebet aus der Moschee in den Hof und alle Gläubigen knien nieder Richtung Mekka. Es sind über fünftausend Betende, die sich in beeindruckender Weise immer wieder aufrichten und verneigen, während sie die Gebete aus den Lautsprechern rezitieren. All das erinnert mich an die Menschenmassen in unseren Fußballstadien. Am Ende des Gottesdienstes verstummen alle Lautsprecher und es entsteht eine Stille, in der man das Fallen einer Stecknadel hören könnte. Ich hebe meine Kamera, will diese beeindruckende Szenerie festhalten und bin fast erschrocken über den Lärm, den der Auslöser verursacht. Im selben Augenblick drehen sich fünftausend Köpfe zu mir um und schauen mich mit ernsten Gesichtern an. Mir rutscht das Herz in die Hose. Jetzt werde ich gesteinigt, schießt es mir durch den Kopf. Gerade will ich meine Kamera einpacken und verschwinden, da drehen sich alle Köpfe wie auf ein geheimes Kommando in die entgegengesetzte Richtung. Wie bei den Christen das »Amen« beschließt dieses Ritual das moslemische Gebet.

In der Abenddämmerung begleitet mich Ali Brohi durch das mächtige Fort der Stadt. Die Mogulherrscher Akbar, Jehangir, Shah Jahan und dessen Sohn Aurangzeb hinterließen hier beachtliche architektonische Zeugnisse. Allerdings hat es damals eindeutig keine Rollstuhlfahrer gegeben. Obwohl das Rad längst erfunden war. So viele Stufen habe ich selten an einem Tag erklommen. Ali Brohi, der nicht nur gebildet und intelligent, sondern auch durchtrainiert ist, hat den Trick, wie man einen Rollstuhl mit minimalem Kraftaufwand eine Treppe hochzieht, schnell herausgefunden. Wir sind am Schluss so eingespielt, dass eine dritte Person, die Hilfe anbietet, nur unsere aufeinander abgestimmten Bewegungsabläufe stört und die ganze Harmonie durcheinander bringt. Auch bin ich überrascht, wie schnell man zu einem wildfremden Menschen ein so inniges und herzliches Verhältnis aufbauen kann. So ist es für mich keine Frage, dass Ali meine Einladung zu einem gemeinsamen Abendessen nicht ausschlägt. Bis tief in die Nacht sitzen wir bei Tandoori Chicken, einem im Lehmofen gegarten Hähnchengericht, Nan, dem dazu passenden Butterfladenbrot, und unendlich viel Tee zusammen.

»Du musst unbedingt nach Peschawar reisen. Wenn du dort nicht gewesen bist, dann hast du Pakistan nicht richtig kennen gelernt.« Er lobt die Stadt an der afghanischen Grenze in den höchsten Tönen, bis ich überzeugt bin und meine Reisepläne ändere. Mit dem alten Toyota seines Vaters kutschiert Ali mich zum YWCA. Das Tor ist verschlossen, alles ist stockdunkel. Jetzt fällt es mir wieder ein. Die Leiterin sagte mir, dass um zweiundzwanzig Uhr das Haus geschlossen wird. Ali rüttelt am Tor und verursacht damit einen ungeheuren Lärm. Innerhalb von drei Minuten steht die Chefin im Morgenrock, etwas verschlafen und böse dreinschauend in der Tür. Schweren Herzens verabschiede ich mich von Ali Brohi und verspreche ihm, mich auf meinem Rückweg in Lahore zu melden.

Mit Begleitschutz auf den Khyberpass

»Es tut mir Leid, wir haben keine Zimmer im Parterre«, wieder dieses Problem mit der Unterkunft. Ich will unbedingt vermeiden, ein Zimmer zu beziehen, das ich nur mit fremder Hilfe betreten oder verlassen kann. Nie wieder will ich erleben, was mir vor ein paar Jahren in Indien passierte.

In Bangalore, im Süden des Landes, fand ich nur Hotels mit Zimmern im zweiten Stockwerk. Ich ließ mich abends hochtragen, aber fand am nächsten Morgen niemanden, der mir wieder hinunterhalf. Das Hotel war leer und auch an der Rezeption konnte mein Schreien und Rufen niemand hören. Bis zum Nachmittag saß ich fest. Ich habe nie verlernt, an einer Treppe mit Geländer rückwärts hinunterzufahren, aber hier gab es keines. Ich bin fast verrückt geworden, habe mir ausgemalt, was passiert, wenn es ein Erdbeben gibt oder es im Hotel brennt. Wieder einmal wurde mir vor Augen geführt, wie hilflos ich im Grunde doch bin. Erst als am Nachmittag die ersten Gäste hochkamen, wurde ich erlöst. Damals schwor ich mir, nie wieder höher als ein Stockwerk ohne Aufzug zu übernachten.

Bisher war ich nie gezwungen, meinen Vorsatz zu brechen, doch jetzt, in Peschawar, sieht die Lage düster aus. Lediglich im Tourist Inn Motel hätte ich ein Chaproi in einem Innenhof mieten können. Sicher, die Hotels in der oberen Preisklasse besitzen Aufzüge oder wie das legendäre Dean's Hotel in Peschawar auch Zimmer im Erdgeschoss, aber mein Reisebudget liegt nicht auf diesem Niveau. Es gibt aber noch einen ganz anderen Grund, der mich von den First-Class-Hotels fern hält: Der Kontakt zur Bevölkerung bleibt einem dort verwehrt. Ab einem Zimmerpreis von hundert Mark wird man mit respektvoller Distanz behandelt, etwas, das ich immer vermeiden wollte. Davon abgesehen, passt mein Äußeres in den seltensten Fällen in diese Häuser. Beim Rollstuhlfahren hat man ständig dreckige Hände. Wollte ich den vielen Exkrementen von Mensch und Tier auf der Straße ausweichen, es käme einem Slalomlauf gleich. Trotz meiner Handschuhe sehe ich oft eher aus wie ein Bauarbeiter im Rollstuhl denn wie ein Tourist aus Europa.

So rolle ich zurück zum Tourist Inn Motel, wo ich am Vormittag gebeten hatte, mir ein Chaproi im Hof zu reservieren. Der Besitzer ist ein grobschlächtiger Kerl mit Stoppeln im Gesicht und verfaulten Zähnen. Auf einem Auge ist er blind, so dass das andere weit aufgerissen ist. Die dicken Augenbrauen und die Stirnfalte über dem sehenden Auge zieht er ständig hoch, während seine andere Gesichtshälfte schlaff herunterhängt. Dieses leicht entstellte Gesicht und seine untersetzte Gestalt erinnern mich an einen Seeräuber. Anfangs fand ich ihn ganz nett und mit etwas gutem Willen konnte ich sogar Sympathie für ihn entwickeln. Doch am Abend wird dieser Mann für mich zu einem roten Tuch. Wir sitzen in der Runde, ein paar Afghanen sind auch dabei, reden über Peschawar und dies und das, als er mich plötzlich fragt: »Wie schläfst du eigentlich mit einer Frau?«, dabei rekelt er sich auf seiner Liege, ergeht sich in eindeutigen Bewegungen und fragt gackernd wie ein Huhn mehr zu den anderen als zu mir: »So etwa?« Seine unangenehmen Kollegen machen sich einen Spaß daraus, diese Frage zu ergründen. Jetzt wünsche ich mir die respektvolle Distanz der Nobelunterkünfte. Aber es ist nicht das erste Mal, dass mir von Pakistanis solche Fragen gestellt werden. Anfangs stieg mir die Schamröte ins Gesicht. Aber inzwischen weiß ich, wie ich mich revanchieren kann und dabei nehme ich auch keine Rücksichten mehr: »Ihr Pakistanis habt nur Sex im Kopf, an etwas anderes scheint ihr nicht zu denken. Wahrscheinlich liegt es daran, dass ihr keinen habt!« Ich halte ihm eine der westlichen Illustrierten hin, die überall herumliegen. Ich blättere die abgegriffenen Werbeseiten auf, die zwar völlig bekleidete Frauen zeigen, aber auf pakistanische Männer unglaublich aufreizend wirken. »Du hast mich schon verstanden«, sage ich nur, werfe die Zeitung auf seinen Schoß, schnappe mir meine Reisetasche und verschwinde.

Ich bin zwar stolz auf meine Schlagfertigkeit, aber dieses unverschämte Verhalten hat mich verletzt und ich hoffe, diesen Männern nie wieder zu begegnen.

»Diese Welt ist schlecht«, fluche ich, während ich die Straße überquere. Jetzt muss ich tief in die Tasche greifen, um im Dean's Hotel ein Zimmer zu bekommen. Die Anonymität hier kann ich an diesem Abend voll genießen.

Trotz der unerträglichen Hitze und dieser unangenehmen Begegnung ist Peschawar faszinierend. Ein Spaziergang über den Basar entschädigt für alles. Vielleicht haben Alexander der Große, Marco Polo, Lawrence von Arabien und die vielen anderen berühmten Persönlichkeiten, die durch diese Stadt gezogen sind, das auch so gesehen. Doch man spürt auch den Krieg im Nachbarland: Afghanische Flüchtlinge, die sich mit ihren riesigen Turbanen unter das Volk mischen, bewohnen ganze Stadtteile. In manchen Gassen werden Waffen verkauft und Schmuggelware, die in anderen pakistanischen Städten schwer zu finden ist, wird hier offen und ohne Scheu angeboten.

»Salaam aleikum! Ich möchte ein Permit für den Khyberpass.« Der Beamte im Büro für Visumangelegenheiten

schaut mich verwundert an: »Was, ein Permit für den Khyberpass. Aber was wollen Sie da? Dort gibt es nichts zu
sehen!«

»Egal«, entgegne ich, »wenn ich schon nicht nach Afghanistan kann, so möchte ich wenigstens einmal hinüber-
schauen.«

»Das ist nicht so einfach«, versucht er mir mein Vorhaben auszureden, »haben Sie denn ein Auto?«

»Nein, gibt es keine andere Möglichkeit?«

»Sie brauchen ein Auto mit Fahrer, dann bekommen Sie
das Permit und die Militärbegleitung.«

»Ach«, sage ich, »das ist mir zu kompliziert«, und verwerfe meine Idee, zum Khyberpass zu fahren. Gerade will
ich das Büro verlassen, da werde ich von einem älteren
Mann mit grauem, langem Bart und Turban angesprochen.
»Suchen Sie ein Fahrzeug?« – »Ja«, antworte ich etwas
misstrauisch über diese scheinbar schnelle Lösung des Pro-
blems. »Haben Sie ein Auto?« – »No problem«, ertönt es
mit deutlich hörbarer Vorfreude auf großen Profit. Er ist
anscheinend Afghane und ich mache mich auf schwierigste
Verhandlungen gefasst. Darin bin ich geübt und da ich
sowieso gerade das Vorhaben verworfen habe, bin ich nun
in einer guten Position: »Was? Fünfhundert Rupien für
hundertsechzig Kilometer? Nein, das ist viel zu teuer, ich
fahre nicht.« Ich drehe mich desinteressiert weg und strebe
dem Ausgang zu. Ich weiß genau, was jetzt kommt, aber ich
habe mich getäuscht. Er lässt mich ziehen. Auf der Straße
überlege ich, ob ich umkehren soll. Aber ich will ihm bis
zur nächsten Biegung, wenn ich außer Sichtweite gerate,
Zeit lassen. Mein Kalkül geht auf. Er ist wirklich hart gesot-
ten und hat bis zum Äußersten gewartet. Jetzt steht er wieder neben mir. »Was wollen Sie zahlen?«, fragt er etwas resigniert. »Zweihundertfünfzig, mehr nicht.« Nach zwanzig
Minuten Verhandlung und drei Gläsern Tee in einer Ess-

99

bude kommen wir bei dreihundert Rupien zusammen und gehen zurück zum Büro.

Jahveed organisiert alles und wir machen ein Treffen für den nächsten Morgen, früh um sieben Uhr aus. Er verlangt zwar einen Vorschuss, aber das lehne ich ab. Zu viele schlechte Erfahrungen habe ich gemacht und verspreche ihm die Hälfte des Betrages auf dem Pass und den Rest bei Rückkehr.

Wider Erwarten steht Jahveed pünktlich vor dem Hotel.

Auch wenn der Khyberpass nur tausend Meter hoch ist, so gehört er doch zu den legendären Passstraßen der Welt. Bereits zu Zeiten des Mogulkaisers Akbar, der 1586 den Grundstein für die Grand Trunk Road, die Große Fernstraße von Kabul nach Kalkutta, legte, lag der Pass auf dieser wichtigen Handelsroute und hatte große strategische Bedeutung. Das hat sich bis heute nicht geändert, auch wenn die Straße für den grenzüberschreitenden Verkehr seit dem Einmarsch der Russen in Afghanistan gesperrt ist. Die hier sesshaften Stämme haben ihre eigenen Gesetze und halten sich generell nicht an Vorschriften aus Islamabad. Sie überschreiten die Grenze, wie und wo es ihnen passt. Der Handel mit Drogen und Waffen ist für viele ein einträgliches Geschäft. Die Polizei patrouilliert lediglich auf den Straßen; jenseits beginnen die Hoheitsgebiete der Stämme.

Für mich hat der Khyberpass eine ganz besondere Bedeutung: Hätte ich meine Reise nach Indien ohne Rücksicht auf Einreisebestimmungen und kriegerische Auseinandersetzungen durchführen können, wäre ich über diesen Pass, der auch »Tor nach Indien« genannt wird, gekommen.

Das Chassis des Wagens, mit dem wir seit einer Stunde unterwegs sind, stammt von einem alten Nissan. Der Motor, der nach drei Kilometern bereits frisches Wasser benötigt, trägt die Aufschrift Toyota, auf dem Lenkrad, das viel zu groß ist, prangt der Mercedesstern und auch die

Sitze stammen von einer anderen Firma. Das Fenster herauf- oder herunterzukurbeln ist eine schweißtreibende Angelegenheit und die Beifahrertür geht nur richtig zu, wenn jemand mit einem Fußtritt nachhilft. So ist die Luft innen genauso staubig wie außen. Doch Jahveed findet sein Auto »very comfortable«, und das sagt er mit einem solch breiten Grinsen, dass ich nur zustimmen kann. Kopfstützen oder Sicherheitsgurte sind Dinge, für die hier niemand eine Notwendigkeit sieht. Stattdessen ist es offenbar viel wichtiger, immer einen bewaffneten Soldaten dabeizuhaben. Mir ist nur noch nicht ganz klar, ob der grimmige Typ auf der Rücksitzbank mich kontrollieren oder beschützen soll. Er sitzt in der Mitte, schaut unentwegt zwischen uns hindurch, während er sich auf die Kalaschnikow zwischen seinen Beinen stützt. Er ist stumm wie ein Fisch. Meine Versuche, ihn in ein Gespräch zu verwickeln, scheitern an seiner Regungslosigkeit. »Darf der nicht mit mir reden?«, frage ich Jahveed und weise mit dem Daumen nach hinten. Er zuckt nur mit den Schultern.

Kaum haben wir das Bab-i-Khyber, das Tor zum Khyberpass, durchfahren, wird es interessant und ich vergesse den Mann auf dem Rücksitz. Das erste große Fort taucht in der hügeligen und wüstenartigen Landschaft auf. Ich bitte Jahveed, kurz zu stoppen. Ein schönes Fotomotiv, denke ich und krame meine Kamera heraus. Doch im selben Moment bohrt sich der Lauf der Kalaschnikow in mein Schulterblatt. Kein schönes Gefühl. Er kann mit einer Fingerkrümmung aus mir ein Sieb machen. Dazu ertönen die Worte: »No foto.« – »Ok, ok«, sage ich unterwürfig und stecke den Apparat schnell wieder ein.

Aber ganz ohne Foto will ich auch nicht zurückkehren. Als wir über etliche Serpentinen einen Aussichtspunkt mit schönem Blick auf das Tal Richtung Peschawar erreicht haben, drehe ich mich zu dem Soldaten um und frage: »Foto, yes?«, und weise ins Tal hinunter. Doch wieder höre ich: »No foto.« Langsam gebe ich die Hoffnung auf. Da fällt mir meine kleine vollautomatische Kamera ein, die sich in ähnlichen Situationen oft bewährt hat. Ich nehme mein Halstuch ab, kurbele das Fenster herunter und lege unverfänglich den Ellenbogen darauf. In der anderen Hand halte ich die Kamera, die ich unauffällig ins Halstuch gewickelt habe. Nur das Objektiv schaut heraus. So mache ich ein Foto nach dem anderen, ohne dass es selbst Jahveed bemerkt.

Wir erreichen den höchsten Punkt des Passes, den Marktflecken Landi Kotal. Hier herrscht reges Treiben, denn dieser Ort ist Umschlagplatz für Schmuggelware aller Art. Für Geld bekommt man hier eisgekühlte Cola, schottischen Whisky, elektronische Geräte und sogar nachgebaute Maschinengewehre, wie die Lee Enfield oder die populäre Kalaschnikow. Selbst auf dem Rundgang über den Basar werde ich von meinem Bewacher auf Schritt und Tritt verfolgt. Ich spendiere meinem Schatten eine Dose Cola und stecke ihm unauffällig eine Fünfdollarnote zu. Dazu sage ich nur: »Foto yes!« Der Schein verfehlt seine Wirkung nicht. Auf der Passhöhe, wo ich einen Blick hinunter nach Torkam, der zweiten Grenzstation nach Afghanistan bekomme, ist Fotografieren plötzlich erlaubt. Der wortkarge Soldat lässt sich tatsächlich mit mir ablichten und sogar ein Grinsen kann ich ihm entlocken. Kein Wunder, für das Geld hätte er sich ein Flugticket von Peschawar nach Islamabad kaufen können.

Wäre dieser Ort nicht so außerordentlich geschichtsträchtig, würde sich ein Besuch nicht lohnen. Die baumlosen Hügel rings umher gleichen öden Geröllhalden, auf denen nicht einmal die Schafherden genug Nahrung finden. Alle Fotos, die ich auf dem Hinweg heimlich und unter Herzklopfen gemacht habe, hätte ich mir sparen können. Nun, auf dem Rückweg, gibt es abgesehen von Militäranlagen keine Beschränkungen mehr.

»Kommst du aus Afghanistan?« frage ich Jahveed, als wir die ersten Flüchtlingslager am Ortseingang von Peschawar erreichen.

»Ja, als die Sowjets unser Land überfielen, habe ich mit meiner Familie Jalalabad verlassen. Wir sind zu meinem Bruder nach Darra Basar geflohen.«

»Was, du wohnst in Darra Basar?«

»Ja, mein Bruder arbeitet dort als Mechaniker und hat uns aufgenommen.«

Pakistans wilder Westen

Darra Basar, fünfundvierzig Kilometer südlich von Peschawar, ist ein Ort, der auf der Welt seinesgleichen sucht. Bereits Anfang des letzten Jahrhunderts lebten die Familien vom Nachbau erbeuteter Waffen. Seit dem Krieg in Afghanistan ist Darra für Fremde strikt verboten, es sei denn, man wird von einem Bewohner eingeladen.

Jetzt bin ich in einer schlechten Verhandlungsposition, denn meinen Wunsch, Darra zu besuchen, hat Jahveed sofort erraten. »Kannst du mich hinbringen?«, frage ich frei heraus. Ohne lange zu überlegen, antwortet er: »Warum nicht, ich lade dich in mein Haus ein.« – »Wie viel kostet das extra?«, mir ist klar, dass dies eine Mischung aus gastfreundschaftlicher Einladung und einer bezahlten Tour werden wird. »No problem«, versucht er mir auszuweichen. Ich bestehe darauf, vorher die Konditionen zu klären. Doch erst als wir den Soldaten an der Kaserne abgesetzt und Peschawar längst wieder Richtung Süden verlassen haben, einigen wir uns auf den Preis.

Die erste Polizeikontrolle lässt nicht lange auf sich warten. Es ist ein wildes Land mit wilden Menschen. Den Polizisten hier möchte ich nicht im Dunkeln begegnen. Sie sind korrupt bis aufs Hemd und schreien Jahveed sofort an, als sie mich im Auto sehen. Unterwürfig steigt er aus und geht mit einem Ordnungshüter ein paar Schritte weg, damit nicht jeder sieht, dass Geld den Besitzer wechselt. Jahveed kommt zurück, setzt sich ins Auto und fährt los, ohne dass der Polizist auch nur ein weiteres Wort sagt. So geht es auf der Straße nach Darra noch ein paar Mal. Die Bestechungsgelder, die Jahveed überall berappen muss, hat er einkalkuliert.

Zunächst gleicht Darra all den Tausenden von verstaubten Nestern an den Durchgangsstraßen.

Doch bei genauerem Hinsehen fällt auf, dass ausnahmslos in jedem Laden Gewehre gebaut oder angeboten werden. Es gibt eine Apotheke, eine Essbude, ja sogar eine Absteige und Hunderte von Waffengeschäften.

»Jahveed, bitte halt an, ich muss mir das ansehen, Tee trinken können wir später.« Auch auf die Gefahr hin, dass dies ein Affront sein könnte, steige ich aus und rolle durch das Dorf. »Ich wohne dort hinten am Ende der Straße, zwei Häuser hinter der Apotheke. Da können wir uns treffen«, ruft er mir noch zu.

Ich habe keine Ahnung von Waffen und glaube, dass die Menschheit nichts Sinnloseres hervorgebracht hat. Was mich hier fasziniert, sind die handwerklichen Fähigkeiten der Menschen, die unter einfachsten Bedingungen komplizierte Geräte herstellen. Doch ich werde eines Besseren belehrt: In den fast primitiven Ziegelhäusern stehen hochmoderne Drehmaschinen, Fräsen und Bohrgeräte. Mit allen erdenklichen technischen Hilfsmitteln sind die Handwerker ausgestattet und sie produzieren wie am Fließband.

Es sind Familienbetriebe, die sich auf bestimmte Produkte spezialisiert haben. Da liegen Berge von Gewehrläufen, Schäften oder Kolben. Anderswo wird ausschließlich Munition hergestellt und angeblich sollen sogar Flugabwehrraketen aus Darra kommen. Mit einem Händler, der mich zu sich in den Laden ruft, komme ich ins Gespräch. »Hast du deine Verletzung aus dem Krieg?«, fragt er mich etwas mitleidig. Bei den vielen kriegsversehrten Afghanen wundere ich mich nicht über solche Fragen. Ich überlege, ob ich in seinem Ansehen sinke, wenn er erfährt, dass ich nicht im Kampf um eine vermeintlich gerechte Sache, sondern nur im Straßenverkehr verletzt wurde. Als seine Neugier befriedigt ist, erkundige ich mich nach seiner Kundschaft. »Wir haben Krieg im Nachbarland«, sagt er mit ernsten Worten, »und können gar nicht schnell genug produzieren. Wir liefern aber auch nach Kaschmir und sogar auf die Philippinen. Überall, wo der Islam verteidigt wird, kommen diese Waffen zum Einsatz.« Dabei weist er mit einer ausladenden Handbewegung auf sein Sortiment. Ich schaue mir die Batterie von Maschinengewehren an. Mit jeder einzelnen Waffe, die hier hängt, wird irgendwann jemand umgebracht, eine grausige Vorstellung. Der Händler unterbreitet mir ein Angebot. Dass ich keine Kalaschnikow bei ihm kaufen werde, ist ihm wohl klar, aber er bietet mir einen Kugelschreiber mit der Aufschrift *Bond-Pen* an. Ich nehme ihn und merke am hohen Gewicht, dass es kein Kuli ist. »Hier«, er nimmt ihn mir aus der Hand und zieht am Knopf, »wenn du diesen Stift herausziehst und loslässt, kannst du einen Schuss abfeuern.« Spaßeshalber frage ich nach dem Preis. Nur zehn Dollar, und zwanzig Schuss Munition will er mir noch dazugeben. Ich lehne ab und verlasse freundlich grüßend seinen Laden. »Du kannst ihn für fünf Dollar haben!«, ruft er mir noch hinterher.

Allein die Geräuschkulisse lässt mich schaudern, es ist wie im Bürgerkrieg. Überall höre ich das Knallen von Gewehrsalven und Pistolenschüssen.

Ich stehe vor einer Werkstatt, aus der ein hochgewachsener, etwas unrasierter und bulliger Mann mit einem Maschinengewehr auf mich zukommt. Ohne mich zu beachten, stellt er sich ganz dicht zu mir, hält sein Gerät hoch und feuert ein komplettes Magazin in die Luft. Mir fliegen die leeren Patronenhülsen nur so um die Ohren und der Boden ist übersät damit. Von dem Krach piepsen mir noch Minuten später die Ohren. Der Mann muss taub sein, wenn er das den ganzen Tag macht. Langsam wird mir mulmig. Was passiert, wenn ein Maschinengewehr Ladehemmung hat oder nach hinten losgeht? Vielleicht gibt es auch Querschläger in Darra.

Ich beeile mich, zum Haus von Jahveed zu kommen, und nehme mir vor, nach dem Tee sofort aufzubrechen. Vor seinem Haus spielen mehrere Kinder mit Pistolen, ich hoffe nur, dass sie nicht geladen sind. »Jahveed, hier herrscht ja Krieg!« – »Ja, und manchmal gibt es sogar Verletzte. Der Krankenwagen kommt sehr oft.« Das reicht, ich bitte ihn, mich auf der Stelle von hier wegzuschaffen.

»Dein Vorschlag, nach Peschawar zu fahren war wirklich gut, Ali Brohi.« Wir sitzen vor dem Haus seiner Eltern in Lahore, in dem er mit seinen Brüdern, seinen Schwägerinnen und Eltern wohnt. Alle halbe Stunde kommt der Hausboy mit einem Gartenschlauch und feuchtet den Boden unter unseren Füßen an. Das verdunstende Wasser schafft ein angenehm kühles Klima im Hof. »Ihr wohnt hier alle unter einem Dach, geht das immer gut? Wenn ich mir das bei uns vorstelle, es gäbe nach einer Woche sicher viele Schwierigkeiten.« Ali begreift sofort, worauf ich hinauswill. »Weißt du Andreas, bei uns steht die Familie an erster Stelle und erst danach kommt das Individuum. Jeder ordnet sich dem Wohl der Familie unter. Bei euch in Europa brechen die Familien auseinander, es gibt viele Scheidungen, Kinder verlassen ihre Eltern und stecken sie in Altersheime, das ist für uns unvorstellbar.« Ich muss eingestehen, dass auch ich vermutlich eines Tages in einem Altersheim landen werde. Bis tief in die Nacht diskutieren wir über dieses Thema, das mich noch bis zum Einschlafen beschäftigt.

»Danke für alles, Ali«, wieder einmal muss ich mich verabschieden und vermute, dass ich Ali wohl nie wiedersehen werde. Wir nehmen uns in die Arme und küssen uns wechselseitig auf die Wangen, ein Gruß, den nur sehr vertraute Personen verwenden. Er hängt mir noch meine Reisetasche an die Schiebegriffe und gibt mir einen Schubs in Richtung Grenzstation.

Vom Tschador zum Sari

Indien und Pakistan sind verfeindet. Das habe ich nicht nur an den vielen abfälligen Bemerkungen der Pakistanis gemerkt, auch die Grenzbeamten lassen daran keinen Zweifel. »Wie hat Ihnen Pakistan gefallen?«, fragt der Beamte hinter dem Schalter, während er meinen Papieren einen Stempel verpasst. »Es war eine schöne Zeit«, antworte ich. »Damit ist es jetzt vorbei!«, legt mir den Pass hin und wünscht mir viel Glück.

Es ist kurz vor Sonnenuntergang und in Kürze wird die Grenze geschlossen. Ich muss mich beeilen, um nicht zu spät zu kommen. Martialisch schreiten die Soldaten der Wachablösung beider Länder am Schlagbaum aufeinander zu. Was in Kaschmir mit Waffen, in Delhi und Islamabad mit Worten ausgetragen wird, manifestiert sich hier an der Grenze bei Wagah in lächerlichen Drohgebärden der Wachposten. Jede Seite versucht den Schritt noch stechender zu gehen, das Gewehr noch zackiger umzuwerfen und noch grimmiger dreinzuschauen. Sie schreiten Aug in Aug aufeinander zu und ich befürchte schon, dass sie sich gleich prügeln. Doch kurz vor dem Schlagbaum drehen sie plötzlich ab. Das ganze wirkt so absurd, dass es schon wieder zum Lachen ist.

Schaut man in die Geschichte, ist dieses Gehabe eher nachzuvollziehen. Als 1947 Pakistan gebildet wurde, entstanden riesige Flüchtlingsströme von Moslems und Hindus. Es kam zum Ausbruch der angestauten Aggressionen. Die Gläubigen schlachteten sich gegenseitig in einem blutigen Gemetzel ab, das in die Geschichte beider Länder eingegangen ist.

Blau gekleidete pakistanische Kulis übergeben an der Demarkationslinie rosa gekleideten indischen Kollegen Massen von Gepäckstücken der Reisenden, die die Grenze zu Fuß überschreiten. Hinter mir fällt der Schlagbaum, ich bin der Letzte, der heute nach Indien einreist.

Am Schalter des Immigration Office stehen nur noch zwei Jugoslawen vor mir und erledigen ihre Einreiseformalitäten. Nervös schaue ich nach draußen und hoffe, dass ich den letzten Bus nach Amritsar noch bekomme.

Endlich bin ich dran und mir gehen fast die Augen über: Vor mir steht eine junge, wunderhübsche Inderin im Sari. Das schwarze Haar ist zu einem Knoten zusammengebunden, ihr ebenmäßiges Gesicht hat sie leicht geschminkt und der Sari lässt eine Schulter frei, die mich für einen Moment in ihren Bann zieht. Aber am anziehendsten ist ihr Nabel in meiner Augenhöhe, umrahmt von einer erotischen Taille. Ich bin ganz durcheinander und weiß nicht, wo ich zuerst hinschauen soll. »Welcome to India«, strahlt sie mich mit einem hinreißenden Lächeln an. Welch ein betörender Empfang. Ich bin ganz irritiert – aber warum? Ich weiß doch, wie die Frauen in Indien gekleidet sind! Erst jetzt wird mir bewusst, welcher Entsagung ich in den letzten vier Wochen ausgeliefert war. Den einzigen Kontakt zum anderen Geschlecht hatte ich im YWCA. Auf Pakistans Straßen tauchten Frauen nur selten auf. Wenn ich bei Leuten zu Gast war, hielten sich die Frauen im Nachbarzimmer auf. Es ist eine Welt der Männer.

Langsam erhole ich mich von meinem Schock und reiche ihr meinen Pass, den sie an den Staatsdiener hinter dem Tresen weiterreicht. Mit einem lauten Krachen knallt er den Einreisestempel in mein Visum. Nein, mein Bus!, fällt es mir siedend heiß ein, der ist jetzt bestimmt weg. Ich stürze nach draußen, ohne mich von ihr zu verabschieden. Glück gehabt, die Jugoslawen stehen auf dem Busdach und zurren gerade ihre Rucksäcke fest.

»Die beiden sind jetzt fällig«, sage ich laut zu mir selbst, während ich zum Bus rolle, »die werden jetzt die unterlassene Hilfeleistung ihrer Landsleute auf dem Belgrader Bahnhof wiedergutmachen. »Kannst du meine Tasche auch noch verstauen?«, rufe ich einem zu, während ich mein Gepäck hochhalte. Wir sind die Letzten und damit ich nicht zurückbleibe, stelle ich mich vor die einzige Bustür und warte, bis sie kommen. Manche Leute muss man zu ihrem Glück zwingen. Der Größere der beiden ist auserkoren mich auf dem Arm in den Bus zu tragen, der Zweite muss meinen Rollstuhl aufs Busdach hieven. Ohne Murren haben sie alle meine Anweisungen befolgt, und weil sie nett sind, will ich die unschöne Szene am Zug in Belgrad damit vergessen.

»Habt ihr die Frau gesehen?« Ziberna und Manic sind genauso hingerissen wie ich. Auch sie haben in Pakistan die Frauen vermisst. Da ich seit Wochen nicht mit Europäern geredet habe, entsteht eine angeregte Unterhaltung, die die Fahrt nach Amritsar kurz werden lässt.

Obwohl es längst dunkel ist, lasse ich mich am Hauptbahnhof von Amritsar raussetzen, denn ich muss unbedingt meine Weiterreise klären. Freudig stelle ich fest, dass es sogar eine Rampe vor dem Bahnhofsgebäude gibt. Doch meine Freude währt beim Anblick der Warteschlange nicht lange. Ich stelle mich hinten an und schätze meine Wartezeit auf fünfundvierzig Minuten. Amritsar ist das religiöse Zentrum des Punjab und hier ist alles anders. Es ist die Heimat der Sikhs, eines hochgewachsenen Menschenschlages, die mir immer durch ihr ehrenhaftes und hilfsbereites Verhalten in guter Erinnerung geblieben sind. Erkennbar sind sie am Turban, einem stählernen Armband und dem Kirtipan, dem Schwert als Symbol für die Bereitschaft zur Verteidigung der Schwachen. Auch lehnen sie das ungerechte Kastenwesen ab, was allein Sympathie bei mir auslöst. Kaum bemerken mich die Wartenden, werde ich aufgefordert, mich ganz vorn an den Schalter zu stellen. Das lasse ich mir nicht zwei Mal sagen! Wie befürchtet, sind alle Züge nach Delhi für die kommenden sechs Tage ausgebucht. Für diesen Fall habe ich mir vorsorglich eine Ausweichstrecke ausgesucht und bekomme für den nächsten Tag ein Ticket nach Bikaner im Bundesstaat Rajasthan, von wo ich nach Delhi weiterreisen will.

Ich komme aus dem Bahnhofsgebäude und werde bestürmt von Rikscha-, Pferdewagen- und Taxifahrern, die mich in der Hoffnung auf eine satte Provision zu ihren Vertragshotels kutschieren wollen. Leider ist kein Sikh unter ihnen. »Langsam, langsam«, versuche ich die Anbieter zu beruhigen, »ich suche ein Hotel, das nicht viel kostet und Zimmer im Erdgeschoss oder einen Aufzug hat.« Nun geht die Grübelei los. Sie fangen an zu diskutieren, der eine zeigt Richtung Westen und redet von Hotels, während der andere einen besseren Vorschlag im Norden kennt. Schließlich scheinen sie sich geeinigt zu haben und wollen mich zum

Hotel Palace-Pegasus bringen. »Wie viele Stufen hat es denn?«, will ich erst wissen. »No steps, no steps«, und sofort wird mir die Rikscha vor die Nase geschoben. »Wie weit ist es entfernt und was soll die Fahrt kosten?« Schließlich muss ich den Fahrpreis erst verhandeln, aber lange halte ich mich damit nicht auf, denn ich bin müde und will schlafen.

Zehn Rupien für fünf Kilometer, das scheint mir in Ordnung zu sein. Doch ich werde betrogen, denn das Hotel ist auf der anderen Straßenseite. Ich hätte nur die Augen aufmachen müssen. Er fährt mich über die Straße und ich muss bezahlen. Bei der Schätzung »no steps«, haben sie sich um zehn Stufen vertan. »Du musst mich da jetzt hochziehen, sonst gibt es kein Geld!«, schimpfe ich mit strenger Miene, obwohl ich eigentlich mit mir selbst schimpfen sollte.

Ich muss über diese Episode schmunzeln, zeigt sie mir doch, dass ich selbst nach der vierten Reise durch Indien, Rikschafahrern gegenüber nicht misstrauisch genug geworden bin. Das hätte nicht passieren dürfen. Nun gut, es ist mein erster Tag in Indien. Er brummelt etwas vor sich hin, zieht mich dann aber doch zusammen mit einem Hoteldiener hoch.

Vor dem Einschlafen geht mir noch einmal alles durch den Kopf. Warum habe ich dem Rikschafahrer nicht so richtig böse sein können, wo er mich doch nach allen Regeln der Kunst übers Ohr gehauen hat? Ich war für ihn ein Tourist wie jeder andere, nicht der Rollstuhlfahrer, auf den Rücksicht genommen werden muss. Das hat mich schmunzeln lassen. Er sah in erster Linie den Menschen in mir.

Das größte Heiligtum der Sikhs, der Goldene Tempel, steht im Zentrum der Stadt und ist Pilgerziel von Anhängern dieser Religion aus aller Welt. Sie sind sehr tolerant und gastfreundlich, was sogar so weit geht, dass jeder in den Pilgerunterkünften am Tempel aufgenommen wird.

Allerdings endet die große Toleranz bei Rollstühlen, die wollen sie ebenso wie Alkohol, Zigaretten und Regenschirme nicht im heiligen Bezirk sehen. Ahnungslos rolle ich, ganz beeindruckt vom vergoldeten Eingangsportal hinein und ernte augenblicklich den Unmut der Gläubigen. Ich habe den Tempel mit meinem Rollstuhl entweiht! An der Pforte entschuldige ich mich überschwänglich. Großherzig meint der Wächter: »No problem, bitte geben Sie mir Ihre Schuhe und ziehen Sie dieses Kopftuch über.« Zwei Helfer stehen bereit, die mich hineintragen sollen. »Bitte einer links und Sie hier rechts, dann greifen Sie unter meine Knie und ich stütze mich auf Ihre Schulter.« Doch ganz so geschickt, wie ich sie eingeschätzt hatte, sind sie nicht. Sie reißen mir fast die Beine aus, weil sie sich immer weiter voneinander entfernen. Tiefer und tiefer rutsche ich und kann mich an ihren Schultern kaum noch halten. »Stopp, stopp, es genügt, setzt mich hier ab!« Keine fünf Meter weiter und ich wäre rückwärts mit dem Kopf auf den Marmor geknallt.

Nun sitze ich hier und kann nicht weg. Die beiden sind nicht in der Lage mich herumzutragen. Gerne würde ich mir alles genauer ansehen, doch für mich wird der Goldene Tempel nur von diesem Punkt aus in Erinnerung bleiben können. Damit muss ich mich abfinden. Ich sage zu den beiden: »Wenn ich wieder hinaus möchte, werde ich euch rufen, shukria.« Noch immer fällt es mir schwer, solche Einschränkungen hinzunehmen. Dabei sollte ich doch froh sein, überhaupt hier zu sitzen. Ich mache aus der Not eine Tugend und genieße die andächtige Atmosphäre, beobachte das Treiben der Pilger und lasse meinen Gedanken freien Lauf. Wer weiß, wenn ich laufen könnte, würde ich hier nervös herumrennen, um ja alles gesehen zu haben, ohne mir Zeit für das Wesentliche genommen zu haben.

Und weil jemand, der einfach nur dasitzt, schnell angesprochen wird, dauert es keine zehn Minuten, bis ich wieder in ein Gespräch verwickelt werde.

»Schneiden Sie Ihre Haare wirklich niemals ab?«

»Nein, ich rolle sie jeden Morgen zusammen und setze mir den Turban auf. Meinen Bart drehe ich links und rechts zusammen und stopfe ihn ebenfalls unter den Turban.« Der Mann, der mich anspricht, trägt wie alle Sikhs die Namensendung Singh und kommt aus Kanada, wohin viele seiner Landsleute ausgewandert sind.

»Was ist das Besondere an Ihrer Religion?«, will ich von ihm wissen.

»Unser Begründer, Guru Nanak, wollte im 18. Jahrhundert die guten Elemente aus Hinduismus und Islam zusammenführen. Wir sind monotheistisch, trinken keinen Alkohol und halten die Gastfreundschaft für eines der höchsten Güter, wie es im Islam auch Sitte ist. Wie die Hindus glauben wir aber auch an die Wiedergeburt und folgen der Lehre des Karma.«

»Glauben Sie an die besonderen Kräfte, die das Wasser des Ganges besitzen soll?«

»Nein, für uns ist der Ganges nichts weiter als ein Fluss.«

Schade, denke ich, dann ist es wohl auch sinnlos, ihn weiter auszufragen. Mein Blick wandert wieder zum Goldenen Tempel hinüber, in dem die heiligen Schriften der Sikhs aufbewahrt werden.

Weil in Indien kein Zug pünktlich abfährt, habe ich mir beim Frühstück Zeit gelassen und die fehlt mir jetzt, denn mit aller Selbstverständlichkeit sagt der Station Master gerade zu mir: »Der Zug nach Bikaner fährt pünktlich ab und kommt ›for sure‹ nach Fahrplan an!« Wie kann ich nur daran zweifeln? Ich muss zum Gleis fünf und frage noch schnell: »An welchem Ende des Bahnsteigs ist eine Rampe?« – »An beiden Seiten«, antwortet er, ohne von seinem Schreibtisch aufzublicken.

Indien ist das Land der Superlative und Rekorde. Die indische Eisenbahngesellschaft hat über eineinhalb Millionen Mitarbeiter und ist damit das größte Unternehmen der Welt. Der Bahnhof von Kharagpur hat den längsten Bahnsteig (achthundertdreiunddreißig Meter), der zweitlängste scheint hier in Amritsar zu liegen. Ich rolle, was die Arme hergeben, aber ein Ende ist nicht abzusehen. Aufzüge gibt es nicht und mich über die Fußgängerbrücke zum Bahnsteig zu tragen, das will ich den armen Indern nicht zumuten. Nur mit Hilfe der Rampe am Ende des Bahnsteigs kann ich die Schienen überqueren, um meinen Zug zu erreichen.

Die Zeit wird knapp, nur noch zehn Minuten und wie es aussieht, gibt es noch eine schier unüberwindbare Hürde: Der Zug hat Überlänge und blockiert den Schienenübergang für alle Fußgänger. Jetzt muss ich mir doch zwei Träger suchen. Kulis mit ihren großen Karren warten ab, bis der Zug abgefahren ist. Passagiere klettern zwischen den Kupplungen herum, um auf den Bahnsteig zu gelangen, andere krabbeln unter den Waggons hindurch. Wenn der Zug jetzt losfährt, gibt es mindestens dreißig Tote und eine Unzahl abgetrennter Gliedmaßen. Kopfschüttelnd halte ich Selbstgespräche: »Die Inder haben einfach keinen Respekt vor dem Leben, sie sind todesmutig, kein Wunder, wenn man doch ständig wiedergeboren wird.« Hoffentlich gehen sie mit meinem Leben nicht auch so um, denke ich, während die Porter mit mir über die ölverschmierten Schwellen bis zum Ende des Zuges hoppeln, um die Vorderseite zu erreichen.

Jetzt darf hier einfach kein Zug kommen, bestimme ich, denn ich weiß genau, die beiden Träger würden zur Seite springen, um die eigene Haut zu retten, und mich stehen lassen.

Mal wieder Glück gehabt, noch zwei Minuten bis zur Abfahrt. Schlafwagen zweite Klasse, wo ist der Waggon nur? Die Klassen der indischen Eisenbahn sind für mich bis heute so undurchschaubar wie das Kastensystem. Der Träger hilft mir und ich gehe fieberhaft die unleserlich kopierte Reservierungsliste am Waggon durch, auf der Suche nach meinem Namen oder dem, was ein indischer Schreibtischtäter daraus gemacht haben könnte.

Endlich entdecke ich etwas, das mir bekannt vorkommt, Andre Asprove, ich schätze, das muss mein Name sein und bitte die Porter, mich hineinzutragen. Zum Glück ist es eine Breitspurbahn, so dass die Bauweise der Waggons großzügiger gestaltet ist. Ich muss nicht auf der Erde herumkrabbeln oder mich auf dem Arm ins Abteil tragen lassen, sondern kann ganz elegant dorthin rollen und sogar um die Kurve zu meinem Platz gelangen. Welch ein Komfort!

Natürlich ist das Abteil voller Menschen und es gibt nervenaufreibende Diskussionen, bis endlich jemand feststellt, dass er im falschen Waggon sitzt. Ich bekomme meinen Fensterplatz, setze mich über, klappe den Rolli zusammen, der unter die Sitze geschoben wird und tatsächlich, es ist der erste Zug, der pünktlich losfährt! Ich merke, das wird eine der guten Zugfahrten. Elf Menschen sitzen im Abteil und zwanzig Augen fixieren mich, starren auf meine Beine, auf die Füße, auf meinen Bauch, in meine Augen und niemand sagt einen Ton. Die werden sich an meinen Anblick gewöhnen, schließlich werde ich mit mindestens fünf von ihnen achtzehn Stunden lang unterwegs sein. Aber nach zehn Minuten hat sich nichts geändert. Jetzt werde ich unsicher. Ich streiche mir mit der Hand übers Gesicht, schaue an mir herab, aber alles scheint in bester Ordnung.

Ich suche mit jedem Blickkontakt und als ich einmal herum bin, sage ich laut und deutlich: »Good evening!« Das Eis ist gebrochen: manche klatschen ihrem Nachbarn auf die Knie und lachen sich schief, andere grinsen mich an und die Frauen halten sich beim Kichern verschämt die Hand vor den Mund. Mehr wollte ich zunächst nicht erreichen, denn nach der lebensgefährlichen Odyssee über die Gleise, will ich eine geruhsame Fahrt genießen. So soll es zunächst auch sein. Offensichtlich spricht niemand englisch oder nur so schlecht, dass es keiner wagt, sich die Blöße zu geben und eine Unterhaltung anzufangen.

Alles Weitere folgt einem festgelegten Ritual, das sich tagtäglich und millionenfach in Indien wiederholt: Der Zug fährt an und beginnt zu schaukeln wie eine Babywiege. Das gleichmäßige Tocktock tocktock, welches entsteht, wenn die Räder über die Dehnungsfugen der Schienen rattern, und das unterhalb der Herzfrequenz des Menschen liegt, tut ein Übriges. Nach zwanzig Minuten schläft die Hälfte der Passagiere. Und weil sie dicht an dicht sitzen, und niemand im Schlaf umkippen kann, verschmilzt bald alles zu einer Menschenmasse, die mit den Bewegungen des Zuges schwingt. Dafür habe ich die Inder immer bewundert: Die Fähigkeit, schlafen zu können, wann und wo immer sie wollen.

Ich dagegen stiere nach draußen in dem Drang, alles sehen und aufnehmen zu müssen, bloß nichts zu verpassen. Dabei sieht es dreihundert Kilometer weiter genauso aus. Aber schlafen? Unmöglich, zumal ich aufpassen muss, dass mein Nachbar nicht von der Bank fällt. Er war der Erste, dessen Kopf, wie der einer defekten Puppe mit den Schwingungen des Zuges von links nach rechts kippte. Inzwischen hat er auf meiner Schulter ein Ruhekissen für seinen Kopf gefunden und schläft tief und fest. Wenn ich mich bewege, kippt sein Kopf nach vorn und droht herunterzufallen. Wenn ich weiter so steif sitze, verkrampft sich bei mir alles. Vielleicht wacht er ja bald von selbst auf, hoffe ich.

Wir sitzen so eng aneinander, dass sich der Schweiß unserer Körper längst vermischt hat. Ich klebe förmlich an ihm. Aber jetzt läuft mir etwas am Arm herunter und kitzelt mich. Sein Speichel läuft auf mein T-Shirt und meinen Arm. So, jetzt reicht es, ich tippe ihn an – nichts tut sich –, ich stoße ihn, er dreht den Kopf, ohne die Augen zu öffnen, schluckt zwei Mal, und nimmt seinen rechten Nachbarn als Ruhekissen. Das ist Eisenbahn fahren in Indien.

Gegen Abend leert sich der Zug und um zweiundzwanzig Uhr sind nur noch sechs Passagiere im Abteil. Bis morgens früh um sechs Uhr habe ich ein Anrecht auf die gesamte Sitzbank als Schlafplatz. Über mir befinden sich zwei weitere Klappkojen. Drei Mal am Tag kommt der Kellner vorbei, nimmt die Bestellung auf und funkt die Angaben zur nächsten Bahnstation. Ein paar Stunden später werden Tausende Mahlzeiten im Zug verteilt. Jetzt, kurz vor dem Schlafen, wird das Frühstück für den kommenden Tag geordert. Das indische Eisenbahnsystem mag hier und da veraltet sein, aber es hat ein Flair, das auf der Welt seinesgleichen sucht.

Doch so geruhsam, wie ich mir die Fahrt vorgestellt hatte, ist sie nicht. Kurz nach dem Frühstück kommt der Schaffner und brüllt in jedes Abteil: »Alle Passagiere nach Bikaner hier aussteigen!« Die indischen Eisenbahnen fahren auf zwei Spurbreiten, im Grunde auf dreien, denn in manchen Bergregionen existiert noch eine Schmalspurbahn.

Nun muss ich die Spur wechseln. Leider geht das hier nicht so schön wie 1985, als ich mit der Transsibirischen Eisenbahn von Peking nach Berlin fuhr und an der polnischen Grenze Waggon für Waggon zum Fahrgestellwechsel angehoben wurde. Während der Montage konnte ich genüsslich mein Frühstück einnehmen. Hier in Indien muss ich umsteigen. Aber alles scheint zu klappen, der Zug nach Bikaner wartet schon auf der anderen Seite des Bahnsteigs.

Schmalere Spurbreite bedeutet auch engere Türen, Gänge und Abteile, womit der Reisespaß für mich wieder ein Ende hat. Die ersten beiden Träger, die durch den Zug gehen und ihre Dienste anbieten, lasse ich ziehen. Zu abgemagert, zu knorrig und alt sind sie, als dass ich ihnen mein Gewicht zumuten könnte. Obwohl gerade sie es wären, die das Geld gebrauchen könnten. Der Dritte erscheint mir kräftig genug und er hat auch ein offenes, intelligentes Gesicht. Als ich den Rolli unter der Bank herausziehe und mich hineinsetze, begreift er schnell und hilft mir geschickt aus dem Zug. Bevor ich drüben einsteige, muss ich zur Toilette, denn mit großer Wahrscheinlichkeit werde ich mich in dem Zug wegen der Enge kaum noch bewegen können.

Toilette? Es gibt vermutlich keine abstoßenderen Orte auf unserer Welt, als die Latrinen indischer Bahnhöfe, sie spotten jeder Beschreibung. Könnte man erstinken, hier würde ich auf der Stelle tot umfallen. Irgendwie bin ich hinein- und wider Erwarten sogar lebendig herausgekommen.

Wie befürchtet, ist der Zug extrem eng. Einsteigen ist nur auf dem Arm des Porters möglich. Zuvor muss ich einen zweiten engagieren, der sich, während ich hineingetragen werde, um den Rollstuhl kümmert. Auch das gehört zum indischen Eisenbahnsystem: Porter, die man auf nahezu allen Bahnhöfen antrifft, sind registriert und an ihren roten Jacken zu erkennen. Nie ist etwas abhanden gekommen, wenn ich mich ihnen anvertraute. Nur die Preisverhandlungen gestalten sich mitunter schwierig, vor allem wenn die Zeit knapp wird.

Unter Ratten

Hotel Deluxe, der Name sagt, dass es hier sicher keinen Luxus gibt. Und tatsächlich: Die Toiletten sind ständig besetzt von Kakerlaken, die einfach nicht verschwinden wollen.

»Ist das ein Hotel oder ein Kleintierzoo? Das Zimmer ist voller Kakerlaken! Entweder Sie geben mir Rabatt oder ein anderes Zimmer!« Mit einem eisigen Lächeln beschwere ich mich an der Rezeption. Lächeln muss man immer, auch wenn einem zum Heulen ist. Wer sich lauthals aufregt, wird in diesem Land nicht mehr ernst genommen. Mit dem gleichen steifen Lächeln entschuldigt man sich bei mir und verspricht Abhilfe. Na, ich bin gespannt, wie das geht. Ein Junge von acht, neun Jahren, der zu dieser Zeit in der Schule sitzen müsste (Kinderarbeit ist in indischen Hotels gang und gäbe), kommt mit einem Zerstäuber und setzt das Zimmer in einen Nebel aus Petroleum. Ich flüchte, nach Atem ringend, aus dem Zimmer. »Was soll das? Wenn ich mich da schlafen lege, bin ich morgen früh tot! Dann lieber Ungeziefer im Bett.« – »No problem«, grinst der Hoteldiener, »heute Abend ist der Geruch weg und keine Kakerlake mehr zu sehen.«

Bikaner liegt in der Wüste Thar und besitzt wie viele Städte in Rajasthan, dem Land der Könige, einen Maharadschapalast. Auch eine Reihe schöner Tempel hat die Stadt aufzuweisen, doch ich will dem Menschengewühl entfliehen und endlich die Weite der Landschaft am eigenen Leib spüren. Leider ist der Aktionsradius im Rollstuhl recht eingeschränkt. Wenn die Straßenverhältnisse günstig sind, schaffe ich sieben bis acht Kilometer pro Stunde. Da kommt mir der Karni Mata-Tempel, dreißig Kilometer außerhalb von Bikaner, gerade recht. Ich hänge mir zwei Wasserflaschen an den Rolli, packe Lebensmittel ein und verlasse die Stadt in Richtung Südwesten. Es tut gut, endlich befreit von Gerüchen von Petroleum, Abgasen, Schweiß und Fäkalien, frische Luft zu atmen. Nach ungefähr einer Stunde habe ich die letzten Häuser der Vororte hinter mir gelassen und rolle durch die leicht hügelige Geröllwüste. Die Straße ist leidlich befahrbar und ein wenig Rückenwind macht alles zu einem schönen Ausflug. Ich denke, das sollte ich öfter machen.

»Ein Masala Dosa bitte«, die gefüllte Teigtasche ist eines der herrlichsten Gerichte für zwischendurch. Ich sitze in einer Garküche in Deshnoke und augenblicklich beginnt der Koch mit stolz geschwellter Brust den Teig in eine riesige Pfanne zu schlagen. Der hauchdünne Teig wird mit vorgekochtem Gemüse zusammengerollt und mit diversen Saucen serviert. Wenn ich von hier über den Dorfplatz schaue, kann ich das Innere des Tempels sehen. Ich trinke den Tee aus und rolle hinüber.

Zwei Wächter sitzen am Eingang auf der Erde, nur mit einem Dhoti, einem Lendentuch, bekleidet und machen eine abweisende Handbewegung. »No«, kommt es etwas wortkarg. Ich habe es geahnt, mein Rollstuhl würde den Tempel entweihen. In diesem Heiligtum werden über zwanzigtausend Ratten verehrt, die überall herumwuseln, aber mein Rollstuhl ist nicht erwünscht. Schwer für mich zu begreifen. »Würden Sie mich hineinlassen, wenn ich die Räder wasche?« Mit heruntergezogenen Mundwinkeln sagt er nur: »No!« Ich ziehe unauffällig zwei Zehnrupienscheine aus meiner Tasche und reiche sie hinüber. Mit steifer Miene, ohne sich zu bedanken, nimmt er das Geld an. »Kann ich in den Tempel?«, frage ich, bereits etwas unterwürfig, der lange Weg soll doch nicht vergebens gewesen sein. »No!« In religiösen Fragen scheint das Schmiermittel nicht zu wirken. Gefrustet wende ich mich ab. Wahrscheinlich kennt er lediglich die englischen Wörter für »Ja bitte« nicht, tröste ich mich. Schweren Herzens entschließe ich mich, meinen letzten Trumpf auszuspielen. Inzwischen hat sich wieder eine Gruppe Neugieriger um mich versammelt. Das kann ziemlich nerven, hat aber auch den Vorteil, dass helfende Hände in großen Mengen zur Verfügung stehen. Zwei, die aussehen, als verstünden sie Englisch, bitte ich um Hilfe. »Würden Sie mich bitte auf den Arm nehmen und in den Tempel tragen?«

»Was?«, kommt nur als Antwort.

»Ich kann nicht laufen und möchte in den Tempel, aber der Rollstuhl ist da nicht erlaubt«, beginne ich von neuem.

»Ja, wie sollen wir das machen?«

»Hier bitte, einer links, einer rechts und dann müssen Sie sich unter meinen Knien die Hand geben.« Dabei führe ich die Hände der beiden unter meinen Beinen hindurch. Sie verstehen das Prinzip und liften mich tatsächlich an. Per Handzeichen gebe ich den Wärtern noch zu verstehen, dass sie auf meinen Rollstuhl achten sollen.

Ach du Schande, denke ich, die haben hier keine Stühle im Tempel! Meine beiden Träger pfeifen aus dem letzten Loch und fragen mich atemlos: »Wo sollen wir Sie denn jetzt absetzen?« – »Da vorne, vor dem Heiligtum.« Der Boden ist zwar aus Marmor, erinnert mich aber an den eines Hamsterkäfigs. Alles ist voller Rattenkot und genau da werde ich abgesetzt. »Vielen Dank«, sage ich lächelnd mit einem Kloß im Hals und biete jedem noch zehn Rupien an. Mit einer beleidigten Geste sagt der eine: »Dafür nehmen wir kein Geld, das war uns ein Vergnügen!« Im Nu sind sie weg, lassen mich allein zwischen den Ratten! Ruhig bleiben, sage ich mir, du kannst jetzt sowieso nicht flüchten. Vor mir gähnt ein schwarzes Loch, das ins Heiligtum führt.

Eine Statue, die die Schutzbefohlene der Ratten, die Göttin Karni Mata, darstellt, dominiert diesen Raum. Der Boden ist schwarz vor Ratten, die als heilige Männer wiedergeboren werden.

Gerade ist Fütterungszeit und den verehrten Nagern werden Schalen, gefüllt mit warmer Milch, Nüssen und Körnern, serviert, Lebensmittel, die viele indische Kinder nur selten auf ihrem Speiseplan finden. Jetzt sind sie satt und strömen aus, um den ganzen Tempelbereich zu bevölkern. Einige haben mich aufs Korn genommen. Meine Fototasche und das Stativ, meine Schuhe und das Sitzkissen, alles wird eingehend beschnuppert. Ich hocke im Schneidersitz und gerade als ich mich umdrehe, um zu sehen, was hinter mir vorgeht, kriecht eine von ihnen in mein Hosenbein. Wenn ich nicht mit eigenen Augen gesehen hätte, dass sie sich alle satt gegessen haben, würde ich jetzt in Panik geraten. Ich kann nicht fühlen, ob sie mich anfrisst. Wie soll ich diese Ratte wieder loswerden? Wenn ich sie am Schwanz herausziehe, krallt sie sich womöglich in meiner Haut fest. Sanft drücke ich auf die Hose und nötige sie, den Rückwärtsgang einzulegen.

Vielleicht ist es besser, diesen Ort zu verlassen, zumal gerade genug Schaulustige herumstehen. Außerdem mache ich mir um meinen Rollstuhl Sorgen. So, wie die Wärter aussehen, würden sie ihn glatt verkaufen. Gerade werde ich von zwei freundlichen Männern wieder hinausgetragen, da sehe ich, wie sich vier Pilger mit ebenso vielen Ratten eine große Schale Reis teilen.

Mein Rollstuhl steht nicht mehr da, wo ich ihn zurückgelassen habe. Der zuvor so wortkarge Wärter hat ihn in seine Obhut genommen, sitzt drin und lacht sich scheckig! Welch ein Bild!

Ein letztes Mal blicke ich zurück auf diesen Tempel, der Indien für mich nur noch rätselhafter gemacht hat. Dabei bin ich doch gekommen, um Indien zu verstehen. Vier Jahre später sollte in Surat, an Indiens Westküste, eine Pestepidemie ausbrechen.

Wenn ein Inder mit großer Geste »No problem« sagt, dann haben die Probleme genau in diesem Moment begonnen und man sollte misstrauisch werden. Die Nacht im Petroleumdunst des Deluxe-Hotels war höllisch und endete mit heftigen Kopfschmerzen. Dagegen empfand ich den Dieselruß in den Straßen von Bikaner als reinste Frischluftkur. Meine verhassten Mitbewohner erholten sich weitaus schneller. Über Nacht hatten sie sich wieder eingefunden und es sich auf meinem Rollstuhl und in meiner Kleidung gemütlich gemacht.

Delhi

Ich sitze im Air India-Büro in Neu Delhi, um meinen Rückflug zu buchen. Ich warte, bis die Anzeige an der Decke auf die Nummer hundertfünfunddreißig springt und endlich bin ich dran. In drei Wochen werde ich wieder zu Hause sein. In der verbleibenden Zeit will ich zur Quelle des Ganges.

»Eine Woche habe ich in Gangotri festgesessen. Um elf Uhr vormittags kamen die Wolken und eine halbe Stunde später hat es geregnet.« Judy aus den USA macht mir wenig Hoffnung. »Du kannst es versuchen, aber die Leute da oben meinten, dass es im Mai viel regnet.«

»Hättest du denn mit Regensachen zur Quelle kommen können?«, frage ich sie aus.

»Das wäre mir zu gefährlich gewesen, weil es ständig

Erdrutsche und Steinschlag gibt. Oft sind die Wege dadurch blockiert.«

Ich greife zum pappigen Käsetoast, von dem sogar noch der Rand abgeschnitten wurde. Glaubt man hier, Touristen haben keine Zähne mehr im Mund? Oder gehört das zu den Überbleibseln der englischen Kolonialherrschaft? Auch hier in Delhi regnet es einmal am Tag, aber Abkühlung bringt der Regen kaum. Es ist eine Art Campingplatz, verkehrstechnisch günstig gelegen, genau zwischen Neu Delhi und der Altstadt und Treffpunkt vieler Selbstfahrer, die mit Motorrädern, Autos oder LKW Indien bereisen. Daher gibt es hier aktuelle Informationen aus dem ganzen Land.

Doch was Judy mir erzählt, stimmt mich etwas missmutig. »Ich würde es auch ein zweites Mal versuchen, aber ich fliege morgen nach Hause«, fügt sie noch an, »fahr hin und versuch dein Glück, vielleicht klappt es.«

»Ja«, erwidere ich, »ich habe ein Bahnticket für morgen früh nach Haridwar, leider ohne eine Reservierung, aber so weit ist es ja nicht.«

»Ok, dann gute Reise.«

»Ja, danke gleichfalls.« Wir verabschieden uns und ich rolle zu meinem Bungalow zurück.

Mist, da hat wieder einer meine Rampe geklaut. Zum dritten Mal muss ich jetzt in den Schuppen und mir die Bretter wiederholen. Die simplen Bungalows haben alle zwei kleine Stufen vor der Tür, über die ich mit meiner selbst gebauten Rampe hineinkomme. Aber das Personal holt die Bretter immer wieder weg. Ab jetzt werde ich sie in den Bungalow schieben, wenn ich hinausgehe.

»Nach Old Delhi? Nein, da fahre ich nicht hin.« Das ist jetzt der dritte Rikschafahrer, der die Fahrt ablehnt, noch bevor die Preisverhandlungen begonnen haben. Ich frage mich, ob das gefährlich ist für sie, wie etwa früher in New York nach Harlem zu fahren. Aber der vierte Fahrer, der vorbeikommt, ist nach langem Hin und Her bereit, mich zu einem überhöhten Preis hinzubringen.

Das Einsteigen in die Fahrradrikschas ist ein Kraftakt, den ich nur auf mich nehme, wenn die Distanz zu groß ist, um selbst zu rollen. Zuerst stelle ich die Füße hinein und bitte den Fahrer, sie festzuhalten, damit sie nicht wegrutschen. Nun beginnt der schwierige Teil: Ich ziehe mich an Sattel und Sitz der Rikscha hoch, wobei ich aufpassen muss, nicht zur Seite zu kippen. Sobald ich in der Hocke bin, ist es nur noch eine Drehung und ich sitze. Den Rollstuhl verstaut der Fahrer auf der Gepäckablage.

Während der ganzen Fahrt schimpft er über den Verkehr und redet von »Traffic Jam«. Bald begreife ich, warum mich niemand nach Old Delhi fahren wollte: Stau, so weit das Auge reicht. Die Fahrzeuge stehen so eng, dass ich nicht einmal mehr die Rikscha verlassen kann. Wir biegen in die Chandi Chowk ein, die Basarstraße, an deren Ende die große Freitagsmoschee steht. Doch für die letzten zweihundert Meter brauchen wir geschlagene fünfundvierzig Minuten.

Ein schlechtes Gefühl habe ich auf diesen Fahrzeugen immer. Nirgendwo werden die Kastenunterschiede so deutlich, wie auf diesen Rikschas. Die Fahrer sind in der Regel Slumbewohner der unteren Schichten, die sich im Schweiße ihres Angesichts abstrampeln, um höher gestellte Personen zu transportieren. Ich lehne das Kastensystem ab und sollte diese Fahrzeuge nicht benutzen. Doch wie oft wurde ich von den Fahrern bettelnd verfolgt, mich doch transportieren zu dürfen. Sie werden ausgebeutet, müssen für die Rikscha eine horrende Mietgebühr entrichten, doch es ist ihre Arbeit, mit der sie ihre Familien zu ernähren versuchen. In Indien wird man auf Schritt und Tritt übers Ohr gehauen, vor allem an Orten mit vielen Sehenswürdigkeiten. Feilschen ist daher in Indien für mich eine Selbstverständlich-

125

keit, lediglich die überhöhten Preise der Rikschafahrer, die ums Überleben ihrer Familien kämpfen, habe ich in den meisten Fällen akzeptiert.

Mitunter ist die indische Gesellschaft zum Verzweifeln: Rechts von mir steht eine Rikscha, hoch beladen mit fünf großen Säcken Reis, auf denen der Besitzer in weißem Hemd thront. Der betagte Fahrer, sichtbar am Ende seiner Kräfte, wird immer wieder wutschnaubend angetrieben, wenn er eine Lücke im Stau nicht schnell genug wahrnimmt.

Vor mir quetschen sich drei zu gut genährte Frauen, deren Fettringe aus dem Sari quellen, auf den engen Rikschasitz. Bei der großen Armut, mit so vielen hungernden Menschen, die nur aus Haut und Knochen zu bestehen scheinen, ist Übergewicht ein Zeichen von Wohlstand und ein Statussymbol. Vor allem die Frauen der gehobenen Schichten tragen ihre Schwimmreifen offen und stolz zur Schau. Der Sari, der den Blick auf Bauch und Hüfte freigibt, leistet ihnen dabei gute Dienste. Die drei belasten die Rikscha mit mindestens dreihundert Kilogramm. Beim Anblick des abgemagerten Fahrers der aussieht, als bliebe ihm am Ende des Tages nur eine Schale Reis, kommt mir die Wut. Wer so viel essen kann, müsste auch in der Lage sein, drei Rikschas zu mieten.

Doch auch von positiven Beispielen will ich berichten: Gestern sah ich, wie ein Passagier an einer steilen Bahnüberführung abstieg und schieben half. Mein Freund Achim Rietz, mit dem ich 1986 durch Indien reiste, trieb es gar so weit, mit dem Rikschafahrer für zwei Kilometer zu tauschen. In den Augen der Herumstehenden erlitt Achim damit vermutlich einen Gesichtsverlust höchsten Ranges, doch für ihn hatte dieser Rollentausch eine große Bedeutung.

Endlich erreichen wir die Freitagsmoschee Jami Masjid, die sich am Ende der Straße über dem Meer der Rikschafahrer erhebt. Meine Hoffnung, in die größte Moschee Indiens zu gelangen, sinkt auf null, als ich die Stufen sehe. Außerdem macht mir der Rikschafahrer klar, dass Rollstühle nicht erwünscht sind.

»Bist du Moslem?«, frage ich ihn.

»Ja, Sir.«

Obwohl ich es ihm verboten habe, beendet er jeden Satz mit »Sir«.

»Kannst du fotografieren?«

»Nein, Sir.«

»Macht nichts, ich zeige es dir.«

Während er mich ungläubig anschaut, hänge ich ihm meine Spiegelreflexkamera um den Hals. Ich stelle die Entfernung auf unendlich, schalte die Programmautomatik ein und erkläre ihm in einfachem Englisch: »Steig bitte auf das linke Minarett und mach für mich ein Foto von Delhi. Aber achte darauf, dass du die Sonne im Rücken hast. Hier ist der Auslöser.« Noch immer schaut er mich an, als zweifele er an meinem Verstand. »Ach, noch etwas«, sage ich lächelnd, aber mit fester Stimme, »wenn du nicht wiederkommst, behalte ich deine Rikscha.« »Ok, Sir«, entgegnet er auch lächelnd und steigt die Stufen hoch.

Ich weiß, kein Fotograf würde das wagen und jeder Tourist nur verächtlich den Kopf schütteln. Es ist mir egal, ich will wissen, wie Delhi von oben aussieht und worauf ich verzichten muss.

Er hat mein Vertrauen nicht missbraucht, obwohl er sich für die Kamera drei Rikschas hätte kaufen können.

Für die Strecke zum zwölf Kilometer entfernten Bahai-Tempel miete ich eine Motorrikscha, ein dreirädriges überdachtes Gefährt mit einem Mopedmotor. Das Einsteigen ist für mich ungleich einfacher, weil sie tiefer liegt. Dafür sind die Preisverhandlungen umso schwieriger. Obwohl es Taxameter gibt, sind die plötzlich alle außer Betrieb. Jeder glaubt, beim Aushandeln eines Pauschalpreises bei mir mehr herausschlagen zu können. Den größten Fehler, den man machen kann, ist, keinen Preis auszuhandeln und auf das »No problem« des Fahrers zu vertrauen. Das dicke Ende kommt am Schluss, wenn er einen beliebigen Preis fordern kann.

Erst 1850 wurde die Bahai-Religion in Persien begründet. Sie ist aus dem Islam hervorgegangen. Heute rekrutiert sich die wachsende Anhängerschaft aus allen großen Weltreligionen. Sie zeichnet sich durch ihre große Toleranz gegenüber Andersgläubigen aus. Die Gotteshäuser dürfen von jedem Menschen betreten werden. Ich bin gespannt, ob das auch für Rollstuhlfahrer gilt.

Der Fahrer schlängelt sich mit seinem wendigen Gefährt durch die Gassen der südlichen Vorstadt. Bei den vielen Einbahnstraßen und für ihn verbotenen Hauptverkehrsadern muss er große Umwege in Kauf nehmen, um zum Ziel zu gelangen. Generell verstecken sich die Häuser, wie auch in Pakistan, hinter hohen Mauern, die lediglich über ein breites, metallenes Tor den Zugang ermöglichen. Zwischen diesen Mauern erblicke ich plötzlich den Tempel. Nur für den Bruchteil eines Augenblicks. Und doch ist die Form wie auf einem Film in meinem Gedächtnis haften geblieben. Es ist eine riesige, blendend weiße, marmorne Lotosblüte, die sich zu den ersten Sonnenstrahlen des Morgens öffnet. Schon stehe ich davor und bin von der Harmonie dieses Gebäudes ganz hingerissen.

Dabei ist die Bezeichnung Gebäude ein viel zu profaner Begriff für diese Blume aus Marmor. Sie symbolisiert Schönheit und Reinheit, ist ein buddhistisches Religionssinnbild, das Ruhekissen des Hindu-Gottes Shiva und vielfach verwendete Ornamentform im Islam. Die Bahai erkennen die Schriften aller großen Weltreligionen an und erstreben damit eine Menschheit in Frieden.

128

Die Blütenblätter bestehen aus großen Marmorblöcken, die rund um das Zentrum der Blüte angeordnet sind. Man meint fast, sie aufgehen zu sehen. Alles liegt in einem großen See, über den Brücken in das Heiligtum führen, dem ich mich nun langsam nähere. Erst jetzt, wo ich den glatten Marmor berühre und von der Kühle des Steins überrascht bin, wird mir die Größe dieser Blume deutlich. Aus der Nähe betrachtet ist sie massig, ja riesig, während alles aus geringer Distanz zart und zerbrechlich wirkt.

Am Eingangsportal gebe ich meine Schuhe ab und werde freundlich hineingebeten. Alles ist weitgehend ebenerdig und wo Stufen sind, gibt es auch Rampen. Daran sollten sich die Kirchenführer in Deutschland ein Beispiel nehmen, denn hierzulande muss so manches Schäfchen im Rollstuhl draußen bleiben.

Ich stehe in einer riesigen freitragenden Halle mit einem Altar. Oberflächlich betrachtet gleicht sie einer modernen Kirche. Die Gläubigen sitzen auf Stühlen und nicht auf Teppichen wie in einer Moschee und es herrscht auch nicht das geschäftige Treiben wie in den Hindu Tempeln, sondern andächtige Ruhe.

Zur letzten Etappe

Aus dem Lautsprecher tönt nur ein unverständliches Gekrächze. Ich kann nur das Wort Haridwar identifizieren. Wahrscheinlich wird der Zug gleich einlaufen. Ich bin schon vor einer Stunde hier gewesen und habe mit den Portern einen Handel abgeschlossen. Da die Waggons weit vor der Stadt zusammengestellt und aneinander gehängt werden, habe ich einen Porter beauftragt, dort einzusteigen und einen Fensterplatz im Abteil der zweiten Klasse für mich zu besetzen.

Langsam rollen die Waggons an mir vorbei, bis mit einem ohrenbetäubenden Quietschen die Masse aus Stahl und Holz krachend zum Stehen kommt. Unser vereinbartes Zeichen, das rote Kopftuch des Porters am Fenster, sehe ich sofort. Gemächlich rolle ich dorthin, während sich Hunderte von Passagieren an den Türen Prügeleien liefern, um einen Platz zu ergattern. Koffer, Kisten und Säcke werden über die Köpfe der drängelnden Masse hinweggehoben. Erst beim zweiten Hinsehen fällt mir auf, dass in einem der Säcke ein schreiendes Kleinkind eingewickelt ist. Ganze Abteile werden von einzelnen Personen in Beschlag genommen und für die Familienangehörigen besetzt.

Die Fenster der indischen Eisenbahnen sind mit starken Gittern verschweißt. Vermutlich haben früher die Passagiere die Fenster als Einstieg benutzt oder sie sind aus den vollgestopften Zügen wieder herausgefallen. Ein weiterer Grund für das Vergittern der Fenster sind diebische Affenhorden, die alles, was nicht niet- und nagelfest ist, stehlen. Neben der Bahnstrecke konnte der Aufenthalt gefährlich werden, weil zu viele Menschen Gegenstände herauswarfen. Ich selbst war einmal so leichtsinnig und habe in Südindien eine große, grüne Kokosnuss bei voller Fahrt aus der geöffneten Tür geworfen. Als ich ihr nachschaute, sah ich mit Schrecken, dass sie wie eine Rakete über eine kleine Bahnstation flog, haarscharf an den Köpfen der Wartenden vorbei, bis sie an einem Hinweisschild in tausend Stücke zerschellte. Bei einem Zugunfall allerdings, werden diese Gitter mit Sicherheit zur tödlichen Falle.

Endlich ist Ruhe an den Türen eingekehrt und alle Plätze sind besetzt, Zeit für mich einzusteigen. Es klappt wie am Schnürchen. Ein zweiter Porter zieht mich hinein und ich tausche mit dem Platzhalter die Sitze. Wieder schauen mich zwanzig Augen entgeistert an, gucken, wie ich meine Beine in die Hand nehme und auf die Erde stelle, beobachten, wie ich mich umständlich umsetze und den Rollstuhl zusammenklappe.

Besorgt schaue ich mir die Wolken am Himmel an. Immer wieder kommt es zu Regengüssen. Das Wetter scheint sich nicht so schnell zu bessern. Doch die dunklen Wolken sind nicht meine einzige Sorge. Seit dem Morgen spüre ich ein merkwürdiges Drücken in der Magengegend. Ich kenne meinen Darm zu gut, als dass ich dieses Gefühl als Kohldampf oder leichte Verstimmung abtun würde. Das nicht ganz durchgekochte Hühnerbein von gestern mache ich dafür verantwortlich. Es war eingelegt in einer Currysauce, mit zwei Kartoffeln, dazu gab es Bohnen und milde rote Zwiebelringe, alles viel zu lecker, um es wegen des bisschen blutigen Fleisches zurückgehen zu lassen. Vielleicht habe ich auch unsauberes Wasser erwischt. Doch was auch immer ich gegessen oder getrunken habe, nun scheine ich mir den Magen verdorben zu haben. Hoffentlich halte ich die nächsten sechs Stunden aus, denn die Toilette hier im Zug ist eine Katastrophe. Nur mit massiver fremder Hilfe könnte ich sie mit meinem Rollstuhl benutzen.

Während ich aus dem Fenster schaue, frage ich mich, warum Indien mich so fasziniert. Die nördlichen Vorstädte Delhis, durch die die Fahrt geht, zeigen nicht gerade die Schokoladenseite der Stadt. Dicht an dicht stehen windig zusammengezimmerte Bretterbuden an der Bahnlinie, die von einem breiten Abwasserkanal gesäumt ist. Obwohl Kinder darin baden und Wäsche gewaschen wird, ist diese Flüssigkeit nicht als Wasser zu bezeichnen. Inmitten der Fußwege, die sich zwischen den Hütten einen Hang hochwinden, sammeln sich die Abwässer der Haushalte und fließen in den Kanal. Der Regen hat den Boden vollkommen aufgeweicht und alles starrt vor Schmutz. Keine der Hütten ist regendicht. Alte löchrige Plastikplanen, Bretter, sogar Papierfetzen und Pappe dienen zur Abdichtung der Dächer. Bisweilen sehe ich Fahrradrikschas an den Buden stehen. Vielleicht hat mein Fahrer von gestern hier sein Zuhause. Wenn ich an die Maharadschapaläste denke, die vor Marmor, Elfenbein und Gold nur so überquellen und in denen eine Übernachtung nicht unter achthundert Mark zu haben ist, verstehe ich die Welt nicht mehr.

Mein Blick wandert wieder ins Abteil, über die Gesichter meiner Mitreisenden. Wie mögen sie wohnen? Etwa auch in solchen Baracken? Oder in Lehmhäusern auf dem Lande? Leider spreche ich nicht gut genug Urdu oder Hindi oder eine der anderen fürfundzwanzig Sprachen Indiens. Des Englischen ist diesmal niemand mächtig.

Langsam wird es draußen ländlicher. Getreidefelder überziehen die flache Landschaft, unterbrochen von einzelnen Lehmhäusern und Gehöften. Ich bin erstaunt, wie viele Traktoren hier im Einsatz sind. Den klischeehaften Wasserbüffel, der mühsam den Hakenpflug zieht, gibt es hier nicht. Ich reise durch Haryana, zusammen mit dem Punjab ist es die Kornkammer Indiens, in der dank einer gesunden ländlichen Struktur durchaus wohlhabende Bauern leben.

Langsam lässt meine Anspannung nach: Obwohl sich mein Magen immer mehr verkrampft, habe ich die vergangenen Stunden ohne Toilette auskommen können und nach Haridwar sind es nur noch zehn Minuten. Stattdessen scheint das Schauerwetter jetzt in Dauerregen umzuschlagen. Ich sehe schwarz für meine Gangestour. Aber zunächst muss sich meine Darmflora erholen.

Das bist du also, Mutter Ganga, deinetwegen bin ich so weit gereist. Ich stehe im eichten Nieselregen am Ufer des Flusses, der kanalisiert durch Haridwar fließt. Jenseits der

Stadt erheben sich die ersten Ausläufer des Himalaja. Wie ein Wildbach mit dem türkisfarbenen Wasser der Gletscherflüsse schießt der Ganges durch die Stadt. So viele Legenden winden sich um dieses Wasser, so viele Wunder werden ihm zugeschrieben, es wird geliebt und verschmutzt, ist Pilgerziel und Lebensader für halb Indien. Zum ersten Mal verspüre ich hier den Wunsch, einmal in meinem Leben eine Reise von der Mündung zur Quelle zu unternehmen.

»Suchen Sie ein Zimmer?«, unsanft werde ich aus meinen Gedanken gerissen. Ein gut gekleideter Mittvierziger hält mir eine Visitenkarte vor die Nase und weist auf das Haus hinter mir. *Gyan Lodge*, lese ich. »Ja, da wollte ich gerade hin. Sind Sie ein Schlepper?«

»Was? Ich verstehe Sie nicht.«

»Ich meine, bekommen Sie eine Provision, wenn Sie mich an das Hotel vermitteln?«

»Oh nein«, wehrt er ab, »wir arbeiten nicht mit Provisionsjägern zusammen. Ich bin der Besitzer des Hotels!«

»Ja, das nehme ich«, inzwischen habe ich meinen Blick geschult und sehe, dass das Zimmer kakerlakenfrei ist. »Sagen Sie, ist das mit dem Regen normal, oder kann ich auf besseres Wetter hoffen?« Er verzieht das Gesicht und zuckt dabei mit einer Schulter. »Monsun ist das nicht, der kommt erst im Juni. Ja, es regnet jetzt, manchmal regnet es eine ganze Woche und dann überhaupt nicht mehr, manchmal ist es im Mai auch ganz trocken.«

Welch klare Aussage! Eine Wettervorhersage gibt es in Indien nicht, mir bleibt nur abwarten und Tee trinken. Gerade will er das Zimmer verlassen, als ich ihn noch einmal zurückrufe: »Ich möchte zur Quelle des Ganges, zum Gaumukh-Gletscher. Wissen Sie, ob das zurzeit möglich ist?«

»Nein, damit geht das nicht«, eröffnet er mir und weist dabei auf meinen Rollstuhl. »Es gibt keine Straße, nur einen schmalen Trampelpfad, der bei diesem Regen bestimmt durchgeweicht ist. Entschuldigen Sie, aber ich muss wieder zur Rezeption.«

Schwätzer!, denke ich, woher will er denn wissen, ob das geht oder nicht. Aber im gleichen Augenblick tun mir meine unfairen Gedanken Leid. Das Sauwetter und die ablehnende Haltung des Hotelbesitzers lassen meine Laune tief sinken. Zu allem Unglück rumort es in meinem Darm wie bei einem Erdbeben. Ich beschließe morgen nach Rishikesh zu reisen, in der Hoffnung, dort Touristen zu treffen, die klarere Aussagen über den Zustand des Weges machen können. Außerdem gibt es dort viele Geschäfte, die Trekkingausrüstungen verleihen. Doch wenn es stimmt, was der Hotelbesitzer sagt, dann kommen selbst mit erholtem Magen und bei schönstem Wetter große Probleme auf mich zu. Die Quelle liegt auf viertausendzweihundert Metern Höhe. Auf meinen Karten sind Straßen bis dreitausend Meter eingezeichnet. Ab Gangotri existieren dann nur noch Fußwege. Sind sie für den Rolli breit genug und wenn nicht, gibt es Träger, denen ich mein Gewicht zumuten kann?

Seit zwei Tagen spreche ich jeden Touristen, den ich auf den Straßen von Rishikesh oder in den Food Stalls entdecke an und frage nach der Gangesquelle. Die meisten jedoch sind zum Meditieren hierher gekommen und interessieren sich nur sekundär für die Berge. Ein Blick auf die Schuhe der Touristen und ich weiß, wen ich vor mir habe. Mit Spiegelchen vernähte Mokassins tragen Leute, die eher im Schneidersitz und meistens geistig weit entfernt verweilen. Wanderschuhe dagegen zeichnen den körperlich aktiven Besucher der Yoga-Hauptstadt der Welt aus.

John hat einen muskulösen Oberkörper, Beine, so lang und kräftig, dass er Probleme hat, sie unter dem Tisch zu sortieren, ein freundliches Gesicht, in dem zwei rote Wangen glühen und natürlich Wanderschuhe an den Füßen. Er war noch vor drei Tagen an der Quelle des Ganges! Wir sitzen im Café My sweet Lord, in dem es keinen Kaffee gibt, aber der Tee stark und schwarz serviert wird. Es kam mir so vor, als würde ich bei ihm offene Türen einrennen, als ich ihn bat, mir eine Stunde seiner Zeit zu schenken und von seinen Erlebnissen zu berichten. Gewundert hat mich das nicht, weiß ich doch, wie redselig Wanderer sind, wenn sie nach entbehrungsreicher Zeit wieder im Tal sind und den Unbedarften, die noch alles vor sich haben, erzählen können, wie sie gelitten haben.

»Was, du willst zur Quelle?«, sprudelt es skeptisch aus ihm heraus, als ich von meinem Traum erzähle. Diesen Satz kenne ich nur zu gut. »Kannst du wirklich keinen Schritt gehen?«, will er wissen. »Nein«, antworte ich mit fester Stimme, »keinen Schritt und auch sitzen kann ich am besten nur mit einer Rückenlehne.« Ich merke, er ist ein wenig überrascht und spürt, wie wichtig mir das ist. Wie in einem Buch kann ich in seinem Gesicht lesen: Einerseits möchte er mir meine Hoffnungen nicht nehmen, andererseits hält er mein Vorhaben für aussichtslos. Diesen Gesichtsausdruck, der sagen will: Das kannst du nicht, kenne ich nur zu gut. Er ist bei Amerikanern, Europäern und Australiern immer gleich. Ich mache es ihm leicht und bin entgegenkommend: »Du glaubst, im Rollstuhl komme ich da nicht hoch, stimmt's?« Seine Gesichtszüge entspannen sich und er meint kopfnickend und mit gesenkter Stimme: »Ja, ich glaube, das ist zu schwierig. Sieh mal, oft musste ich steile Gletscher überqueren, es gibt Steinschlag und manche Felsvorsprünge musste ich mit Händen und Füßen überwinden. Außerdem hat es jeden Nachmittag geregnet.« Solche Antworten verabscheue ich, obwohl ich ja für die Offenheit dankbar sein sollte.

Tiefe Enttäuschung steigt in mir hoch und ich hoffe nur,

135

dass sie in meinem Gesicht nicht so deutlich ablesbar ist wie Johns Mitleid. Allerdings befürchte ich, dass es mir nicht gelingt.

Ich lenke vom Thema ab, frage, wo er bereits war und wohin sein Weg noch führt, doch im Grunde interessiert es mich nicht sonderlich. Zu sehr bin ich mit meinem gerade geplatzten Traum beschäftigt und als wäre das nicht trostlos genug, fängt es wieder an zu regnen. Während John redet, bin ich in Gedanken ganz woanders. Warum tue ich mir das an, es gibt so schöne Reiseziele in Länder, die flach sind. Muss es unbedingt die Gangesquelle sein?

Noch lange sinniere ich, was dahinter steckt. Warum treibt es mich gerade in die Gegenden der Erde, in denen ich tagtäglich auf Barrieren stoße und mit Widrigkeiten konfrontiert werde? Eine Antwort ist sicher die Lust aufs Abenteuer und der Wunsch, die Grenzen der eigenen Belastbarkeit kennen zu lernen. Emotionen zu spüren, wenn es mir schlecht geht oder wenn ich vor Freude himmelhoch jauchzen könnte und nicht zuletzt auch mir und anderen zu beweisen: Und es geht doch.

Gut erinnere ich mich noch an die Aussagen des Krankenhauspersonals in Koblenz, von dem niemand eine Reise im Rollstuhl durch Indien für möglich hielt. Sollte auch John die Situation falsch eingeschätzt haben? Sollte es vielleicht doch möglich sein, zur Quelle zu gelangen? Doch selbst wenn es machbar wäre, im Moment regnet es in Strömen und mein Durchfall zwingt mich, mich nicht mehr als dreißig Meter von der Toilette zu entfernen. Tag für Tag wird deutlicher, dass jedes Abenteuer auch die Gefahr des Scheiterns und des Misserfolgs in sich birgt. Erfährt nicht jedes Abenteuer seinen Sinn durch die Möglichkeit der Niederlage? Das einzusehen fällt mir schwer.

Nach drei Tagen bin ich so weit. Meine Darminfektion hat sich zwar gebessert, aber es hat sich eingeregnet. Es wird Zeit, Abschied zu nehmen. Ich reise zurück mit einem unerfüllten Traum, dem Versprechen, eines Tages zurückzukehren und es noch einmal zu versuchen.

TEIL ZWEI

Die Mutter aller Flüsse

Der alte Traum vom Ganges

»Du willst wieder nach Indien!« Angelikas Feststellung trifft den Nagel auf den Kopf. Seit Tagen versuche ich mit Andeutungen, einen neuen Diavortrag über Indien zum Thema zu machen. Jetzt ist es heraus.

Bis vor drei Jahren, während Angelikas Studium, sind wir oft mit unseren Rucksäcken losgezogen, haben es genossen, die Welt gemeinsam zu erleben. Luca und Johanna, die 1994 und 1997 auf die Welt kamen, haben unser Leben dann völlig auf den Kopf gestellt. Jede Reise, die ich unternahm, hieß für Angelika monatelange Angst, mir könne etwas passieren und zudem, praktisch allein erziehend zu sein. Eine schwere Doppelbelastung.

»Weißt du noch, wie enttäuscht ich damals zurückkam, als ich zur Gangesquelle wollte?«, beginne ich meine Überzeugungsarbeit. »Jetzt sind die Bedingungen viel günstiger, außerdem ist nächstes Jahr die Kumbh Mela in Haridwar und dieses Fest findet nur alle zwölf Jahre dort statt. Das ist eine einmalige Gelegenheit, Material für einen Diavortrag zu sammeln.« Bedrückt antwortet sie: »Das wird ja wieder eine schwere Zeit, wie lange willst du denn wegbleiben?«

»Höchstens drei Monate.« Ich versuche meiner Stimme einen harmlosen Beiklang zu geben, doch drei Monate sind und bleiben drei Monate, neunzig Tage, ein Vierteljahr und eine lange Zeit großer Belastungen.

»Na ja, wenn es sein muss«, lenkt sie ein, »es ist wegen der Kinder.«

141

Auch ich habe bereits mit Sorge darüber nachgedacht. Wie ließ sich neues Fotomaterial für einen Diavortrag erstellen, wie mein Fernweh mit dem Wunsch, bei meiner Familie zu sein, unter einen Hut bringen? Wie wird Johanna im Alter von erst zwölf Monaten die Abwesenheit ihres Papas verkraften? Luca, im Kindergartenalter, wird mich ebenso vermissen. Es ist ein Konflikt, der nur durch Kompromisse lösbar ist. Reisen, die mich früher ein halbes Jahr und länger durch Asien geführt haben, gibt es lange nicht mehr. Heute zieht es mich nach spätestens drei Monaten, von Heimweh geplagt, wieder nach Hause.

»Hallo, hier ist Andreas Pröve, ich hätte gern Heinrich gesprochen.«

»Ja, Moment, Herr Pröve, ich stelle durch.«

Es knackt ein paar Mal in der Leitung, doch bevor ich in der Warteschleife lande, ist er am Apparat.

»Hallo, Heinrich, hier ist Andreas. Wie geht's dir?«

»Gut, und dir? Wie war die Vortragstournee?«

»Nicht schlecht, meistens ausverkauft, aber zweimal waren nur hundert Zuschauer im Saal.«

»Aber du rufst nicht an, um mir das zu erzählen, du hast doch was vor!«

»Ja, ich brauche einen neuen Rollstuhl und zwar extrem stabil, aber trotzdem leicht und faltbar.« Ich weiß, dass sich diese Eigenschaften bei Rollstühlen nahezu gegenseitig ausschließen.

»Jetzt sag mir doch erst einmal, was du vorhast.«

»Vielleicht erinnerst du dich, vor sieben Jahren habe ich doch vergeblich versucht, zur Quelle des Ganges zu gelangen.«

»Ach ja, aber damals habe ich noch nicht hier gearbeitet.«

»Ja, Monika hat mich zu der Zeit betreut. Ich bin damals

an verschiedenen Widrigkeiten gescheitert. Aber jetzt werde ich es noch einmal versuchen. Wenn es klappt, will ich den Ganges von der Mündung bis zur Quelle bereisen. Aber in Handarbeit, also auf den Straßen entlang des Flusses.«

»Aha, ich verstehe, dann brauchst du auch noch ein Handbike.«

Ich wusste, ich kann mich auf Heinrich verlassen, er macht es mir leicht. Noch nie musste ich bei Sopur, meinem Rollstuhlhersteller, um etwas bitten. Ein Anruf genügte, und ich hatte für meine Unternehmungen das optimale Gefährt.

1982 sah ich den ersten Sopur. Dieser Rollstuhl war revolutionär, denn er ließ sich den Körpermaßen optimal anpassen und er war rot! Bis dahin sahen sie alle gleich aus: blauer Plastikbezug, rundes Chromrohr. Die Einfallslosigkeit der Hersteller war damals nicht zu übertreffen. Als ich dieses rote Gefährt sah, begann bei mir ein Umdenken: Ein Rollstuhl kann doch auch peppig, bunt, schnittig und sogar schön sein! Und noch etwas begeisterte mich: Mit einem poppigen Rollstuhl kann ich mich viel besser identifizieren und auch signalisieren: Seht her, so farbenfroh bin auch ich, nicht depressiv oder gar suizidgefährdet! Nie wieder wollte ich auf blauem Plastikstoff sitzen, ich wollte einen roten Rollstuhl!

»Wann willst du zum Anpassen vorbeikommen?«, fragt Heinrich.

»Wenn es geht, noch diese Woche.«

»Gut, komm Donnerstagnachmittag, dann liegt hier alles für dich bereit.«

Meine Körpermaße sind in seinem PC längst eingespeichert, so dass am fertigen Rollstuhl nur noch Feinheiten reguliert werden müssen.

Ganz besonders freue ich mich auf das Handbike. Es ist,

wie der Name treffend sagt, ein Handfahrrad, das vor den Rolli geschnallt wird. Der Trick ist, dass der Rollstuhl beim Andocken vorn leicht angehoben wird, um die kleinen Vorderräder, die viel Kraft beim Rollen schlucken, außer Betrieb zu setzen. Damit verwandelt man den Rolli in ein Dreirad mit Frontantrieb und Gangschaltung, das mit einer Handkurbel betrieben wird. Wer einmal damit gefahren ist und die Leichtigkeit, mit der man vorankommt, genossen hat, fragt sich unweigerlich, warum nicht bereits früher jemand auf diese geniale Idee gekommen ist. Durchschnittsgeschwindigkeiten von zwanzig Kilometern pro Stunde sind nichts Besonderes mehr. Mit vollem Gepäck schaffe ich bisher fünfzig Kilometer am Tag, jetzt könnte ich diese Distanz verdreifachen. Eine Kurbel zu drehen, die sich in der richtigen Stellung vor dem Brustkorb befindet, ist einfach nicht so ermüdend, wie ständig nach den Rädern greifen zu müssen.

Allerdings steckte mir ein Kloß im Hals, als ich mit dem Zentimetermaß auf der Landkarte die Distanz von Kalkutta bis zur Quelle in der Nähe von Gangotri errechnete. Zweitausendsechshundert Kilometer, eher mehr als weniger! Das in Handarbeit zurückzulegen, schien mir zunächst ein unerreichbares Ziel zu sein. Doch dann begann ich zu kalkulieren: Selbst unter ungünstigen Bedingungen müsste ich einen Tagesschnitt von fünfzig Kilometern schaffen und spätestens nach drei Monaten an der Quelle sein. Als ich das realisiert hatte, begann die Idee zu wachsen und ich kramte meinen alten Traum vom Ganges wieder hervor.

»Gut, dann bis Donnerstag, und, Heinrich, fast hätte ich es vergessen: Den Rollstuhl bitte wie immer in Rot!«

Nach dem Telefonat platze ich fast vor Tatendrang. Tausend Dinge müssen erledigt werden. Wann ist die günstigste Reisezeit? Wie bringe ich das Gepäck unter? Welche Strecke fahre ich am besten? Und, und, und. Aber auch Sorgen machen sich breit: Ist dieses Abenteuer noch berechenbar, in welche Gefahren begebe ich mich? Werde ich erneut scheitern? Nur mit einer gründlichen Vorbereitung kann ich die meisten Unwägbarkeiten umgehen. Das unkalkulierbare Restrisiko wird wie das Salz in der Suppe sein.

Hinsichtlich des Transportmittels betrete ich auf dieser Reise jedoch Neuland. Abgesehen von einer Durchquerung Sri Lankas, bin ich immer mit öffentlichen Verkehrsmitteln gereist. Ich habe in Pilgerunterkünften, billigen Hotels, privat oder auf den Bänken der Wartesäle in Bahnhöfen und Flughäfen übernachtet. Wo ich diesmal schlafen werde, bleibt ungewiss. Sicher ist nur, dass der Ganges durch eine der am dichtesten besiedelten Gegenden der Erde fließt. Im Einzugsgebiet des Flusses leben zweihundertfünfundsiebzig Menschen auf einem Quadratkilometer. Deutschlands Bevölkerungsdichte liegt mit zweihundertfünfunddreißig Einwohnern pro Quadratkilometer nur unwesentlich darunter, weshalb ich davon ausgehen kann, während einer Tagesetappe durch mindestens eine Ortschaft zu kommen. Zudem ist die dichte Besiedlung eine ausgezeichnete Voraussetzung dafür, das Leben am Ganges hautnah kennen zu lernen. Nur darauf kommt es mir an. Ich will keine Marathontour unternehmen und keine Rekorde brechen, will mich treiben lassen vom Lauf des Lebens am Fluss und nicht das Ziel, sondern vor allem den Weg vor Augen haben. Wie erfahrene Bergsteiger, will ich mit dem Bewusstsein aufbrechen, nicht unbedingt das Ziel erreichen zu müssen, sollten Gefahren, Krankheit oder widrige Wetterbedingungen dies vereiteln. Doch sollte ich wirklich eines Tages an der Quelle stehen, wäre dies einer der größten Erfolge.

Die Reisezeit ist nach einem Anruf beim Organisationskomitee für die Kumbh Mela in Haridwar sehr schnell festgelegt. Der 14. April 1998 ist der Höhepunkt des größten religiösen Festes der Welt, bei dem Millionen von Pilgern zusammenströmen, um im Ganges zu baden. Aus zwei Gründen bietet dieses Datum Vorteile. Erstens liegt damit der Start in Kalkutta bei Mitte Februar, was wenig Regen und keine hohen Temperaturen verspricht. Zweitens ist die Chance, nach dem Fest günstiges Wetter in den Bergen zu haben, recht groß. Ich kann somit auf ein Zelt und jegliches Kochgeschirr verzichten. Als Schlafsack dient ein Bettbezug, in dem ich mit einer dünnen Hose und Kapuzenpulli schlafen werde. Das Gewicht, das ich durch meine spartanische Lebensweise einspare, wird allerdings durch die Fotoausrüstung wieder aufgefüllt. Am Schluss habe ich acht Kilogramm in einer Reisetasche und zehn Kilogramm in einer Tasche für den Gepäckträger am Handbike.

Mein neuer knallroter Rollstuhl passt wie angegossen. Rückenlehne, Sitzbreite, Sitztiefe und Fußstütze, alles ist auf meine Körpermaße vollkommen abgestimmt. Jeder andere Rollstuhlfahrer würde sich in meinem Stuhl unwohl fühlen. Alle wichtigen Rahmenteile sind von innen mit zusätzlichen Rohren verstärkt. Die extra breite Stollenbereifung kostet zwar auf der Straße etwas mehr Kraft, ermöglicht es mir aber, auf unebenem oder gar sandigem Untergrund noch gut voranzukommen. Meine Luftbereifung ist im Vergleich zu Vollgummireifen unschlagbar. Ich kann auf schwierigem Untergrund Luft ablassen, um mehr Auflage zu bekommen. Die Fahreigenschaften sind erheblich besser und die leichte Federung kommt meinem Rücken zugute. Sie sind auf der ganzen Welt, aber vor allem im Land der muskelbetriebenen Verkehrsmittel, reparabel und Ersatz findet sich überall.

Nur ein einziges Mal, 1986 in China, hatte ich Schwierigkeiten einen Vierundzwanziger-Schlauch aufzutreiben, da die chinesischen Einheitsräder nur mit Achtundzwanziger-Reifengröße gebaut werden. Ein versierter Reifenflicker schnitt einfach ein Stück aus der zu großen Schlauchdecke heraus, vernietete die Enden miteinander und zauberte mir so eine passende Decke. Ich litt danach zwar bei jeder Radumdrehung an leichtem Kopfnicken, aber ein paar Wochen später konnte ich in einem Pekinger Spezialgeschäft eine passende Größe auftreiben.

Wichtige Extras sind die Steckachsen, die es ermöglichen, die großen Antriebsräder per Knopfdruck aus der Nabe zu lösen, um sie zum Beispiel zehn Zentimeter weiter hinten zu befestigen. Auf diese Weise kann ich die Fahreigenschaften verändern. Auch Reifenpannen kann ich schnell beheben, ohne den Rolli dabei verlassen zu müssen. Damit der Rollstuhl nicht umfällt, wenn ich ein Rad löse, habe ich zwei Wagenheber unter dem Rolli befestigt, die auf einfachste Art funktionieren und mit einem zusätzlichen Gewicht von nur zweihundert Gramm zu Buche schlagen. Sind beide Wagenheber ausgefahren, stehe ich auf vier kleinen Rollen, kann die großen Räder im Sitzen abnehmen und bin immer noch mobil. Diese Eigenschaft bewährt sich überall, wo es enger als fünfundfünfzig Zentimeter wird.

Den Rolli habe ich in meiner Werkstatt aufgehängt, denn nun tausche ich viele Schrauben aus, um ihn mit nur drei verschiedenen Schlüsseln komplett zerlegen zu können. Werkzeug, Flickzeug, Schläuche und Luftpumpe sowie kleine Ersatzteile deponiere ich zwischen den Speichen in wasserdichten Behältern.

Auch eine Toilette bekommt der Stuhl, indem ich ein entsprechend großes Loch in den Sitz schneide, das mit Bespannstoff und einem Klettverschluss abgedeckt wird. So kann ich nicht nur die in Asien üblichen Stehklos überfahren, sondern mir auch einen Eimer oder eine Plastiktüte darunter hängen. Meine Sitztoilette habe ich also immer dabei, eine sehr hygienische Angelegenheit, denn ich bin der Einzige, der sie benutzt. Auch die Körperpflege wird denkbar einfach. Ich kann mich im Rollstuhl von allen Seiten abduschen.

Unter den Sitz hänge ich einen Wassersack für fünf Liter Trinkwasser und zwei Taschen für kleine Mengen Bargeld. Pass, Tickets, Reiseschecks und Dollarnoten trage ich in einem Geldgurt auf der Haut unter der Hose. Vorn an den Rahmenteilen befinden sich die Adaptierungen für das Handbike, das in Sekundenschnelle befestigt ist. Der Zahnriemenantrieb wird etwas Energie schlucken, ist aber absolut wartungsfrei. Das Handbike hat eine Nabenschaltung für sieben Gänge. Mittels eines Planetengetriebes lässt sich der Antrieb per Knopfdruck zum Berggang untersetzen.

Die Montage eines stabilen Gepäckträgers, von Halterungen für Wasserflaschen und viele weitere Änderungen muss ich am Gefährt vornehmen, auch einen zusätzlichen Lenkungsdämpfer baue ich ein, da das Bike mit schwerem Gepäck einen schlechteren Geradeauslauf hat. Überflüssigen Ballast kann ich abmontieren. Eine Zusatzbremse zum Beispiel, glaube ich nicht zu benötigen. Das Schutzblech baue ich ab und beschließe, nie in einen Regenschauer zu geraten. Die Lichtanlage bleibt ebenfalls zu Hause. In Indien gehört es sich, nachts ohne Licht zu fahren oder aber so aufzublenden, dass der entgegenkommende Fahrer augenblicklich erblindet. An diesem Kampf um Leben und Tod nach Einbruch der Dunkelheit will ich mich nicht beteiligen. Gern verspreche ich Angelika, nachts nie zu rollen.

Noch ein halbes Jahr ist es bis zum Start. Diese Zeit will ich intensiv nutzen, um das Bike in allen erdenklichen Situationen zu testen und mögliche Kinderkrankheiten auszuschließen.

Während der ersten Trainingsrunden spüre ich, dass die Durchschnittsgeschwindigkeit bei leichtem Gegenwind, unebenem Straßenbelag oder Steigungen rapide sinkt. Die zwanzig Kilogramm Gepäck tun ein Übriges. Noch einmal kontrolliere ich jedes Gramm auf seine Notwendigkeit: Zahnpasta und Seife reichen unter sparsamsten Bedingungen maximal drei Monate. Das Shampoo fliegt raus, Seife genügt. Der Griff der Zahnbürste wird um die Hälfte gekürzt. Statt geschlossener Schuhe trage ich leichte Sandalen und nur ein Paar Strümpfe kommt ins Gepäck. Im Gegensatz zu meiner Bereifung und den Radfahrerhandschuhen gehören Schuhe eher zu den Nebensächlichkeiten, an die ich kaum Gedanken verschwenden muss. Den Reiseführer für Indien mit Stadtplänen und genauen Ortsbeschreibungen schneide ich in der Mitte durch, denn fünfhundert Gramm Informationen über Südindien will ich nicht nutzlos zur Gangesquelle schleppen. Großzügiger bin ich bei den Landkarten, die im Detail alle unterschiedlich sind, so dass ich im Zweifelsfall abwägen muss, welcher ich mein Vertrauen schenke. Besonders wichtig ist eine Creme, um wunden Stellen unter den Armen vorzubeugen. Ebenso wichtig ist eine kurze feste Schnur, mit der ich nachts den Rolli an meinem Handgelenk sichere.

Auch mit Medikamenten bin ich äußerst sparsam. Kohletabletten sind bei indischen Durchfallerkrankungen enttäuschend wirkungslos. Auf Malariatabletten, die während der gesamten Reise eingenommen werden sollten, verzichte ich, weil Nebenwirkungen wie Haarausfall, Sehstörungen und Magenkrämpfe das geringe Risiko, in der Trockenzeit zu erkranken, übersteigen. Wichtig dagegen ist eine Hepatitis- und Typhusimpfung sowie die Kontrolle beim Zahnarzt, denn nichts ist grausamer als die Folter auf einem Behandlungsstuhl in der indischen Provinz.

»Na, wo soll's als Nächstes hingehen?« Immer wieder muss ich den Joggern während meiner Trainingsrunden ums Dorf neugierige Fragen beantworten. »Quer durch Indien!«, rufe ich im Vorbeifahren, denn zu mehr reicht meine Puste nicht. Man kennt mich im Dorf und jeder Zweite weiß inzwischen von meinen Reiseplänen. Morgens zwischen sechs und sieben Uhr, bevor die Kinder wach sind, schaffe ich mittlerweile zwanzig Kilometer und fühle mich langsam fit für die große Reise. Doch je näher der Tag der Abreise rückt, umso mulmiger wird mir zumute. Wie vor jeder Reise beginne ich zu zweifeln. Ist das wirklich richtig, was ich jetzt tue? Kann ich meinen Kindern und Angelika diese lange Abwesenheit überhaupt zumuten? Ist es nicht zu egoistisch, die Familie für Monate allein zu lassen? Diese Gedanken und die Angst vor dem Abschied beschäftigen mich nun Tag und Nacht.

Dann ist es so weit. »Luca und Johanna, ich fahre jetzt ganz weit weg und es dauert ganz lange, bis ich wieder da bin!« Mit einfachen Worten versuche ich, die Dimension meinen Kindern zu verdeutlichen, doch es gelingt mir nicht. Mit den Worten eines Kindes, für das Zeit und Raum noch keine fassbaren Begriffe sind und die Welt am Gartentor endet, sagt Luca: »Tschüss Papa«, ohne sich von seinen Bauklötzen ablenken zu lassen. Auch Johanna ist ihre Puppe wichtiger. Als würde ich mal eben zum Einkaufen fahren. Ich nehme Luca noch einmal auf den Arm, drücke ihn ganz fest; erst jetzt spürt er, dass dieser Abschied etwas Besonderes sein muss. Auch Johanna nehme ich in die Arme und ich befürchte, dass sie mich in einem Vierteljahr aus ihrem Gedächtnis gestrichen haben wird. Im Vergleich zu ihren zwölf Lebensmonaten muss das eine unendlich lange Zeit sein. Ich zwinge mich, meine Selbstzweifel zu unterdrücken, sonst würde ich jetzt alles stornieren. Mit Tränen in den Augen liegen Angelika und ich uns in den Armen. Ein

Kuss und der letzte Blick zurück bleiben für die kommenden Monate in meine Erinnerung eingebrannt.

Ein komisches Gefühl macht sich in mir breit. Werde ich zurückkehren, wie ich gefahren bin, werde ich meine Familie je wiedersehen?

Start mit Hindernissen

»Herr Pröve, Sie können hier diskutieren so viel Sie wollen, es ist definitiv, wir werden Sie nicht mitnehmen.« Mir wird ganz schwindelig und ich komme mir vor wie in einem schlechten Film. Aber es ist die Wirklichkeit: Ich stehe am Schalter zum Einchecken für den Flug Hannover-Amsterdam-Delhi-Kalkutta mit einem gültigen Ticket in der Hand und die Fluggesellschaft weigert sich, mich zu transportieren. »Sie wissen es doch ganz genau, wenn Sie nicht laufen können, müssen Sie das beim Kauf ihres Tickets anmelden. Ich weiß nicht, wer Ihnen dieses Ticket einfach so verkauft hat. Außerdem brauchen Sie auch eine Begleitperson, die Sie während des Fluges betreut«, schimpft die Schalterangestellte der Fluggesellschaft, »beide Voraussetzungen sind bei Ihnen nicht erfüllt.«

»Bitte«, beginne ich zu flehen, »ich brauche keine Begleitperson, seit zwei Tagen habe ich nichts mehr gegessen und seit vierundzwanzig Stunden nichts getrunken, ich werde die Toilette ganz bestimmt nicht benötigen. Und außerdem«, jetzt fällt mir noch ein Argument ein, »ich bin inzwischen sieben Mal durch Indien gereist und das unter Strapazen, von denen Sie oder der Kapitän nicht zu träumen wagen. Einen achtstündigen Flug ohne Begleitperson zu überstehen ist ein Kinderspiel für mich.«

Doch ich sehe meine Chancen schwinden. Hinter ihr wird der Flugsteig geschlossen und vom Flugzeug abgekoppelt. »Können Sie nicht noch einmal den Kapitän anrufen?« Von meiner Hartnäckigkeit genervt, greift sie zum Walkie-Talkie. Doch die Wortfetzen, die ich von dem Gespräch mitbekomme, verheißen nichts Gutes. »Ärztliches Attest fehlt auch ... Flugtauglichkeit ... wer soll die Verantwortung übernehmen?« Kopfschüttelnd sagt sie: »Nein, der Kapitän hat das letzte Wort, er verweigert die Erlaubnis. Sie haben ja auch gar kein ärztliches Attest, das Ihnen Flugtauglichkeit bescheinigt, oder?«

»Nein, das habe ich noch nie benötigt«, antworte ich verärgert, »ich fliege mindestens einmal im Jahr und ein solches Attest wurde noch nie verlangt. Leute mit Herzschrittmachern oder mit hohem Blutdruck müssen das doch auch nicht vorlegen!«

»Doch im Grunde schon«, gibt sie zurück.

Resigniert sage ich: »Das können Sie doch gar nicht alles überprüfen! Nur weil Sie sehen, dass ich im Rollstuhl sitze, unterstellen Sie mir Fluguntauglichkeit! Das ist doch alles ein Witz!«

Sie zuckt nur mit den Schultern und ich merke, dass das Thema für sie nun erledigt ist. Mit ohnmächtiger Wut im Bauch sehe ich, wie sie ihrer Arbeit nachgeht. Bald rollt der Flieger langsam zur Startbahn, ohne mich. Ich wende mich ab und will es nicht glauben.

»Soll ich Ihnen ein Taxi bestellen?«, ruft sie mir noch mitleidig hinterher, aber ich lehne ab, ohne mich umzudrehen. Ich will nicht nach Hause, ich will nach Indien!

Jetzt ärgere ich mich, das Ticket telefonisch beim Reisebüro gekauft zu haben, um die Tatsache, dass ich im Rollstuhl sitze, zu verheimlichen. Ich kenne die bohrenden Fragen der Verkäufer nach der Flugtauglichkeit und der Begleitperson. Es gab jedes Mal einen unheimlich bürokratischen Aufwand mit dem Ergebnis, dass letztendlich niemand diese Bescheinigungen oder Begleitpersonen sehen wollte. Jetzt wird zum ersten Mal danach gefragt und prompt sitze ich in der Tinte. Was soll ich bloß tun?

Ich drehe mich noch einmal zu ihr um und frage: »Wann geht denn die nächste Maschine nach Amsterdam?«

»Mal sehen.« Sie hämmert auf ihrer Tastatur herum und blickt auf den Bildschirm. »Die nächste Maschine geht morgen. Soll ich Ihnen zwei Plätze reservieren?«

Mein Herz macht einen Sprung. »Ja, natürlich.«

»Auf welchen Namen soll das Ticket gehen?«

»Ich weiß noch nicht, kann ich Ihnen den Namen später geben?«

»Eigentlich nicht«, beginnt sie, »...na ja, ok, Ihren Namen gebe ich schon mal ein. Den Ihrer Begleitperson bekomme ich aber noch!«, fordert sie.

»Ja, ja, kein Problem, Sie können sich darauf verlassen«, schwindele ich. Doch im selben Moment denke ich, wo soll ich jetzt bloß eine Begleitperson und das Geld für ein zusätzliches Ticket herbekommen? Ich rolle ziellos durch die Abflughalle. In meinem Kopf arbeitet es fieberhaft. Vielleicht finde ich jemanden, der morgen auch nach Amsterdam will und sich als meine Begleitperson ausgibt? Das ist es! Dann hätte ich jemanden, ohne ein Ticket kaufen zu müssen. Einen Freak wird es doch wohl geben, der das macht!

»Hallo, Ihr Gepäck«, ruft sie hinter mir.

»Ach, das habe ich ganz vergessen. Sagen Sie, gibt es hier auf dem Flughafen einen Arzt?«

»Ja, da drüben ist eine Ausschilderung, der müssen Sie folgen.«

»Guten Tag, sind Sie Arzt?« Ein Mann in meinem Alter, mit freundlichem Gesicht sitzt am Schreibtisch und füllt Formulare aus.

»Ja, womit kann ich Ihnen helfen?«

Ich denke, er stellt mir eine Bescheinigung aus, ich weiß es.

»Die Fluggesellschaft will mich nicht mitnehmen«, erzähle ich mit leicht spöttischem Unterton, »weil sie glauben, ich überstehe den Flug nicht, oder weiß der Teufel, wovor sie Angst haben.«

»Wo soll es denn hingehen?«, entgegnet er.

»Nach Indien, ich will am Ganges reisen.«

»Ach, sind Sie der Rollstuhlfahrer, der immer nach Indien reist?«

Ich habe gewonnen, die vielen Zeitungsartikel und Fernsehauftritte bewirken also doch etwas.

»Ja, genau der bin ich«, platzt es aus mir heraus. Eine Stunde später verlasse ich nach einem angeregten Gespräch mit meiner Bescheinigung in der Hand sein Büro.

Zur Feier des Tages bestelle ich mir ein Glas Sekt. Aber ich muss aufpassen, nicht zu viel zu trinken. Der Rolli kommt während des Fluges in den Gepäckraum und wird unerreichbar sein. Ich wähne mich bereits in Indien, doch ein Problem ist noch nicht gelöst: die Begleitperson!

»Hallo! Sie können hier aber nicht liegen!« Wie durch einen Schleier, weit, weit weg, redet jemand auf mich ein. Oh nein, warum lassen die einen nicht in Ruhe?, denke ich und stelle mich taub. »Hallo! Sie!« Es hat so viel Mühe gekostet, dieses einigermaßen ruhige Plätzchen im Flughafengebäude zu finden. Noch länger dauerte es, bis ich den harten Fliesenboden mit allem, was ich finden konnte, abgepolstert hatte, um nicht schon in der ersten Nacht eine Druckstelle zu bekommen. Und jetzt kommt ein Wachmann und will mich hier verscheuchen. Ich nehme die Augenbinde ab, die mir Dunkelheit verschafft, und ziehe die Ohrstöpsel heraus, die mir eine ruhige Nacht versprechen sollten. Doch damit ist es jetzt vorbei. »Natürlich kann ich hier liegen, das sehen Sie doch!«, gebe ich verärgert zurück.

»Gehört der Rollstuhl Ihnen?«

»Wem denn sonst, oder sehen Sie hier noch jemanden?«

»Haben Sie ein Flugticket?«

»Ja«, antworte ich und will gerade alles herausholen, als er meint:

»Lassen Sie es stecken, es ist in Ordnung. Ich glaube, dass es hier ein bisschen gefährlich für Sie ist. Wenn Sie hier ausgeraubt werden, das bekommt niemand mit!«

»Ach, bei mir gibt es nichts zu klauen. Wenn Sie nichts dagegen haben, möchte ich hier liegen bleiben. Es ist zu mühselig, wieder in den Rollstuhl zu krabbeln, alles einzupacken, nur um mich in der Halle drüben wieder hinzulegen.«

»Ok«, sagt er jetzt ganz zuvorkommend, »dann werde ich ab und zu nach Ihnen sehen, ich habe heute Nachtdienst, schlafen Sie gut.«

Es gibt doch noch freundliche Menschen, denke ich.

»Entschuldigen Sie, ich habe ein Problem, wären Sie bereit, sich für den Flug nach Amsterdam als meine Begleitperson auszugeben?«

»Nein, tut mir Leid.«

Das ist jetzt der Dritte, der ablehnt. Ich hoffte, dass mindestens ein Freak nach Amsterdam oder vielleicht sogar nach Indien fliegen würde. Doch es ist die zweite Maschine am Morgen und die meisten Flugreisenden sind Geschäftsleute, die alles Mögliche im Kopf haben, aber nicht, einem Rollstuhlfahrer aus der Klemme zu helfen.

»Haben Sie noch keine Begleitperson?«, fragt mich die Frau am Schalter.

»Doch, doch, die kommt gleich«, lüge ich mit einem dicken Kloß im Hals. Ich drehe mich um und was sehe ich: eine Frau im Rollstuhl, geschoben von ihrem Freund. Sie steuern geradewegs auf mich zu. »Entschuldigung, fliegt ihr zufällig nach Amsterdam?«

»Ja, wieso?«, erwidert die Frau. Ganz schnell ist mein Problem erläutert und noch schneller ist es gelöst. Wir gehen zum Schalter.

»Bitte, dieser Herr ist meine Begleitperson.«

»Wie heißt du überhaupt?«, frage ich ihn.

»Müller ist mein Name.«

»Müller, ein Ticket hat er bereits«, sage ich stolz zu der Frau am Schalter, »und das hier ist die Bescheinigung.« Ich schiebe den Wisch hinüber und bekomme meine Bordkarte nach Amsterdam.

»Wollt ihr nicht nach Indien umbuchen, das würde mir viele Probleme ersparen«, sage ich im Spaß zu Tobias, als wir uns auf dem Flughafen Schiphol verabschieden. Lachend antwortet er: »Nein, New York wartet auf uns.«

»Schade, gute Reise und danke noch mal.«

Seit dieser lehrreichen Erfahrung kann ich wieder laufen, nur ein paar Schritte, und nur wenn ich beim Einchecken danach gefragt werde. Bei diesen Falschaussagen (ich will es nicht Lüge nennen) hoffe ich jedes Mal inständig, dass ich es niemandem beweisen muss. Die Frau am Schalter in Amsterdam hat es jedenfalls geschluckt und in Indien interessiert sich sowieso niemand für solche Feinheiten. Dort wird nicht nach Vorschrift, sondern nach Gefühl gehandelt.

Moloch am Golf von Bengalen

Die Nacht ist kurz. Ich fliege gegen den Lauf der Sonne, und kaum habe ich ein paar Stunden geschlafen, beginnt die Morgendämmerung. Doch die Anreise ist noch lange nicht zu Ende. Erst muss ich in Delhi umsteigen, denn nach Kalkutta gab es keinen Direktflug.

Dum Dum Airport, benannt nach dem Ort östlich von Kalkutta, in dem die Fabrik für die grausigen Halbmantelgeschosse stand, die so verheerende Verletzungen verursachen, dass sie von der Uno als Kriegsmunition verboten wurden. Nicht gerade ein einladender Name für einen Flughafen.

Die Sonderbehandlung, die Rollstuhlfahrern auf Flugreisen zuteil wird, hat mich früher immer genervt, weil ich genauso behandelt werden wollte wie jeder andere Gast. Inzwischen weiß ich die Vorzüge zu schätzen. Von einer netten Stewardess werde ich durch die Katakomben des Flughafengebäudes von einem Aufzug zum nächsten geschoben, bis wir endlich die Ankunftshalle durch eine Nebentür erreichen. Viel lieber wäre ich selbst gerollt, um genauer sehen zu können, wer mich da begleitet, aber sie fordert mich freundlich auf, die Finger von den Rädern zu nehmen. Nun gut, schließlich habe ich noch einen weiten Weg vor mir. Obwohl ich als Letzter das gut gebuchte Flugzeug verlassen habe, bin ich nun der Erste, der durch die Passkontrolle geleitet wird. »Attention, attention, be careful, please«, die Fluggäste in der Warteschlange springen zur Seite, so forsch schiebt mich die Stewardess durch die Menge. Manchen fährt sie in die Hacken und erntet böse Blicke. Geradeausfahren scheint nicht ihre Stärke zu sein. Der erste Passagier am Schalter muss seinen Pass wieder zurücknehmen, weil Rollstuhlfahrer Vorrang haben. Mir ist das fast peinlich, andererseits bin ich egoistisch genug, mir darüber nicht allzu viele Gedanken zu machen.

Ich glaube nicht an Wunder, aber jetzt werde ich doch eines Besseren belehrt. Zwischen Hannover und Kalkutta wurde mein Gepäck zwei Mal umgeladen, die Wahrscheinlichkeit, dass mein Hab und Gut zwischendurch eine andere Himmelsrichtung einschlägt, ist groß. Und doch kommt alles hier am östlichen Ende Indiens unversehrt an.

Noch gut erinnere ich mich an meine erste Indienreise vor knapp zwanzig Jahren, als ich hier am selben Gepäckband stand und Kochgeschirr, Unterhosen und T-Shirts einzeln einsammeln musste. Das Schweizer Offiziersmesser fehlte natürlich.

»Haben Sie Freunde, die Sie abholen?«, fragt die nette Stewardess, die mich immer noch durchs Gebäude kurvt. Jetzt nur noch mit einer Hand, weil sie mit der anderen den Trolley mit meinem Gepäck und dem Fahrrad schiebt. »Nein, ich werde nicht abgeholt.« Nun ist sie still. Was mag sie wohl denken? Rollstuhlfahrer müssen doch abgeholt werden, die werden immer abgeholt! Ich stehe vor einer Menschenmenge, die sich am Ausgang gesammelt hat und mir kaum eine Gasse zum Durchfahren lässt.

Doch starten will ich nicht hier, an diesem Ort ohne Symbolik und ohne Bezug zu meinem Ziel. Ich will auf die Insel Sagar, achtzig Kilometer südlich von Kalkutta, wo der Ganges in den Golf von Bengalen mündet. Dort, wo das letzte Fleckchen Land ist, auf dem man dem Fluss Lebewohl sagt, will ich beginnen.

»Taxi, Taxi?« Von allen Seiten werde ich bedrängt, denn jeder wittert das große Geschäft. Aber ich kenne die Preise. »Nein, nicht nach Kalkutta, zur Insel Sagar«, sage ich in die Runde der Taxifahrer, die mich alle, wie sie da stehen, gnadenlos übers Ohr hauen wollen, auch wenn sie noch so freundliche und nette Angebote unterbreiten. Ich bin in Hochstimmung und bereit, bis zur Resignation der Fahrer zu feilschen. Einige wenden sich uninteressiert ab, weil sie keine Erlaubnis für Fahrten außerhalb Kalkuttas besitzen oder keine Lust auf große Distanzen haben. Schließlich einige ich mich mit einem Vertrauen ausstrahlenden Fahrer, dessen Ambassador mir ebenfalls gefällt.

Früher hätte ich mir für den innerstädtischen Verkehr niemals ein Taxi genommen, und erst recht nicht für Überlandfahrten. Busfahren war mein Prinzip und ich habe viel Zeit auf Bushaltestellen vergeudet. Nachdem ich einen Tag durch den Stress mit der Fluggesellschaft verloren habe, will ich keine weiteren Zeitverzögerungen riskieren.

An Kalkutta führt kein Weg vorbei, wir müssen quer durch die Stadt. Die Vororte indischer Städte sind überall gleich erschütternd. Bretterbuden, die alles andere als menschenwürdig sind, Familien, die unter den Hochstraßen vegetieren, mit nichts als den Kleidern auf dem Leib, die nicht einmal mehr einen vernünftigen Putzlappen abgeben würden. Der Schmutz, in dem sie leben müssen, ist ungeheuerlich und bestürzt mich auf jeder Reise aufs Neue. Gerade hier in Kalkutta ist die Flüchtlingsnot extrem. Menschen, die aus dem noch elenderen Bangladesch, gebeutelt durch immer wiederkehrende Überschwemmungen, geflohen sind, scheinen nur vom Regen in die Traufe geraten zu sein. Das Ganges- und Brahmaputradelta, die größte Flussmündung der Welt, ist für die Menschen Fluch und Segen, lebensspendend und todbringend in einem. Ein bengalisches Sprichwort lautet treffend: Am Ganges zu leben, heißt, das ganze Jahr in Furcht zu sein.

»Kalkutta liegt am Ganges«. Mit diesem Liedtext lag Vico Torriani daneben. Der Hughli fließt durch die Metropole, doch mit diesem Namen hätte in Europa niemand etwas anfangen können. Letztendlich sind es nur Worte,

159

die das Gleiche bezeichnen. Ob Hughli oder Ganges oder die hundert anderen Namen der Mündungsarme, der Fluss ist heilig, darauf kommt es an.

Die Chowringhee Road, ich erinnere mich, da ist der YMCA, genau wie vor zwanzig Jahren. Es ist ein herrliches Kolonialgebäude mit Balkonen, hohen Terrassentüren, umrahmt mit Friesen. Im Laufe der Jahre hat es noch mehr Moos angesetzt und die Bäume, die in den Mauerfugen einen Lebensraum gefunden haben, genießen ihr Dasein noch immer. Dort habe ich auf dem Balkon gesessen und Tee getrunken an meinem ersten Tag in Indien. Habe das Treiben in den Straßen beobachtet und konnte mich nicht satt sehen. Ein solches Gewimmel, quirlig, lebendig und vielfältig. Was würde dieses Land noch für mich bereithalten, wenn allein der Blick auf die Straße mich so faszinierte? Damals ist meine Liebe zu Indien gewachsen. Doch ich hatte auch Alpträume, die mich in dem großen Zimmer im Schlaf ereilten. Geschockt von den entstellten Gesichtern der Bettler, deren lepragezeichnete Hände sich mir entgegenstreckten, spielten sich vor meinem Auge Horrorszenarien ab. Noch oft sehe ich Ecken, Gebäude und Straßenzüge, die mir meine erste Indienreise in lebhafte Erinnerung rufen.

Erst nach zwei Stunden Stadtverkehr wird es wieder ländlicher, die Häuser sind häufiger aus Lehm gebaut. Zwischen ihnen stehen frischgrüne Reispflanzen. Bei Diamond Harbour erblicke ich endlich den Ganges. Es ist ein merkwürdiges Gefühl. Breit, trüb und gemächlich fließt er dahin, als wolle er sagen: Das alles hat mir überhaupt nichts ausgemacht. Das gegenüberliegende Ufer, an die zehn Kilometer entfernt, verschwindet im Dunst.

Hier fächert sich der Fluss auf eine Breite von bis zu dreißig Kilometern auf, bevor er sich – in seiner Mitte die Insel Sagar – in den Golf von Bengalen ergießt. Das Mündungsgebiet ist schwer schiffbar und hat schon immer das gesamte Können von Lotsen und Kapitänen gefordert, und nicht wenige Schiffe sind hier gesunken. »Der Fluss versandet immer mehr«, erklärt mir der Taxifahrer in bestem Englisch, »die Untiefen sind so gefährlich, dass es kaum noch ein Kapitän wagt, bis nach Kalkutta zu fahren. Eines Tages wird der Hafen seine Bedeutung verlieren.«

Ich befinde mich am westlichen Rand des Mündungsgebietes, in den Sunderbans, dem größten zusammenhängenden Wildschutzgebiet Indiens. *Travel agency to Sunderbans, Travel to Tiger, See the Wildlife in Sunderbans.* Ein Schild nach dem anderen wirbt für Touren in den angrenzenden Nationalpark.

1973 wurde von der indischen Regierung das Schutzprogramm Projekt Tiger ins Leben gerufen. Das Tier, von großer nationaler und religiöser Bedeutung, war damals von der Ausrottung bedroht. Vor allem die große Nachfrage aus China nach allen möglichen Körperteilen zur Herstellung von Potenzmitteln führte zur Verringerung der Population. Bis heute sind Wilderer und korrupte Wildhüter die größten Feinde des Tigers. Aber auch der starke Zuwachs der Bevölkerung und die damit verbundene Okkupation der Rückzugsgebiete wilder Tiere wurde als Ursache verantwortlich gemacht. Man richtete geschützte Gebiete ein, um die ein Gürtel gelegt wurde, der nur mit besonderen Genehmigungen besiedelt werden durfte. Viehherden durch die Reservate zu treiben wurde verboten. Doch wer kann eine umfangreiche Kontrolle gewährleisten. Trotz aller Schutzmaßnahmen sank die Zahl der wild lebenden Tiger in Indien kontinuierlich und dort, wo die Population angeblich stabil blieb, wurden die Erhebungen manipuliert, indem man ein und dieselbe Fußspur gleich mehreren Tieren zuordnete.

161

Nur in den Sunderbans waren solche Mogeleien nie nötig. Dort leben auch heute noch über zweihundertfünfzig Königstiger, vor dem Menschen geschützt durch undurchdringliche Mangrovensümpfe. Diesen Tigern wird eine extreme Aggressivität nachgesagt. Attacken auf Fischer, die es wagen, in die schmalen Mündungsarme zu fahren, sind keine Seltenheit. Viele haben Gliedmaßen verloren oder gar ihr Leben lassen müssen. Die Raubkatzen schrecken nicht davor zurück, in die kleinen Ruderboote zu springen, um ihr Opfer zu reißen. Königstiger sind alles andere als wasserscheu. Doch offensichtlich greifen sie nie von vorne an. Deshalb sieht man oft zwei Fischer in einem Boot, die Rücken an Rücken sitzen. Andere tragen zum Schutz Masken auf dem Hinterkopf. Ich nehme mir vor, die Tiger in den Sunderbans in Ruhe zu lassen, und mich nicht an der Fotojagd lebensmüder Wildlife-Touristen zu beteiligen.

Hier in Diamond Harbour ist die Fahrt zu Ende. An der Mole verabschiede ich mich vom Taxifahrer. Aber bevor die Fähre nicht eingelaufen ist, fährt er nicht zurück, in der Hoffnung einen Fahrgast nach Kalkutta zu ergattern.

Zum ersten Mal klemme ich das Bike vor den Rolli, befestige das Gepäck und rolle über den Steg zur Fähre. Es sind genügend Passagiere da, die auf das Boot wollen und denen ich problemlos meine Hilfsbedürftigkeit erklären kann. Schnell sind vier, fünf kräftige Männer zur Stelle, die mich kurzerhand samt Gepäck und Bike aufs Schiff hieven. Schnell ist das überdachte Holzboot voll, und bevor ich wieder zwischen Kisten und Säcken eingekeilt bin, drängle ich mich zum Bug vor. Diese Fahrt will ich genießen. Feuchtwarmer tropischer Wind bläst mir aus dem Golf von Bengalen entgegen. Ich glaube den modrigen Geruch aus den Mangrovenwäldern fast riechen zu können, doch die Uferlinien sind ringsum nur als schmale palmengesäumte Streifen zu erkennen. Vor mir kommt die Küste der

Insel immer näher, ich entdecke Palmen, Häuser und einen kleinen Ort, auf den der Kapitän zusteuert.

Zum südlichsten Punkt der Insel sind es nur ein paar Kilometer. In dem kleinen Ort Ganga Sagar gibt es eine Fülle von Unterkünften, bereit, die Masse von Pilgern aufzunehmen, die jährlich im Januar aus ganz Indien zu diesem geheiligten Ort aufbricht. Zurzeit herrscht beschauliche Ruhe und ich habe eine nie da gewesene Auswahl an Hotels. Nur ein paar hundert Meter vom Strand entfernt finde ich eine Unterkunft mit wenigen Stufen davor und Zimmern, durch die die Seeluft pfeift. Der Blick auf das unendliche Meer ist einmalig und für indische Verhältnisse höchst selten. Im Kontrast zu den üblichen Hotelzimmern, durch deren Fenster mehr schlechte Luft hinein- als hinauszieht, gerate ich hier geradezu in Urlaubsstimmung. Der Wind ist außerordentlich feucht und scheint das Salz des Meeres direkt auf meine Haut zu tragen. Ich sitze am Fenster, lasse mir einen großen Topf Tee bringen und platze fast vor Tatendrang, am liebsten würde ich gleich starten.

Doch für heute ist es zu spät. Die Sonne senkt sich gerade über dem Subkontinent in einem Schleier aus Dunst. Morgen, in aller Frühe, werde ich mein erstes »heiliges« Bad im Ganges nehmen, werde Kraft tanken und losrollen.

Zu Gast bei Fischern

Der Strand ist weit und unendlich. Vereinzelt sitzen Menschen in der Ferne auf dem Sand und scheinen etwas auszugraben. Am oberen Ende des Strandes, da, wo ein Weg ins Dorf führt, steht verträumt ein farbenfroher Hindu Tempel. Verlassen und verschlossen sieht er aus. Vielleicht wird er nur zum großen Badefest in Betrieb genommen. An einer Ecke des Gebäudes sitzt ein alter Mann in der Hocke und schaut mich schweigend an. Ich lächle ihm zu und er hebt grüßend die Hand, ohne eine Miene zu verziehen. Der Strand ist jetzt, in den frühen Morgenstunden, kurz nach dem Gezeitenwechsel, fest und gut befahrbar. Ich versuche abzuschätzen, wie schnell das auflaufende Wasser steigen wird. Das Bike darf nicht mit Meerwasser in Berührung kommen. Obwohl ich den Salzgehalt des Wassers hier an der Mündung niedrig einschätze, würde es doch für die Lager und die komplexe Nabenschaltung das Aus bedeuten. Ich finde einen mir sicher erscheinenden Platz für mein Fahrrad und das Gepäck. Schnell beginne ich mich auszuziehen, denn schon kommen die ersten Neugierigen auf mich zu. Bis auf die Unterhose entkleidet (die Badehose musste aus Gewichtsgründen zu Hause bleiben), stehe ich umringt von zwei Männern mittleren Alters mitsamt ihren Frauen, die mich ziemlich entgeistert anstarren. Um nicht den Verdacht aufkommen zu lassen, ich wolle mich umbringen, wenn ich ins Wasser rolle, grüße ich freundlich und sage: »Holy dip!«, während ich zum Meer zeige. Das wird sofort verstanden, denn schließlich kommen jährlich Tausende, um das Gleiche zu tun. Per Handzeichen mache ich den vieren klar, dass sie bitte auf mein Gepäck achten sollen, während ich bade, damit es niemand stiehlt. Obwohl weit und breit kein Mensch zu sehen ist. Ich hoffe, sie mit diesem Vertrauensvorschuss davon abhalten zu können, selbst zuzugreifen. Und da ich sowieso keine Einflussmöglichkeit mehr habe, wenn ich im Wasser bin, setze ich noch eins drauf und drücke dem, der mir am intelligentesten scheint, meine kleine vollautomatische Kamera in die Hand. Schließlich benötige ich Material für die Diaschau über diese Reise. Ich zeige ihm, dass Fettfinger auf dem Objektiv nichts zu suchen haben, wo der Auslöser ist und der Sucher, und erkläre mit komplizierten Bewegungen, dass er immer ein Foto machen soll, wenn ich die Hand hebe. Die Bilderserie, die dabei entsteht, könnte auch den Titel Anleitung zum Selbstmord tragen. Mein Rollstuhl steht halb unter Wasser und von mir schaut nur noch der Kopf heraus, während ich mit einer Hand adieu zu winken scheine. Doch nichts liegt mir ferner als das. Ich bin in bester Stimmung und könnte die Welt umarmen. Es ist mein erstes heiliges Bad im Ganges und, so Shiva will, werde ich in drei Monaten, zweitausendsechshundert Kilometer entfernt, viertausendzweihundert Meter hoch im Himalaja an der Quelle stehen und dieses Bad vollenden.

Das Wasser ist lauwarm und trübe. Die dreihundert Millionen im Norden lebenden Menschen leiten ihre Abwässer ungeklärt in den Ganges und seine Nebenflüsse. Daran mag ich jetzt nicht denken. Ich bevorzuge die Aussage eines gläubigen indischen Wissenschaftlers: Der Ganges besitzt eine unerklärliche Selbstreinigungskraft, die noch näher untersucht werden muss. Man glaubt eben immer an das, was einem gerade in den Kram passt. Aber als ich in den Rolli zurückkrabbeln will, wird mein Vertrauen in das saubere Gangeswasser erschüttert. Eine Welle wirft mich zurück und spült mir einen Schwall der Brühe in den Mund. Der Geschmack ist alles andere als salzig, ich befinde mich im unverdünnten Süßwasser des Ganges! Jetzt muss ich, um nicht krank zu werden, erst recht an die Selbstreinigungskraft des Ganges glauben. So schnell es geht, versuche ich ans Ufer zu gelangen. Vier Augenpaare schauen mich in gespannter Erwartung an. Sie sitzen vor mir in der Hocke. Ich bedeute ihnen, sich bitte umzudrehen, damit ich die Unterhose wechseln kann, doch sie reagieren nicht. Gut, dann drehe ich mich eben um, doch blitzschnell sitzen sie wieder vor mir. Begreifen die nicht, dass ich vielleicht ein Schamgefühl haben könnte? Noch einmal kehre ich ihnen den Rücken zu, doch es hilft nichts, sie bauen sich immer wieder vor mir auf, wohin ich mich auch wende. Diese Taktlosigkeit darf ich ihnen nicht übel nehmen, denn diese Menschen leben in ihren Familien auf engstem Raum, wo sich niemand unbeobachtet umziehen kann. Dafür haben sie ihre Tricks und speziellen Kleidungsstücke, unter denen sie ihre Unterwäsche wechseln. So gehe ich auch vor, lege mir mein Handtuch über die Hüfte und ziehe mich umständlich um. Dann packe ich alles zusammen, docke das Fahrrad an den Rolli, verabschiede mich von ihnen und kurbele los.

Die Umstände könnten nicht günstiger sein: eine leichte Brise schiebt mich, der Straßenbelag ist herrlich glatt und die Sonne ist gerade aufgegangen. Gestärkt mit einem guten Frühstück und eingedeckt mit Früchten und Wasser, durchquere ich die Insel Sagar. Idyllisch gelegene Lehmhütten mit Strohdächern stehen vereinzelt oder in Gruppen am Wegesrand. Frauen fegen den festgetretenen Boden vor den Hütten in gebückter Haltung mit einem kurzen Reisigbesen, Kinder tollen herum, rufen und schreien, wenn sie mich erblicken. Fast hätte ich vergessen, den Kilometerzähler auf null zu stellen. Ich beginne zu kalkulieren, ob ich es wohl bis zum Abend nach Kalkutta schaffen werde, doch ich verwerfe meine Gedanken, schließlich will ich kein Rennen fahren.

Der Kapitän erinnert sich und kommt hilfsbereit auf mich zu, um mich mit zwei Passagieren aufs Boot zu tragen, alles verläuft vollkommen problemlos.

Jenseits von Diamond Harbour werden die Ortschaften größer, mehr Menschen und vor allem Kinder sind auf den Straßen, doch die Häuser sind nach wie vor in traditioneller Lehmbauweise errichtet. Ich beschließe einen kurzen Stopp einzulegen und mich an meinen Bananen und am Wasser gütlich zu tun. Doch ich muss nicht bremsen, ich werde gebremst. Ein paar übermütige Kinder halten mich hinten fest. Von mindestens fünfzig werde ich umringt. »Hallo Mister«, ertönt es von allen Seiten. Jedes Mal, wenn ich darauf reagiere, höre ich ein Freudengeschrei, als hätten sie ein Spielzeugäffchen aufgezogen, das nun wild in die Hände klatscht. Ich komme mir tatsächlich vor wie ein Affe im Käfig. Doch die Stimmung ist freundlich und ich werde nicht allzu sehr bedrängt. Inzwischen haben sich auch ein paar Erwachsene dazugesellt, die allzu forsche Kinder zurückpfeifen. Meine Befürchtungen, von allen Seiten befingert und bedrängt zu werden, wie ich es in ähnlichen Situationen häufig erleben musste, bestätigen sich hier nicht. Die Neugierde der Jugendlichen ist kaum zu bändigen, doch weiter als »Hallo Mister« und »Where do you come from?« reichen die Englischkenntnisse nicht. So greife ich auf die Zeichensprache zurück, mit der sich erstaunlich viel kommunizieren lässt. Jedes Einzelteil meines Gefährts muss ich erklären und wie immer ist es meine einfache Rollstuhlbremse, die am meisten fasziniert. Ein Mädchen, das selbst erst vier Jahre alt ist und ein Baby auf dem Arm trägt, steht ganz dicht bei mir. Zu dem Baby nehme ich Kontakt auf, werde ich doch beim Anblick dieser Kinder immer an meine eigenen erinnert. Kaum bemerkt das Mädchen mein Interesse, reicht sie es zu mir herüber, ich nehme es auf den Arm und prompt bietet mir ein Erwachsener in der Runde an, das Baby zu behalten. Wie soll ich das verstehen? Meint er das ernst, oder war das nur ein Scherz? Ich schäkere mit dem Baby, das überhaupt keine Scheu zeigt. Plötzlich befällt mich die Sehnsucht nach Johanna und Luca. Sie sind genauso alt, zeigen die gleichen Verhaltensweisen, sind genauso verspielt. Nicht einmal vier Tage bin ich fort, und schon überkommt mich Heimweh! Was soll bloß werden, in der unendlich langen Zeit, die mir noch bevorsteht?

Ich befreie mich aus dem Pulk, bevor ich noch melancholischer werde und verlasse das Dorf. Doch die Kinder bin ich noch lange nicht los. Mit einer erstaunlichen Ausdauer rennen sie neben mir her, andere schwingen sich aufs Fahrrad, um mich zu verfolgen. In einem bewundernswerten Balanceakt radeln die Kleinen auf hohen, schweren Herrenrädern, indem sie seitlich ein Bein unterhalb des Rahmenrohrs hindurchstecken und die Pedale treten. Dabei können sie gerade noch den Lenker halten. Diese Räder sind so hoch, dass die Kinder erst in fünf Jahren groß genug dafür sein werden. Noch liegt der Sattel für sie in Kopfhöhe. Welch ein Kontrast zu unseren Kindern, die auf Minirädern das Fahren lernen und alle zwei Jahre ein neues bekommen.

»Kalkutta sechzig Kilometer.« Beim Passieren des Hinweisschildes genügt ein Blick auf meine Uhr und ich weiß, dass ich das heutige Etappenziel beim besten Willen nicht erreichen kann. Zu viel Zeit habe ich in den Dörfern inmitten von Kinderscharen verloren. Nein, verloren ist der falsche Ausdruck. Besser hätte ich die Zeit nicht nutzen können. Doch jetzt stellt sich die Frage nach einer Übernachtungsmöglichkeit. Ich wische die Sorge beiseite, schließlich gibt es hier überall Häuser und irgendwo werde ich sicher ein Dach über dem Kopf finden.

Ich mache an einem Tea Stall Halt. Im ganzen Land sind es wichtige soziale Treffpunkte für Nachbarn und Freunde. Die Ausstattung ist denkbar einfach: auf gestampftem Lehmboden hat man drei Bretterwände mit einem Wellblechdach errichtet, eine Art Biergartenmöblierung aufgestellt und die Wände mit den Bildern indischer Gottheiten verhängt. Der Geschmack von Samosas, kleinen, mit Currygemüse gefüllten Teigtaschen, und Chai, dem aus Wasser, Milch und wenigen Teeblättern gekochten Nationalgetränk, wird mich immer an die vielen kleinen Garküchen an den Straßen Indiens erinnern. Die Tische, auf denen sich Hunderte von Fliegen tummeln, sind schwarz und klebrig vom vielen Zucker und Fett. Einer der Straßenköter, die in Indien alle einer Rasse anzugehören scheinen, lungert immer wieder bettelnd herum und wird genauso oft mit Steinen oder einem kurz und kräftig ausgestoßenen »Ho« verjagt. Drei der Samosas zu einem Preis von fünfzig Pfennig sättigen mich hervorragend. Mit bis zum Rand vollgeschlagenem Magen kann ich ohnehin nicht rollen, da mir durch die ständige Bewegung des Oberkörpers beim Kurbeln das Essen sofort wieder hochkommen würde. Ich muss auch nicht essen, wie ein Kamel trinkt, habe es nicht einmal nötig, große Mengen Lebensmittel mit mir herumzuschleppen, denn es gibt überall genug.

Es sind ausnahmslos Kinder, die in diesen Garküchen den Abwasch erledigen, bedienen und sauber machen. Kinder, die, wie auch diejenigen, denen ich auf der Straße begegnet bin, in der Schule sitzen sollten. Doch ihnen bleibt der Unterricht verwehrt, ihre Eltern haben nicht das Geld für Uniform und Lehrmittel aufbringen können. Der Junge, der mir den Chai bringt, ist vielleicht zwei Jahre älter als mein Sohn Luca. Ich frage mich, ob er froh sein kann, einen Job zu haben, um zum Lebensunterhalt seiner Familie beizutragen, oder besser rebellieren sollte, um sein Recht auf Schulbildung einzufordern. Er macht nicht den Eindruck, als würde ihm die Arbeit viel Spaß machen. Immer wieder steht er mit dem Lappen, der so schwarz ist wie Tische und Bänke, die er damit reinigt, träumend an einem Pfeiler und schaut den spielenden Altersgenossen auf der Straße sehnsüchtig zu.

Indem ich die flache Hand an meine Wange lege und den Kopf ein wenig neige, frage ich den Budenbesitzer, ob es hier in der Nähe ein Hotel gibt. Natürlich weiß ich genau, dass das nicht der Fall sein wird. Mit dieser Frage verbunden ist die Hoffnung, privat unterzukommen. Doch er

zuckt nur mit den Schultern und weist vage den Weg die
Straße hinauf. Nun gut, ich hatte auch nicht damit gerechnet, mein Problem im ersten Anlauf lösen zu können. Doch
kurze Zeit später sieht die Welt schon anders aus.

Ein Fischer im Dhoti steht freundlich lächelnd vor seiner
Hütte am Straßenrand und gibt mir Zeichen zu stoppen.
Wenn ich solchen Zeichen überall gefolgt wäre, hätte ich
die Insel Sagar noch immer nicht verlassen. Vielleicht ist es
sein offenes, einladendes Äußeres, was mich bremsen lässt,
ein Reflex, der nicht genau zu erklären ist. Mein Handzeichen nach einer Bleibe beantwortet er mit einer einladenden Geste in Richtung seiner Hütte.

Es herrscht eine Idylle, die mich hier sofort heimisch fühlen lässt. Die kleine Lehmhütte hat keine Fenster, und weil
das Dach aus Palmwedeln tief herunterhängt, muss man
sich bücken, um hineinzukommen. Die massiven Monsun-
regen, die im Sommer vom Meer herüberziehen, zwingen
zu dieser schützenden Bauweise. Der Hof vor der Hütte
aus festgestampftem Lehm ist blitzsauber. Hühner und ein
Hahn haben ihre Ecke auf dem Grundstück, das notdürftig
mit Stäben und geflochtenen Palmwedeln eingezäunt ist,
eine Katze huscht vorbei, gefolgt von einem jungen Hund,
dessen Jagdtrieb sein Sprintvermögen bei weitem übertrifft.
Rechts vor der Hütte befindet sich die Kochstelle, wo alle
Utensilien fein säuberlich aufgereiht zum Trocknen liegen.

Schnell bin ich von einer Schar Kinder umringt, wobei
ich erst spätabends herausfinde, welche von ihnen zur
Familie gehören.

Überdacht wird dieses Heim von drei stattlichen Kokos-
palmen, der ganze Stolz der Familie Radha. Kaum ein
Baum kann so vielfältig genutzt werden wie die Kokos-
palme. Aus den Wedeln und den Fasern der Nuss lassen
sich allerlei Matten, Unterlagen, Körbe und Behälter, ja
sogar Einzäunungen und Dachabdeckungen flechten. Die

Frucht und die Flüssigkeit finden sich in den unterschiedlichsten indischen Gerichten als äußerst nahrhaftes Lebensmittel wieder. In manchen Gegenden wird aus den angezapften Blüten Palmwein, hochprozentiger Alkohol oder Zucker gewonnen. Die harte Schale der Nuss ist praktisch als Schöpfkelle und kleiner Behälter für viele Dinge im Haushalt. Man kann auch darauf Musik machen oder sie einfach verbrennen, um das Mittagessen zu kochen. Das Holz der Palme ist ein Baustoff für den Dachbau.

Mein Gastgeber bittet mich in die Hütte, denn inzwischen ist die Dämmerung schnell hereingebrochen. Alle Kinder helfen mir bereitwillig über die Schwelle. Es dauert eine Weile, bis sich meine Augen an die Dunkelheit gewöhnt haben. Die Möblierung besteht im Wesentlichen aus einem zwei mal zwei Meter großen Bett, auf dem Decken und Kissen durcheinander liegen. Sofort wird von der Frau des Fischers alles weg- und aufgeräumt, als würde sie sich für die Unordnung schämen. Von den Dachsparren hängen Schnüre mit Lappen und Tüchern herunter. Erst viel später erkenne ich, dass es Kleidungsstücke sind. Rundherum sind die Wände mit Kalendern und großen Abbildungen vieler Götter geschmückt, von denen ich nur Shiva und Ganesh identifizieren kann. Kaum bin ich eingetreten, nimmt mein Gastgeber die Decke vom tragbaren Fernseher und schaltet ihn stolz ein. Vielleicht glaubt er, dass ein Europäer sich nur wohl fühlt, wenn der Fernseher läuft. Ich komme ihm mit erstauntem Blick entgegen, auch wenn mich der Bildschirmschnee den Sprecher nur schemenhaft erkennen lässt.

Diese Menschen sind sicher nicht als wohlhabend zu bezeichnen, was sie aber nicht davon abhält, mir den Aufenthalt so angenehm wie möglich zu gestalten. Die Frau des Hauses, die sich flugs einen farbenfrohen Sari angezogen hat, kommt nach kurzer Zeit mit einem Teller voller Chapattis und kleinen Schalen mit in Currysauce eingelegten Gemüsen, Kartoffeln und einem gekochten, abgepellten Ei herein. Obwohl man üblicherweise auf der Erde isst, wird mir die Mahlzeit – vielleicht aus Rücksicht – auf dem Bett serviert. Es ist nur für mich, die Reste, die ich zurücklasse, bekommen die Kinder, die vor der Tür warten. Jeder Wunsch wird mir von den Augen abgelesen. Zum Schluss reicht man mir eine Schale Wasser, in der ich mir die Hände waschen kann. All das finde ich beschämend genug, doch die Steigerung sollte noch kommen. Zur Schlafenszeit richtet sich die ganze Familie mit Decken und Kissen auf der Erde ein, und ich darf als Einziger das große Familienbett benutzen. Mit eindeutigen Handzeichen mache ich klar, dass man mir doch im Bett Gesellschaft leisten solle. Nicht gerade die Ehefrau, aber doch die kleinen Kinder oder Mr. Radha selbst. Aber nein, ich bin Gast und somit einer besonderen Behandlung bedürftig. Während des ganzen Abends zeigt die Flimmerkiste mehr Schneesturm als filmische Handlung, bis sich der Bildschirm um ein Uhr nachts langsam verdunkelt und der Ton erstirbt. Die Autobatterie ist leer und Ersatz scheint es nicht zu geben. Welch ein Glück, endlich kann ich schlafen.

Im Frühaufstehen sind die Inder Meister. Das kann ich von mir nicht behaupten. Als ich aufwache, ist der Wohnraum leer, selbst unter dem Bett schläft niemand mehr und mit Schrecken sehe ich, dass mein Rollstuhl auch nicht mehr da ist. Das Kreischen der Kinder von draußen und die Geräusche, die mein Rolli beim Fahren verursacht, beruhigen mich wieder. Schnell nutze ich das Alleinsein, um mich unbeobachtet anzuziehen und rutsche auf die vordere Bettkante. Ohne meinen Rollstuhl kann ich dieses Bett nicht verlassen. Drei der Kinder sitzen im Rolli, vier schieben sie immer ums Haus. Das sehe ich, wenn sie an der Tür vorbeisausen. Rufend mache ich mich bemerkbar und sofort wird mir mein Stuhl ans Bett geschoben. Das Frühstück ist dem Abendbrot sehr ähnlich, mit dem Unterschied, dass mich nun ein viel zu junger, kleiner Bratfisch mit seinen großen Augen anschaut. Ich bin es nicht gewohnt, Fisch zu frühstücken, doch da alle in freudiger Erwartung, wie es mir schmecken wird, um mich herumstehen, greife ich mit Appetit zu.

Ich weiß, die Familie Radha hat ihr Letztes gegeben und mir auch noch das Gefühl vermittelt, als seien sie es, die mit meiner Anwesenheit beschenkt werden. Mich erkenntlich zu zeigen, erfordert jetzt viel Fingerspitzengefühl. Bargeld ist mein einziges Gastgeschenk, doch für das Familienoberhaupt käme es einem Gesichtsverlust gleich, das Geld offen anzunehmen. In einem unbeobachteten Moment rolle ich ein paar Scheine zusammen, halte sie versteckt in der rechten Hand, die ich meinem Gastgeber zum Abschied reiche, auch wenn ich weiß, dass Händeschütteln nicht üblich ist. Ich gehe einmal davon aus, dass man das meiner Unwissenheit zuschreibt. Er erwidert meinen Gruß und die Scheine wechseln den Besitzer, ohne dass die zehn Augenpaare ringsum etwas bemerken. Gesichtsverlust gehört zu den größten Peinlichkeiten in der indischen Gesellschaft, und so gibt mir mein Gastgeber auch die Möglichkeit, mein Gesicht zu wahren und meine Dankbarkeit offen zu zeigen. Eine Nachbarin, die ihren Sohn auf dem Arm trägt, wird herbeigerufen und man zeigt mir eine Stelle an seinem Fuß. Eine unschöne offene Wunde, die schwarz von Fliegen und entzündet ist. Ich spendiere Mullbinden, Verband und entzündungshemmende Salbe, mit der ich ihn verarzte. Beim Verlassen des Hauses sage ich ihnen noch, dass der Junge unbedingt Schuhe anziehen sollte, damit die Wunde sauber bleibt, doch im gleichen Augenblick fällt mir auf, dass hier niemand etwas an den Füßen trägt.

Zurück auf der Straße, frage ich mich, ob die Lebensumstände meiner Gastgeber als Armut zu bezeichnen sind. Ist es Armut, wenn die ganze Familie in einer Lehmhütte auf einem Bett schläft, mit Plumpsklo und einem Eimer Wasser zum Waschen, der von weit hergetragen werden muss? Ist es Armut, wenn ein Vater seinen Kindern keine Schuhe kaufen kann und kein Geld für Schuluniformen und Bücher hat, aber alle vor dem Fernseher sitzen?

Während ich über dieses Thema nachdenke, gelange ich fast unmerklich in die ersten Vororte von Kalkutta. Ich mache mir keine Illusionen. Nun wird die Luft schlecht und besser wird sie erst, wenn ich die riesige Metropole weit hinter mir gelassen habe. Meine so schöne idyllische Straße stößt nun auf eine Hauptverkehrsader und mit der Ruhe ist es vorbei. Die Rußschwaden der mich überholenden LKW und aufgewirbelter Staub umhüllen mich, lösen sich in meinen Schweißtropfen auf und rinnen mir von der Stirn über die Schläfen und die Wangen den Hals hinunter. Dabei hinterlassen sie einen schwarzen Dreckstreifen. Im Nu fühle ich mich so schmutzig wie die Straße, wie die verschmierten Arbeiter in den Werkstätten, die so rabenschwarz sind wie die öldurchtränkte Erde, auf der sie arbeiten. Seitdem ich in diese Straße eingebogen bin, sehe ich nur noch Werkstätten, in denen Reifen repariert werden. Auf den letzten zwanzig Kilometern schienen achtzig Prozent der Menschen davon zu leben. Dazwischen die obligatorischen Tea Stalls, von denen Jungen ausschwärmen. Mit ölverschmierten Händen tragen sie mit Teegläsern beladene Tabletts zu den Werkstätten. Hier werde ich nicht mehr von jedem bemerkt und mit einem »Hello« begrüßt. Es herrscht großer Krach, zu viele Fahrzeuge fahren auf der Straße und ich bin ganz damit beschäftigt, entgegenkommenden LKW auszuweichen, Schlaglöcher zu umfahren und darauf zu achten, nicht in die falsche Richtung zu geraten. Sehnsüchtig denke ich an die ländliche Idylle, an die Palmen, das Grün an der Straße zurück. Hier ist alles nur hässlich. Sollte es ein Baum geschafft haben, über Jahrzehnte der Luftverschmutzung zu trotzen und dem Lebensraum des Menschen zu entwachsen, so sind seine Blätter auch hoch oben mit einer dicken Dreckschicht bedeckt. Ich frage mich, wie Pflanzen hier überleben können und warum die Menschen nicht reihenweise mit Erstickungsanfällen umkippen. Nur mit Mutationen im Laufe der letzten Jahrzehnte kann ich mir dieses Phänomen erklären. Menschen und Tiere in den Industrievororten Kalkuttas brauchen offensichtlich Dieselruß zum Überleben. Altöl und Bremsabrieb scheinen das Lebenselixier jeder Kreatur zu sein. Zwischen Karosserien und Motorenteilen wachsen die Menschen auf, leben hier und finden eines Tages auch hier ihr Ende, als gäbe es auf der Welt nichts anderes. Sie schlafen auf ihren Chaprois in den Werkstätten, tragen Latschen aus abgefahrenen Autoreifen und Hosen, die sie, steif vom Schmutz, abends in die Ecke stellen könnten.

Das Blau meiner Jeans und die helle Haut gleichen sich mit jedem Kilometer dem Einheitsgrau der Umgebung an. So kann ich unmöglich bei Nagender auftauchen. Vor ein paar Jahren lernte ich ihn hier in Indien kennen. Wir tauschten Adressen aus, was, wie so oft in diesen Situationen, eher als freundliche Geste gedacht war. Doch über die Fotos, die ich ihm schickte, freute er sich so sehr, dass sich eine rege Brieffreundschaft entwickelte. Jetzt will ich ihn in Kalkutta besuchen. Aber nicht in diesem Aufzug, was soll er denn von mir denken? Zunächst brauche ich dringend eine Dusche und beschließe, für eine Nacht ein Hotel zu nehmen und ihn am nächsten Morgen aufzusuchen.

Die Werkstätten an der Straße sind inzwischen mehrstöckigen Häusern mit Geschäften im Erdgeschoss gewichen. Mitunter taucht zwischen den unverkleideten Betonfassaden eine getönte Glasfront auf. Banken, Möbelgeschäfte, weniger Schlaglöcher und mehr Grün kündigen das Zentrum Kalkuttas an. Ich entdecke immer mehr Rikschas im Verkehrsgewühl. Nur in Kalkutta werden sie noch zu Fuß gezogen. Wie ein Pferd steckt der Rikschaläufer zwischen zwei Zugstangen, die mit einem Bauchgurt verbunden sind. Unmenschlichkeit ist ein Charakteristikum Kalkuttas, das in Form dieser Transportmittel ganz besonders deutlich wird. Der Anblick weiß gekleideter Herrenmenschen, die sich dekadent in einer solchen Rikscha von einem abgemagerten alten Mann transportieren lassen, ist hier alltäglich und macht mich wütend. Schweißüberströmt und nur unter großen Mühen können die Läufer das Gleichgewicht ihrer Passagiere während der Fahrt halten, zerren sie durchs Verkehrschaos, müssen immer wieder stoppen und anlaufen. Eine solche Erniedrigung rechtfertigt auch nicht der Erhalt eines Arbeitsplatzes. Hier muss der Staat einspringen und den Menschen andere, würdigere Erwerbsmöglichkeiten verschaffen.

Ich passiere den Maidan, eine riesige Freifläche, die ich auf meinem Stadtplan als Park identifiziere. Zielstrebig steuere ich die Saddar Street an, denn dort gibt es eine Vielzahl billiger Hotels, was die Chance auf eine ebenerdige Unterkunft erheblich vergrößert.

Während mich Inder an der Straße mit einem freundlichen »Hello« begrüßen, ernte ich von den Touristen, die in der Saddar Street in den Pizzerias, Pfannkuchenshops und Kneipen selbstgefällig an ihren Haschischpfeifen ziehen, bewundernde Blicke. Manchen fällt bei meinem Anblick förmlich die Kinnlade herunter. Aber ich mag mich nicht zu ihnen setzen.

Meine Hoffnung, ebenerdig übernachten zu können, verflüchtigt sich schnell. Wegen der Sturzbäche, die in der Monsunzeit durch die Straßen fließen, sind alle Hotels nur

Mit einem heiligen Bad an der Ganges-Mündung im Golf von Bengalen beginnt meine Reise.

Nächste Seite: In Hardwar. Wenn der Ganges seine großen reinigenden Kräfte entwickelt, baden Hunderttausende gleichzeitig.

Mein Handbike war für die indischen Kinder ein faszinierendes Gefährt.

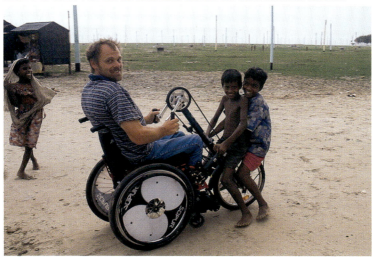

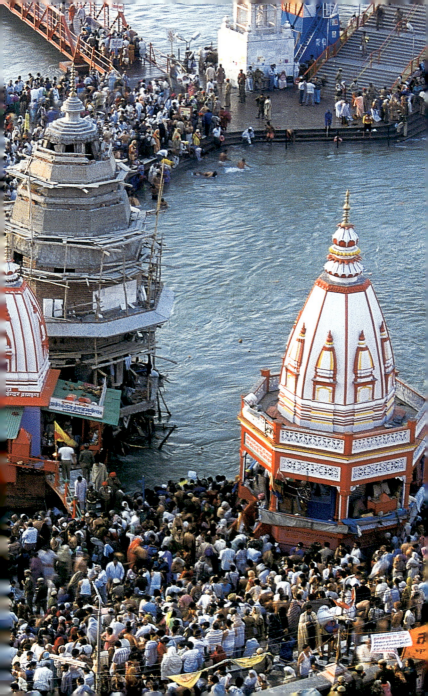

Eine Händlerin an der Straße.

Indische Rollstühle verlangen viel Kraft und Geschick.

Künstler im Beladen.

Nächste Seite: Vor den Hindu Tempeln bieten Verkäufer Farbpulver für das Stirnmal an. Das Tikal dient zur Kenntlichmachung der Gotteszugehörigkeit.

Chicken Tandoori, Safranreis, Curry Chutney und eine Unmenge eingelegter Früchte und Gemüse, deren Identifizierung mir nicht immer gelingt.

Im Kali Tempel in Kalkutta werden der Göttin
blutrote Hibiskusblüten geopfert.

Für viele Frauen in Indien ist die Hochzeit der Beginn
einer ungewissen Zukunft.

Die Kleidung der Menschen in Rajasthan steht im Kontrast zur eintönigen Wüstenlandschaft.

Nächste Seite: Fünfunddreißig Hühner auf ihrer letzten Reise.

Das Holi Fest in Kanpur. Einmal im Jahr verschwinden alle Kastenunterschiede unter einer dicken Farbschicht.

Schnell bin ich von einer Schar Kindern umringt, wobei ich erst spätabends herausfinde, welche von ihnen zur Familie Radha gehören.

Ein alter Naga Sadhu sitzt bereit, Segnungen auszuteilen.

Kuhfladen sind wichtiges Brennmaterial und billiger Dünger für die Felder.

Nächste Seite: Zwei Frauen in traditionellem Schmuck in Rajasthan.

Die Behausungen in der Wüste Thar sind den Witterungsverhältnissen perfekt angepasst.

Nach ein paar Stunden extremer Steigung überholt mich Nagender
mit dem Ambassador. Er steigt aus, schiebt mich bis zur Kuppe und schaut
mich an. »Willst du nicht lieber einsteigen?«

Sechs Sherpas bringen Nagender und mich zur Quelle des Ganges.
Vor uns liegen 1200 Höhenmeter und zwei Tage harte Arbeit.

über mehrere Stufen erreichbar. Personalkosten scheinen in der indischen Gastronomie keine Rolle zu spielen, denn einen Hoteldiener entdecke ich noch in der billigsten Absteige. Bevor ich dusche, streife ich mein schlechtes Gewissen, das ich wegen der Trinkwasservergeudung habe, ab und befreie mich genüsslich von Dieselruß und Straßenstaub.

Nagender Chhikara

Dass Nagender einer gebildeten Schicht angehört, konnte ich aus den Briefen und seinem gewählten Englisch immer herauslesen. Und doch bin ich überrascht, in welch nobler Gegend er wohnt. Das mehrstöckige Haus würde man nach unseren Maßstäben im weitesten Sinne als Doppelhaushälfte bezeichnen. Doch statt eines kleinen Gartens ist hinter dem hohen Metallzaun alles mit Marmor ausgelegt. Die Topfpflanzen auf der Zugangstreppe werden gerade von einer älteren Frau gegossen. Das muss seine Mutter sein. »Guten Tag«, spreche ich sie an, »wohnt hier Nagender Chhikara?« Ihr ernstes Gesicht erhellt sich augenblicklich. »Oh ja, Andreas, Nagender erwartet dich bereits«, erwidert sie, so als käme ich mal eben aus der Nachbarschaft. Mit überraschender Herzlichkeit umarmt mich Nagender bei unserer Begrüßung. »Ich warte seit zwei Tagen auf dich, wo warst du?« – »Ach, es gab ein paar kleinere Verzögerungen auf dem Flughafen in Deutschland«, wiegele ich ab, um ihm nicht die bürokratischen Hindernisse deutscher Fluggesellschaften, die ich selbst nicht nachvollziehen kann, erklären zu müssen. Augenblicklich lässt seine Mutter ihre Gießkanne stehen und zündet den Gasko-

177

cher in der Küche an. Sie ist Lehrerin für Erstklässler und Nagender arbeitet in einem Großhandel für Haushaltswaren im Vertrieb. Heute ist Sonntag und beide haben frei. Nagenders Vater starb vor zehn Jahren beim Militär, doch unter welchen Umständen das geschah, ist ungeklärt. Ich frage nicht weiter nach, weil ich spüre, dass er darüber nicht so recht reden will. Nur mit der guten Rente sind die beiden in der Lage, dieses Haus zu halten. Er zeigt mir alle Räume, auch den, der für mich seit zwei Tagen hergerichtet ist, führt mich ins Bad und in die Küche. Es riecht herrlich würzig hier und ich sehe, wie Satiya, seine Mutter, in der Einbauküche auf der Arbeitsplatte vor dem Gaskocher hockt und im Topf rührt. Etwas verwundert über diesen Anblick frage ich ihn, als wir wieder im Wohnzimmer sind: »Nagender, warum sitzt deine Mutter beim Kochen auf dem Tisch?« Ich weiß nicht, wer von den beiden zuerst lacht. Es ist mir peinlich, weil ich bisher davon ausgegangen bin, dass Satiya nur sehr wenig Englisch versteht, doch sie beherrscht diese Sprache perfekt, zeigt es nur nicht so offen. Mit breitem Lachen geht Nagender mit mir zurück in die Küche und erklärt mit ausladender Handbewegung: »Satiya ist auf dem Lande groß geworden. Dort sitzt jeder beim Kochen und Essen auf der Erde. Mama genießt das Leben hier in der Stadt sehr, mit Stühlen und Tischen und allem Luxus, aber kochen kann sie am besten in der Hocke, wie sie es von Kindheit an gewöhnt ist. Ich wollte ihr den Herd schon ausbauen und auf die Erde stellen, aber sie war dagegen.«

Abgesehen von den Maharadschapalästen sind indische Haushalte spärlich möbliert, das ist hier nicht anders. Das Wohnzimmer ist ein großer Raum, der von einem hohen Kühlschrank und dem Fernseher dominiert wird. Ein einfacher Tisch, Couch und Sessel bilden in einer Ecke den Essplatz. Teppiche gibt es kaum, der Boden ist gefliest, was zunächst einen kalten Eindruck vermittelt. Aber wenn in der meisten Zeit des Jahres die Temperaturen extrem hoch sind, im Sommer bis zu fünfzig Grad, ist ein kühler Fußboden, über den man barfuß geht, sicher angenehmer. Während in unseren Wohnzimmern durchgestylte Deckenlampen warmes Licht verbreiten, Gardinen den Hall aus den Räumen nehmen und Wandverkleidungen mit einem komplizierten System von Dämmschichten die Isolierung garantieren, finde ich hier Ventilatoren, die eine Dauerzugluft verursachen, Neonröhren, die die Augen anstrengen, und kahle, glatt geputzte Wände, die Kälte ausstrahlen. Das Leben findet in Indien überwiegend außerhalb der eigenen vier Wände statt. Gemütlichkeit, wie sie in den kälteren Gefilden der Erde angestrebt wird, hat keinen großen Stellenwert. Ich brauche ein bisschen Zeit, bis ich mich eingewöhnt habe. Doch als Satiya das Essen aus der Küche holt und den Tisch bereitet, fühle ich mich heimisch. Zwei Freunde von Nagender, genau wie er um die dreißig Jahre alt, sind eingeladen und stehen in der Tür.

»Wie bist du nach Kalkutta gekommen?«, fragt einer von ihnen. »Oh«, antworte ich, »ich bin vor zwei Tagen hier gelandet, aber dann gleich durchgefahren zur Insel Sagar. Tja, und dort bin ich mit diesem Handbike gestartet.«

Dann dreht Nagender sich zu mir um und sagt bedeutungsvoll: »Andreas, ich habe mir drei Monate Urlaub genommen und möchte dich begleiten.« Im ersten Moment halte ich es für einen Witz. Aber ich kenne ihn zu gut, so formuliert er seine Witze nicht, er meint es ernst. Ich weiß nicht, ob ich das gut oder schlecht finden soll. Völlig unvorbereitet stehe ich vor dieser Situation und reagiere, wie ein Inder es auch tun würde, ich lächle und zeige meine Freude über seine Entscheidung. Doch ganz kann ich meine Skepsis nicht unterdrücken und entschließe mich trotz der hiesigen Sitten ganz offen zu reden. »Nagender«, beginne ich, »ich finde es toll, dass du mitkommen willst, aber wir kennen uns nur sehr flüchtig. Es kann stressig werden und anstrengend, und es kann sich herausstellen, dass wir überhaupt nicht zueinander passen.« Mit allem Ernst in der Stimme füge ich an: »In diesem Fall müssen wir uns trennen.« Als hätte er noch nicht zu Ende geredet, antwortet er mit der gleichen Ernsthaftigkeit: »Natürlich nur, wenn wir miteinander auskommen, sonst reise ich sofort ab.« Vielleicht ist es diese Offenheit, die mir ein gutes Gefühl vermittelt. Der Gedanke, mit einem Inder unterwegs zu sein, gefällt mir immer besser, zumal sich damit ganz neue Möglichkeiten ergeben könnten. Und vielleicht werden wir sogar Freunde. »Ich fahre mit Eisenbahnen und Bussen voraus und wir treffen uns dann immer in den Städten.« So möchte Nagender reisen. Gerade wollte ich fragen, ob er mich mit dem Fahrrad begleiten wird. Vielleicht hat er sich so entschieden, weil er sich nicht aufdrängen möchte oder weil er meine Skepsis gespürt hat. »Bitte, greift zu«, fordert Nagender seine Freunde und mich auf. Während wir auf englisch über alles mögliche reden und das herrliche Thali seiner Mutter genießen, kann ich mich kaum auf das Gespräch konzentrieren. Dauernd muss ich an die Konsequenzen dieser neuen Konstellation denken. Abgesehen von meiner ersten Reise, damals noch als Fußgänger, bin ich in Indien immer allein unterwegs gewesen, weil ich ungern Kompromisse eingehe und das Alleinreisen sogar genieße. Der Kontakt zur Bevölkerung und das Bedürfnis, auf die Menschen zuzugehen, sind so am größten. Wenn ich Nagender nur in den Städten treffe, wird mir diese Reisequalität also erhalten bleiben.

Abends planen Nagender und ich die Route und besprechen alle Einzelheiten. Einen großen Teil meines Gepäcks gebe ich Nagender mit. Die Hälfte der Filme, die Ersatzkameras, sogar Kleidungsstücke, die ich nicht ständig benötige, übernimmt er.

Satiya kommt mit der Tageszeitung aus dem Nachbarzimmer und unterbricht unser Gespräch mit ihrer stets ernsten Miene: »Sieh mal, die Räuberbanden sind wieder unterwegs«, dabei dreht sie die Zeitung um, so dass die große Überschrift »Three killed at street muggings in Bihar« und ein Foto sichtbar werden. Mit besorgtem Gesicht nimmt Nagender die Zeitung und liest den Artikel durch.

»Was ist passiert?«, frage ich neugierig.

»Es sind wieder Autofahrer in Bihar und Bengalen auf offener Straße überfallen worden. Diese Räuberbanden kommen aus den einsamen Gegenden von Madhya Pradesh, sie blockieren einfach die Straße in einsamen Gegenden und bringen die Autofahrer kaltblütig um. Eine Zeit lang war es ruhig, aber ihnen geht wohl mal wieder das Geld aus.«

»Und die Polizei?«, will ich wissen.

»Ach die, die machen noch mit«, antwortet er resigniert, »die sind korrupt bis auf die Knochen.«

Nagender erzählt mir vom Ursprung dieser Banden. Es sind die Nachahmer der berühmten Phoolan Devi, die in den siebziger Jahren mit Mord und Totschlag von sich reden machte. Sie stieg zum Kopf einer Räuberbande auf, die es vor allem auf die Großgrundbesitzer in Madhya Pradesh abgesehen hatte. Legenden von ihrer Tapferkeit und ihrem Mut machten die Runde, was so weit ging, dass man sich erzählte, sie würde die erbeuteten Reichtümer unter der armen Landbevölkerung verteilen. Sie erlangte eine ungeheure Popularität bei den Landlosen, was darin gipfelte, dass sie nach der Verbüßung einer elfjährigen Haftstrafe prompt als Abgeordnete ins Parlament nach Delhi gewählt wurde.

»Indien ist die größte Demokratie der Welt«, sagt Nagender sarkastisch, »bei uns können sogar Kriminelle in die Politik gehen.« »Ach, weißt du«, erwidere ich, »ein paar

Namen deutscher Politiker könnte ich auch nennen, nicht gerade Mörder, aber kriminell sind die auch.«

»Andreas, ich mache mir Sorgen um dich, Bihar und Bengalen sind zurzeit ein heißes Pflaster. Diese Verbrecher sind skrupellos und du kannst dich nicht wehren! Sie haben nichts zu verlieren, denen kommt es auf einen Mord mehr oder weniger nicht an. Mit deiner Kameraausrüstung und dem Geld bist du für sie ein dicker Fisch, der ihnen förmlich ins Netz springt! Ich mach dir einen Vorschlag: Wir fahren zusammen bis Varanasi mit der Eisenbahn, danach bist du mit dem Handbike auf der Straße sicher. Bis nach Uttar Pradesh wagen sich die Banden nicht.« – »Ich überlege es mir«, antworte ich ihm, »und sage dir morgen früh Bescheid.«

In dieser Nacht schlafe ich schlecht. Wie ernst soll ich seine Warnungen nehmen? Ist Nagender ein Nullrisikomensch, der sich jetzt für mich verantwortlich fühlt und überall Bedrohungen sieht, oder ist die Gefahr real? Ich stehe noch einmal auf und hole mir die Zeitung, um den Artikel selbst zu lesen. Beim letzten Satz steht meine Entscheidung fest, ich werde seinen Rat befolgen. Wenn es stimmt, was die Zeitung schreibt, müssen diese Verbrecher Ungeheuer sein. Sie schneiden ihren Opfern generell die Kehle durch, um sie mundtot zu machen. Bis heute hat es noch nie Überlebende gegeben, die eine Aussage machen konnten.

Wettfahrt durch die Stadt

Nagender hat mir für die kommenden drei Tage ein komplettes Besuchsprogramm ausgearbeitet. Zuerst besuchen wir den Zoo. Hier betrachten wir die Ergebnisse tierquälerischer Zuchtversuche. Tigon und Litigon sind je eine Kreuzung zwischen Tiger und Löwe sowie zwischen dem, was dabei herauskommt und einem Löwen. Es geht in den Botanischen Garten mit dem angeblich größten Baum der Erde, der mich wirklich beeindruckt.

Ein Muss ist auch das Indische Museum, in dem mich weniger die Exponate wie Meteoriten, Tierskelette und Fossilien beeindrucken, die ich so oder ähnlich in vielen Museen der Welt vorfinde, als vielmehr die Art ihrer Präsentation. Typisch für indische Museen, ist alles recht verstaubt und heruntergekommen. Fällt der Strom aus, befinden wir uns in völliger Dunkelheit, bis das Notaggregat unter der großen Last quälend anspringt. Dann stehen wir im Dämmerlicht. Schemenhaft entdecke ich in einem Winkel die Statue der Göttin Ganga als sich vor Shiva verneigende Ehefrau. Auch Ganga besitzt ein Vehikel, das sich, wie bei allen Hindu-Gottheiten, als Reittier darstellt. Wie könnte es passender sein, sie sitzt auf einem Krokodil. Eher belustigend finde ich einen ausgestopften Tiger, der vermutlich das Opfer von Motten oder anderen, an seinem Fell interessierten Insekten geworden ist. Ein Auge liegt zu seinen Pfoten im verstaubten Kunstgras, zwischen seinen Beinen warten Spinnen in ihren Netzen auf Opfer und die Löcher seines zerfressenen Fells geben den Blick durch ihn hindurch frei. Welch ein trauriger Anblick, ist doch der Tiger für mich das herrlichste Geschöpf und der wahre König der Tiere. Als wir zwei Tage später noch einmal das Museum passieren, liegen die Reste dieser armseligen Kreatur auf einem Müllhaufen hinter dem Zaun des Gebäudes. Kalkutta hat vermutlich drängendere Probleme, als sich um die Restaurierung ausgestopfter Tiger zu kümmern.

Viel mehr, als diese vermeintlichen Sehenswürdigkeiten, beeindruckt mich das Leben in der Stadt. Kalkutta, von den Briten gegründet, ist erst dreihundert Jahre alt und inzwischen mit fünfzehn Millionen Einwohnern die zweit-

größte indische Stadt. Am sichtbarsten wird die Überbevölkerung auf der Howrah Bridge, einer der drei Fluss-
querungen. Ameisengleich schiebt sich Tag und Nacht ein
Millionenheer von Menschen über diese gigantische Stahl-
konstruktion. Es herrscht Fotografierverbot (nur Mutter
Ganga weiß, warum), und doch gibt es kein Bild von der
Stadt ohne ihr Wahrzeichen. Nur ein Minimum an Bakschisch ist nötig, damit mich die Polizisten beim Fotografieren übersehen. Nagender missbilligt mein Verhalten, das
spüre ich, aber er schweigt dazu. Später sollte ich seine
Strategie, mit korrupten Beamten umzugehen, noch kennen
lernen.

Eines Morgens sind wir bereits vor Sonnenaufgang am
Maidan, dieser riesigen ergrauten Grünfläche, auf der
Kühe die letzten Halme grasen, sich Obdachlose entleeren
und Frischluftfanatiker sich in den frühen Morgenstunden
ein Stelldichein geben. Hier wird gemeinsam meditiert, ge-
schwitzt, gejoggt und gelacht. Der Humor, der den Bengalen in ganz Indien nachgesagt wird, manifestiert sich vor
dem riesigen Victoria Memorial am südlichen Ende des
Maidan. Als würden sie sich über die Statue der arrogant
anmutenden, aufgeschwemmten englischen Königin Victoria auf ihrem marmornen Stuhl lustig machen, treffen sich
zu ihren Füßen allmorgendlich die Bildungsbürger der Stadt
zum gemeinsamen Lachen. Das befreit und lässt die Unbill
des Arbeitstages besser ertragen. Überhaupt scheinen die
Einwohner Kalkuttas ein eigenwilliges Verhältnis zu staatli-
cher Gewalt und den ehemaligen Kolonialherren zu haben.
Direkt neben den Verbotsschildern, die angesichts des Ros-
tes noch aus der Zeit englischer Herrschaft zu stammen
scheinen und die Aufschrift *physical and yogic exercise not
permitted in the garden* tragen, trifft man sich. Nicht auf
den Gehwegen, sondern auf den letzten umzäunten Gras-
flächen wird demonstrativ Respektlosigkeit geübt und auf

der Stelle gejoggt, bis die Grasnabe verschwunden ist. Das Victoria Memorial beeindruckt durch seine architektonische Vielfalt. Doch Nagender macht ein etwas verächtliches Gesicht. »Da haben sich die Engländer ein Museum gebaut, weil sie genau wussten, dass Indien nach der Unabhängigkeit nie so etwas finanzieren würde. Ich mag diesen Baustil, es sieht wirklich schön aus, erinnert ein wenig ans Tadj Mahal. Aber wie kann man in einem Land, in dem die meisten Menschen immer noch nicht genug zu essen bekommen, eine so verfettete Königin zehn Meter hoch mitten in die Stadt pflanzen? Das ist doch dekadent!« Ganz Unrecht hat er nicht. Tröstend klopfe ich ihm auf die Schulter und scherze: »Indien gehört zu den zehn größten Industrienationen der Welt und hat Großbritannien bestimmt bald überholt.« Lachend wenden wir uns ab.

Da ist er wieder. Gestern, als wir hier vorbeikamen, fiel mir der poliokranke Junge in seinem »three wheeler«, seinem aus Fahrradteilen zusammengebauten Rollstuhl zum ersten Mal auf. Auch jetzt verfolgt er uns, bis Nagender im Taxi sitzt und ich im Verkehrsgewühl verschwunden bin. Vorher drehe ich mich noch einmal um und grüße mit einem freundlichen Lächeln. Sofort hebt auch er die Hand. Nächstes Mal werde ich ihn ansprechen, das nehme ich mir vor.

Nagender fährt immer mit dem Taxi durch die Stadt oder nimmt den Bus. Mir ist das zu aufwändig. Einsteigen, Aussteigen, Rolli zusammenklappen und so weiter. Zumal ich in den meisten Fällen per Hand schneller am Ziel bin. Wir schließen oft Wetten ab, wer zuerst ankommt. Ich drängle mich mit dem schmalen Rollstuhl auch noch durch die engsten Zwischenräume, arbeite mich durch den Stau bis zur Ampel vor und kann als Erster starten. Die alten Ambassador-Einheitsautos kränkeln in den unteren Drehzahlbereichen, was mir einen Sprintvorteil verschafft, der manchmal sogar bis zur nächsten Ampel reicht. Starte ich nur schnell genug, bleiben mir sogar die Dieselrußwolken erspart. Unsere Wetten gewinne in der Regel ich. Auf den Bürgersteigen zu rollen, habe ich längst aufgegeben. Die sind in fester Hand der Straßenhändler, Schuhputzer und Bettler. Nachts werden ganze Straßenzüge vom Heer der Obdachlosen zu gigantischen Schlafzimmern umfunktioniert. Viele Straßenjungen kuscheln sich eng an eng, liegen wie die Sardinen in der Büchse, um sich vor der Kälte zu schützen. Ein bestürzender Anblick, bedenkt man, dass diese Fünf- bis Zehnjährigen nichts als ihre Kleider am Körper besitzen. Nach Mafiamanier müssen sie für einen solchen Schlafplatz Beschützern eine Miete bezahlen. Anderswo werden sie von der korrupten Polizei mitgenommen und kommen nur gegen Bakschisch wieder frei.

»Fahr doch mal zur Calcutta Rescue Clinic. Hier, ich gebe dir eine Kontaktadresse.« Gut erinnere ich mich daran, was Lisa, die mir auf meinen Reisen in den letzten zehn Jahren immer wieder über den Weg gelaufen ist, gesagt hat. Ich traf sie in den Billigunterkünften zwischen Colombo und Kathmandu, im Youth Hostel von Rangun, auf Bangkoks Kao San Road oder Jakartas Jalan Jacksa. Heute ist sie Vorsitzende des Vereins Calcutta Rescue Deutschland. Für die Kliniken dieses Vereins sammelt sie Geld und Materialien. Mir ermöglicht dieser Besuch einen Blick hinter die Kulissen der Stadt und für die Diaschau ein Beispiel, wie effiziente Hilfe aussehen kann.

Wir sind etwas zu früh, alles ist noch verrammelt und notdürftig mit Brettern blockiert. Das Gebäude sieht aus wie eine zu groß geratene Slumhütte. Vielleicht ist es gerade dieses Ambiente, das die Hilfsbedürftigen Vertrauen schöpfen lässt und in Scharen anzieht. Von allen Seiten kommen Gestalten zur Klinik, bis über den Kopf in Decken eingehüllt, sie warten schweigend am Rinnstein. Es sind Menschen, die mit ihren Leiden von den staatlichen Kliniken abgewiesen wurden oder das Geld für die Medikamente nicht aufbringen können. Hier werden sie kostenlos behandelt. Ich habe mich mit Dr. Jack Preger, dem Gründer des Vereins, für acht Uhr verabredet. 1972 ging er als junger Arzt von England nach Bangladesch, wo er sieben Jahre später des Landes verwiesen wurde, nachdem er den Kinderhandel mit Europa publik gemacht hatte. Noch bevor die Straßenklinik öffnet, trifft Dr. Jack ein und begrüßt mich mit englischer Höflichkeit. Für mich eine beeindruckende Persönlichkeit, mit leicht ergrautem Haar und an die siebzig Jahre alt. Er hat sein ganzes Leben der Bekämpfung von Armut, Hunger und Krankheiten gewidmet.

»Wie haben Sie hier begonnen, als Sie aus Bangladesch kamen?«, frage ich ihn, während wir durch die Behandlungsräume gehen.

»Oh, ich weiß es noch gut, damals habe ich die obdachlosen Kranken, die unter der Howrah Bridge vegetierten, behandelt. Bald darauf errichteten wir eine Klinik aus Bambusstäben und Plastikplanen auf einem Bürgersteig in Middleton Row und eine am Nimtala Ghat, unten am Fluss.«

»Haben Sie dafür keine Genehmigungen benötigt?«

Er schmunzelt: »Nein, Genehmigungen von der Stadtverwaltung haben wir nicht gebraucht. Die Probleme haben wir mit den Anwohnern, die Angst vor ansteckenden Krankheiten haben. Die Klinik am Nimtala Ghat mussten wir schließen, weil der hiesige Mafiaboss immer wieder Spenden von uns eintreiben wollte. Als er anfing, uns zu bedrohen, sind wir umgezogen. Inzwischen haben wir hier einen festen Platz, den uns niemand mehr streitig macht. Auch unsere Chitpur-Lepra-Klinik weiter oben am Ufer des Ganges ist eine dauerhafte Einrichtung. Insgesamt unterhalten wir vier feste und eine mobile Klinik sowie Schulen und Vorsorgestationen. Die Mafiabosse haben es inzwischen aufgegeben, uns zu bedrängen, weil wir nicht zahlen.«

Zu den ersten Patienten in der Warteschlange gehört Familie Basu, eine traurig dreinblickende junge Frau mit drei Kindern im Schlepptau. Ihr Problem wird sofort deutlich, als ich ihren ältesten Sohn sehe. Mit schmerzverzerrtem Gesicht humpelt er in den Behandlungsraum. Beim Hantieren mit heißem Wasser in der Küche hat er sich eine faustgroße Brandblase zugezogen. Der genaue Unfallhergang lässt sich nicht ermitteln, weil die Mutter nicht so recht mit der Sprache herausrückt. Weil ihnen die Behandlung im Dorf aufgrund ihres niedrigen Kastenstandes verweigert wurde, nahmen sie den fünfzig Kilometer langen Fußmarsch hierher auf sich. »Diese Fälle gehören zu den einfachen Aufgaben«, meint Dr. Jack, »das Zusammenwirken von Unterernährung, mangelnder Hygiene und Entzündungen, die nicht abheilen, macht uns viel mehr Sorgen.«

»Können Sie auch Operationen durchführen?«

»Nein, das würde unsere Möglichkeiten übersteigen. In solchen Fällen bringen wir die Patienten in ein großes Krankenhaus und fordern mit Nachdruck die Behandlung ein. Weigert sich das Personal, drohen wir mit der Presse. Meistens funktioniert das, aber einer von uns muss dann immer dabeibleiben.«

Mrs. Basu will auch gleich wieder zurück, weil zu Hause noch drei weitere Kinder warten. Das ist Grund genug, ihr noch eine Lektion in Familienplanung zu erteilen. Ich schaue mir ihr skeptisches Gesicht an, während ihr Schautafeln zum Thema Geburtenkontrolle gezeigt werden, und befürchte, dass das siebte Kind so gut wie unterwegs ist. Nach langem Überreden verspricht sie, mit ihrem Mann dieses Thema zu erörtern.

»Warum liegt die Chitpur-Klinik nicht auch hier in der Nähe«, frage ich Dr. Jack.

»Dort werden nur Leprakranke behandelt. Für einen gesunden Organismus bedeutet diese Krankheit keine Gefahr, doch unsere Patienten hier wollen mit Leprakranken nichts zu tun haben, sie werden wie Aussätzige behandelt. Niemand will auch nur in ihre Nähe kommen.«

Nicht mehr als eine riesige Plastikplane auf mehreren Stelzen, das ist die Chitpur-Lepra-Klinik. Für die Patienten gibt es hier frische Verbände, Krankengymnastik und Beratung. Ich rolle zwischen den Kranken herum, frage, ob ich fotografieren darf und rede mit ihnen. Nagender scheint ebenso Vorbehalte zu haben, er bleibt in sicherem Abstand zurück. Das Wort Lepra löst trotz intensiver Aufklärungsarbeit bei vielen Indern immer noch Angst und Schrecken aus.

Blutopfer für Göttin Kali

Nagender schlägt vor, auf unserem Rückweg an der Uni vorbeizufahren. »Da können wir in der Mensa gut und billig essen und du lernst gleich noch meinen Freund Vaqar kennen, er wird dir gefallen!«

»Gut, wer ist zuerst da?«

Überall hocken die Studenten auf den Rasenflächen, diskutieren, lesen oder sitzen im Kreis und lernen gemeinsam. »Ah, da hinten sind sie ja.« Nagender weist auf ein Liebespaar, das sich, versteckt hinter Buschwerk, unter einem Baum eng umschlungen hält. Ein seltener Anblick, denn das Austauschen von Zärtlichkeiten ist in der Öffentlichkeit unüblich. Doch die Universitäten sind hier, wie auch anderswo, ein Nährboden, auf dem die eingefahrenen gesellschaftlichen Zwänge aufgebrochen werden. »Hallo Vaqar«, sagt Nagender, als wir auf sie zugehen. Die beiden stehen auf und während sie die Grashalme von der Kleidung zupfen, blicken sie sich um, als wollten sie prüfen, ob uns jemand sieht. Freundlich reichen sie mir die Hand. Doch es ist kein Händedruck, sondern lediglich ein loses Zusammenführen der Handinnenflächen. »Darf ich vorstellen, das ist Sheela, Vaqar, Andreas aus Deutschland.« Einen Moment länger, als es die Begrüßung erfordert, ruht mein Blick auf Sheelas Gesicht. Ihre Schönheit, ihr Lächeln und die ebenmäßigen Gesichtszüge lassen mich für kurze Zeit alles andere vergessen. Sie ist unindisch gekleidet, mit Jeans und figurbetontem T-Shirt, unter dem ihr BH erkennbar ist. Ihr langes tiefschwarzes Haar ist zu einem lockeren Knoten zusammengesteckt. »Lass uns lieber ins Coffee House gehen, der Mensakoch hat heute seinen schlechten Tag«, meint Vaqar mit verächtlichem Blick in Richtung Speisesaal und reißt mich aus meinen Gedanken.

»Was studierst du?«, frage ich Vaqar, während er seinen Kaffee schlürft. Wir sitzen an einem großen Tisch, zusammen mit einer Reihe weiterer Freunde. »Gar nichts«, gibt er lächelnd zurück, »ich arbeite im Büro der Finanzverwaltung.« Etwas irritiert schaue ich ihn und dann Nagender an. »Sheela ist die einzige Studentin hier«, erklärt Nagender.

»Ich studiere indische Literatur«, wirft Sheela ein. Nicht ohne Stolz erläutert sie mir die Bedeutung des bengalischen Literaturnobelpreisträgers Rabindranath Tagore, der mit seinen Gedichten und Erzählungen Weltberühmtheit erlangt hat. »Unweit von hier hat er eine Schule gegründet, die dann in eine Universität umgewandelt wurde und er ist sogar in den englischen Adelsstand erhoben worden«, erzählt sie voller Begeisterung. »Aber als die Engländer das große Massaker in Amritsar verübten, hat er diesen Titel wieder zurückgegeben.«

»Und du willst mit deinem Cycle quer durch Indien?«, wechselt Vaqar das Thema. »Warum reist du nicht mit der Eisenbahn?«, fragt er voller Unverständnis.

»Ich bin oft mit der Eisenbahn durch Indien gefahren«, erkläre ich ihm, »und immer wieder gab es Momente, in denen ich mir gewünscht habe, individueller reisen zu können, nicht immer nur da, wo Schienenstränge liegen. Und genau das habe ich jetzt vor. Allerdings musste ich meine Pläne wegen der Straßenräuber etwas ändern.«

Nagender erklärt Vaqar die Sachlage, aber Letzterer ist im Bilde. Aus Höflichkeit sprechen sie in meiner Anwesenheit, auch untereinander nur englisch. Bis in die Dunkelheit sitzen wir im Coffee House, reden über die Probleme der Stadt, die Zusammenhänge von Überbevölkerung, Armut, Krankheit und die desolate wirtschaftliche Situation Kalkuttas. Hier erfahre ich, dass Nagender mit seiner Mutter bald wieder nach Delhi umziehen wird. Das Haus ist seit dem Tod seines Vaters, der vor zehn Jahren von Delhi hierher versetzt wurde, zu groß geworden. Außerdem sind die Verdienstmöglichkeiten für beide dort besser.

Was Nagender und seine Mutter vorhaben, widerspricht dem allgemeinen Trend. Trotz der wirtschaftlichen Probleme gibt es keine Abwanderung aus Kalkutta. Im Gegenteil, die Stadt wächst aufgrund der nicht endenden Landflucht und der Naturkatastrophen in Bangladesch unaufhörlich.

Am nächsten Tag bekomme ich auf unserem Weg zum Kali-Tempel erneut einen Eindruck von dem erschütternden Elend vieler Menschen. Ich passiere eine Brücke über einen Kanal, der in den Hughli mündet und dessen Wasser eine fast schwarze Färbung angenommen hat. Bei genauerer Betrachtung und nach Analyse des bestialischen Gestanks entpuppt sich die Brühe als reine Kloake. Es sind die Exkremente von Millionen Menschen, in denen die Slumbewohner ihre Wäsche waschen und Kinder baden. Noch einmal muss ich an mein Bad, nur achtzig Kilometer von hier entfernt, denken. Über dieser apokalyptischen Szene prangt ein zehn mal fünfzehn Meter großes Werbeplakat mit einer spärlich bekleideten weißen Frau unter der Dusche, die mit einem fratzenhaften Lachen (der Plakatmaler sollte vielleicht noch etwas üben) für Seife wirbt. Die Diskrepanz zwischen der Werbebotschaft und der Wirklichkeit kennt keine Grenzen. Überall fallen mir nun diese krassen Gegensätze auf. Satellitenfernsehen und Luxuslimousinen werden da angepriesen. Inmitten des Meers graubräunlicher Slumhütten erhebt sich das Werbeschild einer Baufirma, die mit Eigenheimen, Marmorpalästen gleich, in herrlich grüner Landschaft wirbt. Für mich der Gipfel der Verhöhnung. Der Nobelpreisträger Günter Grass porträtierte die Stadt nach einem längeren Aufenthalt mit den Worten »Kalkutta ist Gottes Scheiße«.

Später frage ich Nagender nach seiner Meinung. Zuerst versteht er nicht, was ich meine. Dieser Anblick ist für ihn alltäglich. »Was dich so beschäftigt, daran verschwenden diese Leute kaum einen Gedanken. Ich bin sicher, die Plakatmaler kommen sogar selbst aus den Slums. Was da angepriesen wird, stammt für sie aus einer anderen Welt, so weit weg und unerreichbar wie für dich der Sternenhimmel. Vielleicht haben sie die Schilder in ihrem Kampf ums Überleben auch noch nicht bemerkt«, antwortet er gleichmütig.

»Wovon leben diese Menschen?«

»Keine Ahnung, vermutlich sind es Arbeitslose, aber bestimmt auch Rikschaläufer, Handwerker und Leute, die alle möglichen Dienstleistungen anbieten oder betteln gehen.«

Der Kali-Tempel liegt in einem Stadtteil Kalkuttas, in dem Indiens Überbevölkerung besonders deutlich wird. Je näher wir dem Tempel kommen, umso quirliger und dichter wird das Menschengewirr. Nagender hat das Taxi verlassen und geht neben mir. Bald gibt es kaum noch ein Durchkommen und ich frage mich, ob es eine gute Idee war, ausgerechnet am Sonntagmorgen, wenn im Tempel viele Zeremonien abgehalten werden, hierher zu kommen. Die Richtung kann ich längst nicht mehr ausmachen. Nur hin und wieder erkenne ich die spitz zulaufende Kuppel des Tempels, dem wir uns nun nähern. Nagender ist diese Situation unangenehm. Zu viele Taschendiebe und aufdringliche Bettler haben sich unter die Menge gemischt. Auf unserem Weg reiht sich eine Bretterbude an die nächste. Lauthals preisen die Verkäufer ihre Waren, zumeist religiöse Gegenstände, an. Irgendwo plärrt aus einem Lautsprecher übersteuerte religiöse Musik über die Menschenmassen hinweg. Die erste Darstellung der Göttin Kali zeigt mir Nagender an einem der Verkaufsstände. »Sie ist die Nationalgöttin Bengalens, die Menschen lieben sie.« Beim Anblick der abstoßenden Figur frage ich mich, ob das ernst gemeint war und was an ihr liebenswürdig sein soll. Alle Darstellungen zeigen sie mit überlang heraushängender blutroter Zunge, pechschwarzem Körper, in einem Heiligenschein aus Totenschädeln, während sie auf Gräbern tanzt. Jetzt will ich wissen, ob Nagender gläubig ist. »Ist sie auch deine Göttin?« Er schaut mich an, als mache ich dumme Scherze.

»Ich finde all das hier furchtbar und wir sollten diesen Ort verlassen«, antwortet er mir mit Unbehagen und fährt fort: »Ich bin zwar als Hindu geboren, aber der Bezug zu all den Gottheiten fehlt mir. Wir beide sind hier Außenseiter, auch für mich sind all diese Rituale nur exotisch.«

Das lässt ihn für mich in einem völlig neuen Licht erscheinen. Nagender ein abtrünniger Hindu, einer, der die Religion mit kritischer Distanz betrachtet?

»Was in diesem Tempel geschieht, ist nicht schön«, warnt er mich vor. Welch eine Untertreibung! Neben dem Tempeleingang steht eine Herde von sicher hundert jungen schwarzen Ziegen, die extra für dieses Ritual gezüchtet wurden. Alle zwei, drei Minuten zerren Tempeldiener eine der bemitleidenswerten Kreaturen hinein, schmücken sie mit Blumenkränzen und Farbpulver und schneiden ihr dann die Kehle durch. Blutopfer für Göttin Kali. Weil es nicht immer gelingt, die noch zappelnden Tiere zu bändigen, sind Wände und Boden im Vorhof des Tempels, die Schlächter und auch bald unsere Kleidung mit Blut bespritzt. Berge von blutroten Hibiskusblüten tragen die Gläubigen als Opfer ins Heiligtum, um sie der Göttin zu Füßen zu legen. Wir ziehen uns in eine etwas ruhigere Ecke im Tempelbezirk zurück und betrachten das Treiben aus der Distanz.

»Vor zweihundert Jahren«, beginnt Nagender zu erklären, »war Kali noch die Schutzbefohlene von Mörderbanden, die in ihrem Namen auf Menschenjagd gegangen sind. Das ist zum Glück vorbei, aber blutrünstig ist Kali heute noch. Verstehst du jetzt, warum ich Probleme habe, all das hier zu tolerieren?« Das Thema Gottheiten wird uns noch oft beschäftigen, ist doch der Ganges Indiens Heiligtum schlechthin.

»Was passiert mit den toten Ziegen?«

»Sie dienen der Armenspeisung, deshalb ist hier auch so viel los.«

Was sich vor unseren Augen abspielt, repräsentiert nur die dunkle Seite Kalis. Wie viele Götter im Hinduismus besitzt auch sie gute Eigenschaften, die hinter ihrer grausigen Fratze verborgen sind.

»Lass uns verschwinden«, drängelt Nagender erneut.

Auch mein Unbehagen hat sich nicht gelegt. Noch nie habe ich mich in einem Hindu Tempel so unwohl gefühlt, noch nie so dringend den Wunsch verspürt, einen Ort zu verlassen. Nagender geht es ähnlich. Dieser Tempel hat etwas Unheimliches. Vielleicht hat Kali unsere Ablehnung gespürt.

Ein schlechter Tausch

Wieder kommen wir am Maidan vorbei und wieder sehe ich den Jungen in seinem indischen Rollstuhl. Er sitzt da und bettelt mit dürren Händen die Passanten an. Die Beine, bar jeden Muskelgewebes, bestehen nur aus Haut und Knochen. Einziges Kleidungsstück ist eine kurze, reichlich verschmutzte Hose. Ich halte Nagender am Arm, als wir uns ihm nähern. »Warte, ich möchte wissen, wie viele Passanten ihm Geld geben.«

Eine halbe Stunde später stellen wir deprimiert fest, dass nicht eine Paisa in seiner Hand gelandet ist. Die Poliokrankheit, sein Kapital, ist nicht wirkungsvoll genug. Je abschreckender, ja abstoßender die Behinderung präsentiert wird, umso höher ist der Gewinn. Den höchsten Lohn, so meine Beobachtungen, bekommen extrem verstümmelte Leprakranke und Amputierte mit offenen, eiternden Wunden. Eine Steigerung stellt ein vor Hunger schreiendes Baby auf dem Arm dar, das für solche Zwecke vermietet wird. Jetzt weiß ich, was Dr. Jack meinte, als er erzählte, die Kranken würden viel zu spät um Hilfe bitten. Manchmal werden sie erst von ihren Angehörigen gebracht, wenn sie kurz vor einem septischen Schock stehen.

Einen Schock anderer Art soll ich bekommen, als wir auf ihn zugehen und ich ihn nach einer längeren Unterhaltung frage, ob er bereit wäre, für kurze Zeit die Rollstühle zu tauschen. Schon immer wollte ich wissen, wie sich diese »three wheeler«, die nach Art des Antriebs meinem Handbike nicht unähnlich sind, fahren lassen.

Während er so freundlich ist und sich auf den Rinnstein setzt, rutsche ich auf seinen Rollstuhl, woraufhin er auf meinem Platz nimmt. Mit meiner Antriebstechnik hat er sich während der letzten Tage augenscheinlich vertraut gemacht, denn ohne zu zögern zieht er los und ehe ich reagieren kann, ist er verschwunden.

»Nagender, schau doch mal, wo er hinfährt«, bitte ich, während ich versuche die Kiste unter mir in Gang zu bringen.

»Ich sehe ihn nicht mehr«, ruft Nagender, halb auf der Straße stehend.

Ich versuche zur Straßenmitte zu gelangen, aber dieses Gefährt bewegt sich nicht.

»Na ja, der wird sicher wiederkommen«, sage ich zu Nagender, »schließlich habe ich seinen Rollstuhl.«

»Ja, und er hat deinen!«, gibt Nagender zurück und entflammt damit das Fünkchen Sorge, das keimte, als ich meinen Rolli hinter den Autos verschwinden sah.

»Verdammt, warum fährt dieses Ding nicht«, fluche ich, während ich die Räder untersuche, »ist hier etwa eine Bremse angezogen?« Doch bald merke ich, dass es nur die Muskelkraft ist, die mir fehlt. Ich benötige ein Vielfaches an Kraft, um voranzukommen und begreife schlagartig, warum er mit meinem leichtgängigen Bike so schnell losgezogen ist.

Während wir warten, bekomme ich einen ganz kleinen Eindruck vom bemitleidenswerten Dasein des Jungen. Die Passanten mustern mich mit irritiertem Blick, verrenken sich die Hälse und scheinen auf die drängenden Fragen in ihrem Kopf keine Antwort zu finden.

»Hast du ihm gesagt, wie lange wir tauschen wollen und

wie heißt er überhaupt?«, frage ich Nagender nach ungefähr einer Stunde vorwurfsvoll.

»Sanjay wollte gleich wiederkommen!«, verteidigt er sich.

Unser Nachtzug nach Patna soll am Abend fahren, aber
langsam beginne ich zu zweifeln.

»Was ist, wenn er nicht wiederkommt?« Dieser Satz geis-
tert längst in meinem Kopf herum, aber jetzt, nach eineinhalb Stunden Wartezeit, wage ich ihn auszusprechen.

»Dann kannst du nach Hause fliegen, du kommst mit
diesem Gefährt ja nicht einmal über die Straße!«

Manchmal hasse ich seine Offenheit, obwohl ich genau
weiß, wie Recht er hat. Ich muss mich zwingen, diesen Gedanken nicht beiseite zu wischen, denn mit jeder Minute
wächst die Wahrscheinlichkeit, dass ich meinen Rollstuhl
nie wiedersehe. Gerade überlegen wir, ob man Anwohner
fragen könnte, die ihn vielleicht kennen, als er so plötzlich,
wie er verschwunden ist, wieder auftaucht. Ich glaube,
noch nie in meinem Leben habe ich mich so sehr auf meinen
Rollstuhl gefreut wie an diesem Tag.

Völlig außer Atem erklärt Sanjay Nagender den Grund
für seine Verspätung. Er war so stolz auf den Rollstuhl,
dass er ihn unbedingt seinen Eltern zeigen wollte. Doch er
wohnt nicht in der Innenstadt, sondern weit draußen in
den billigeren Vororten. Und dafür hat er einfach so lange
gebraucht. Ich frage, ob er mit einem Foto einverstanden
ist, und biete ihm die Zusendung eines Abzugs an. Die
Adresse muss Nagender notieren, denn Sanjay hat nie
Schreiben gelernt. Seine Eltern hielten das für überflüssig,
weil er wegen seiner Behinderung keine Chance auf einen
Job hätte. Stattdessen finanzierten sie die Schulbildung seiner Geschwister, während er betteln ging. Zum Abschied
drücke ich ihm einen Geldschein in die Hand, und als wir
uns noch einmal nach ihm umdrehen, sitzt er wieder am
Straßenrand und hält seine Hand auf.

Eine Liebe in Indien

Wäre ich in das Eisenbahnfahren nicht so verliebt, würde ich mich jetzt ziemlich ärgern, denn statt mit dem Handbike bin ich mit dem Zug unterwegs. Allerdings gilt meine Vorliebe ausschließlich der indischen Eisenbahn. Man hört das Röhren der Diesellok, die mit ungeheurer Kraft an den Waggons zerrt, wie eine Kupplung nach der anderen krachend auf Zug gesetzt wird und langsam alles in einen gleichförmigen Rhythmus übergeht. Hier erlebt man das Reisen noch mit allen Sinnen, bei einer Geschwindigkeit, die die Landschaft nicht zu einem verwaschenen Bild von horizontalen Linien zerstückelt, sondern viel Zeit lässt, das Land zu erfassen. Jede Unebenheit am Schienenstrang, jede Dehnungsfuge und Weiche wird noch spürbar. Der Rolli und das Bike sind unter den Bänken verstaut, draußen dämmert es und endlich haben wir Zeit, Gespräche zu führen, die nicht ständig unterbrochen werden.

Oft muss ich an Nagenders Freunde Vaqar und Sheela denken, die sich auf dem Campus, versteckt hinter Gebüsch, ihre Zuneigung zeigten. Später taten sie aber so, als würden sie sich nicht kennen.

»Warum haben sie sich so verhalten?«, frage ich Nagender.

Er druckst zunächst etwas herum und beginnt dann mit ernster Stimme: »Vaqar und Sheela sind verheiratet.«

»Aber das ist doch erfreulich«, entgegne ich mit heiterer Miene.

»Ja, aber niemand weiß davon außer Vaqars Eltern, ich, und jetzt bist auch du eingeweiht. Seine Eltern sind sehr unkonventionell und lehnen das Kastenwesen vehement ab. Daher haben sie ihm erlaubt eine Frau zu heiraten, die er liebt. Sie fanden einen Priester, der bereit war, die Zeremonien ohne die Anwesenheit der Braueltern zu vollziehen, denn die durften von alldem nichts erfahren. Sie gehört einer reichen Brahmanenfamilie an, die einer Vermischung mit Vaqars Kaste nie zugestimmt hätte.«

»Das bedeutet, die beiden sind verheiratet ohne Wissen ihrer Eltern! Deswegen haben sie sich auf dem Campus auch so verborgen!«

»Ja, wenn das jemand erfährt, gibt es ein Unglück, es kann sogar passieren, dass sie Sheela umbringen, weil sie die Ehre und Reinheit der Familie verletzt hat.«

Erst jetzt begreife ich die Dramatik der Beziehung. Ihr Versteckspiel ist bis ins Detail durchdacht. Nagender, der offiziell eine lose Bekanntschaft zu Sheela unterhält, deren Eltern wiederum von seiner Beziehung zu Vaqar nichts wissen dürfen, ist der Nachrichtenübermittler, der die Rendezvous koordiniert, Briefe weiterreicht und hin und wieder ein Hotelzimmer anmietet. Telefongespräche von zu Hause sind verboten. Selbst engste Freunde wissen nichts. Wenn sie sich in der Nähe ihrer Wohnung auf der Straße begegnen, gehen sie aneinander vorbei, ohne sich anzuschauen. Trotz aller Vorsichtsmaßnahmen leben sie in ständiger Angst, entdeckt zu werden.

»War unser Abend im Coffee House nicht gefährlich für sie?«

»Nein, in der großen Gruppe war das unverfänglich und Vaqar hat ganz entfernt von Sheela gesessen, ohne ein Wort mit ihr zu wechseln, da schöpft niemand Verdacht.«

»Warum verlässt Sheela nicht einfach ihre Familie?«, frage ich mit meiner europäischen Naivität.

»Weißt du«, beginnt Nagender weit ausholend, »Sheela liebt nicht nur Vaqar, sondern auch ihre Familie. Bei euch in Europa brechen die Familien auseinander, das weiß ich aus dem Fernsehen«, führt er, ohne vorwurfsvoll zu wirken,

199

aus, »aber hier leben oft vier Generationen unter einem Dach und sind sogar glücklich dabei. Sheela möchte ihre Familie nicht verlieren, denn sie weiß genau, wenn das herauskommt, wird sie verstoßen.«

Das Kastenwesen prägt seit über viertausend Jahren die indische Gesellschaft. Die Schriften der indo-arischen Einwanderer belegen, wie aus dem Kopf und den Gliedmaßen des Urmenschen die ersten vier Kasten entstehen. Aus dem Haupt bilden sich die Brahmanen, Arme und Hüften bilden Krieger, Bauern und Händler. Landarbeiter und Diener entspringen den Füßen. Die dunkelhäutigen drawidischen Ureinwohner des Subkontinents wurden in die unterste Schicht abgedrängt und zu den Dalits, den Unberührbaren oder Kindern Gottes, wie Mahatma Gandhi sie später liebevoll nennen sollte, gemacht. Dieses für europäisches Verständnis menschenverachtende Kastenwesen stürzt Sheela und Vaqar in ihre bisher größte Lebenskrise.

Während der Zug über die Schienen rattert und nur eine kleine blaue Nachtlampe die Orientierung im Abteil erlaubt, frage ich mich, ob denn außerhalb Indiens alle Menschen gleich sind. Oder ist es nicht so, dass das Kastendenken mehr oder weniger überall auf der Welt die Köpfe der Menschen beherrscht. Standesdünkel und Klassendenken existieren auch in Europa, doch die indische Gesellschaft geht mit ihren Dalits skrupelloser um.

»Nagender«, rufe ich mit gedämpfter Stimme, »schläfst du schon?«

»Nein, was ist?«, antwortet er vom Oberbett.

»Welcher Kaste gehört deine Familie an?«

»Wir gehören zur Kriegerkaste, deshalb erlaubt Sheelas Familie mir auch den Umgang mit ihr. Aber ich hasse die Unterteilung der Gesellschaft in Klassen. Für mich und meine Mutter sind alle Menschen gleich.«

Was Nagender da in einem kurzen Satz sagt, hat für ihn

und seine Mutter deutlich spürbare Auswirkungen. Von den Nachbarn werden sie wegen ihrer Auffassung geschnitten. Die Chhikaras haben keine Angestellten.

In gut situierten Haushalten sorgt bisweilen ein ganzes Heer von Bediensteten, die ihrem Kastenstand entsprechend nur ganz bestimmte Aufgaben übernehmen dürfen, für das Wohl der Familie. Oben in der Hierarchie steht der Koch, der für die Reinheit des Essens durch seinen hohen Kastenstand Gewähr leistet. Mit ihm stehen Hauslehrerinnen und eine Aya, die Kinderfrau, auf einer Stufe. Darunter rangieren Malis (Gärtner), Dhobis (Wäscher), der Driver und ganz unten der Chowkidar, der als Nachtwächter das Haus bewacht. Hinter jedem Diener steht eine große Familie, für die gesorgt werden muss und der nicht selten eine nahe gelegene Wohnung oder sogar Unterkunft im Herrschaftshaus geboten wird. Nagender und seine Mutter putzen ihr Haus selbst, etwas Undenkbares in den Augen der Mitglieder höherer Gesellschaftsschichten. Mit ihrer Einstellung stehen sie ziemlich allein, was zur Folge hat, dass sich ihr Freundeskreis inzwischen auf wenige Gleichgesinnte reduziert hat.

Seit der Morgendämmerung passieren wir hin und wieder an Biegungen den Ganges. Hier hat er seine volle Breite erreicht. Unzählige Zuflüsse aus dem Himalaja und den Höhenzügen in Madhya Pradesh haben den Fluss auf eine Breite anschwellen lassen, die das andere Ufer in weite Ferne rückt.

Auf Buddhas Spuren

Mit knapp acht Kilometern Länge überspannt die angeblich längste Flussbrücke der Welt den Ganges jenseits von Patna. Damit haben sich die Sehenswürdigkeiten dieser Millionenstadt aber auch schon erschöpft. Das Wahrzeichen Patnas, der Golgar, ein riesiger kreisrunder Kornspeicher, erbaut von den Briten in einer Hungersnot, ist an Hässlichkeit nicht zu überbieten. Kein Dia werde ich dafür verschwenden. Ich bitte Nagender, sich die Mühe zu machen hochzusteigen. Vielleicht bietet sich ja ein schöner Blick über den Ganges. Doch er kommt enttäuscht zurück.

»Wir sollten versuchen ein Boot aufzutreiben«, schlage ich Nagender vor, »wenn du es mir nicht erlaubst, auf den Straßen zu fahren, dann will ich wenigstens auf dem Fluss reisen.«

Weil die Wasserstände im Sommer zu niedrig sind, ist der reguläre Fährverkehr zwischen den großen Städten schon seit langem eingestellt.

»Gut, ich werde sehen, was sich machen lässt«, entgegnet Nagender, »am Ufer werden wir Leute finden, die uns weiterhelfen!«

Doch unsere Idee entpuppt sich als nur schwer realisierbar. Das Ufer ist zwar voller Holzboote, aber niemand hier kennt Außenbordmotoren. Wer nach Varanasi will wie wir, nimmt den Bus. Es kostet einen ganzen Tag Erkundigungen, bis wir den stolzen Besitzer eines Außenbordmotors auftreiben. Leider ist er sich seiner Einzigartigkeit in Patna wohl bewusst. Inder haben ein untrügliches Gespür dafür, wann sie bei Preisverhandlungen in der besseren Position sind und nutzen dies auch schamlos aus. Seine Forderungen übersteigen bei weitem den dreifachen Mietpreis für einen PKW, der uns als Verhandlungsbasis zugrunde liegt. Aber Nagender ist mit allen Wassern gewaschen und hat die stoische indische Geduld. Zwei Stunden bei Tee und in Fett gesottenem Gebäck verhandelt er mit Mr. Desai in seinem Haus, bis wir uns auf einen akzeptablen Preis einigen. Mr. Desai bittet uns, ihm noch zwei Tage Zeit zu geben, um das Boot und den Motor auf Vordermann zu bringen. Das kommt unserer Planung entgegen, denn wir wollen noch einen Abstecher nach Bodhgaya unternehmen, in den Ort, wo Buddha vor zweitausendfünfhundert Jahren seine Erleuchtung erlangte.

Auch wenn Patna anfangs keinen einladenden Eindruck auf mich machte, finde ich zunehmend Gefallen an dieser Stadt. Wohl nirgendwo sonst in Indien scheinen die Rikschafahrer ihr Arbeitsgerät so zu lieben wie hier. Mit Chrom beschlagen, bunt bemalt, der Lenker bestückt mit allerlei Firlefanz und mit mindestens vier Rückspiegeln, sitzen sie stolz darauf und warten auf Kunden. Beim genaueren Hinsehen fällt mir auf, dass die Spiegel nicht der Verkehrssicherheit dienen, sondern alle auf den Besitzer gerichtet sind. Patnas Rikschafahrer sind eitel. Zwischen diesen Chromenthusiasten fallen die heruntergekommenen Fahrzeuge besonders auf. Sie befinden sich nicht im Besitz ihrer Fahrer, sondern werden für Stunden oder Tage angemietet.

All das täuscht nicht darüber hinweg, dass wir uns in einem der armseligsten, am dichtesten besiedelten Bundesstaaten Indiens aufhalten. Während wir auf der Bank eines Teeverkäufers sitzen, klärt Nagender mich über Dinge auf, die mir bisher verborgen geblieben sind.

Bihar hat durch seine Zamidars, die Großgrundbesitzer, in Indien traurige Berühmtheit erlangt. Die Briten nutzten deren Macht, um die eigene Herrschaft zu festigen. Heute unterdrücken die Feudalherren nach wie vor die landlosen

203

Bauern. Die Hälfte des Ertrages auf den riesigen Besitztümern müssen sie bei ihrem Zamidar abliefern, werden übers Ohr gehauen und haben, weil sie Analphabeten sind, keine Möglichkeit, sich zur Wehr zu setzen. Bleibt in schlechten Jahren die Ernte aus, müssen sie sich beim Lehnsherren verschulden, so dass sie in Schuldknechtschaft geraten. Mittelalterliche Leibeigenschaften entstehen und Schuldenberge, verursacht durch Wucherzinsen, die die Kindeskinder noch abarbeiten müssen. In der Vergangenheit gab es hin und wieder Protestbewegungen, die jedoch blutig niedergeschlagen wurden. Aufsässige Bauern verjagte man von dem Land, das sie seit Generationen beackerten, ihnen aber nie gehörte.

Nagender ist der Meinung, all das würde es ohne das Kastensystem und die korrupten Beamten nicht geben. Immer deutlicher formuliert er seine Unzufriedenheit mit den Auswüchsen der indischen Gesellschaft. Korruption ist ein Thema, das Nagender zur Weißglut treiben kann. Es gibt keine staatliche Behörde, die ihrem Auftrag entsprechend arbeitet. Ohne die Beamten zu schmieren, erreicht man nichts.

»Noch katastrophalere Zustände herrschen bei der Polizei. Wenn du genug Geld hast, ist Mord kein Problem«, sagt Nagender resignierend, »legst du noch etwas drauf, beschuldigen sie auch gleich noch eine Person deiner Wahl, die dann lebenslänglich bekommt. Wir halten uns in einem nahezu gesetzlosen Land auf. Mit jeder Rupie, mit der Beamte geschmiert werden, verfestigt sich dieses System!«

Nagender wirft wütend seinen Tonbecher in die Gosse, der dort zerschellt, und bestellt für den minimalen Betrag von fünf Rupien zwei neue.

»Ist das Handarbeit?«, frage ich, während ich meinen Tonbecher genauer betrachte.

»Ja, Arbeitskraft gibt es in Indien im Überfluss, so ein Becher kostet fast nichts.«

»Wer stellt sie her?«

»Vorhin sind wir an einem Töpfer vorbeigekommen, hast du den nicht gesehen?«

Auf unserem Rückweg halten wir bei der Töpferei an. Zwischen der Durchgangsstraße und einer flachen, mit Ornamenten verzierten Lehmhütte liegt der Arbeitsplatz des Töpfers. Wie konnte ich dieses Bild nur übersehen? In einem Meer von kleinen, noch feuchten Bechern sitzt der Handwerker in der Hocke vor seiner Scheibe, die wie ein Kreisel mit einer Metallspitze auf einem Stein von Hand in Schwung gesetzt wird. Rechts von ihm häuft sich der frische Ton, woraus er einen Becher nach dem anderen formt. Während seine Kinder ständig neues Material heranschaffen, legt seine Frau die gefertigten Becher zum Trocknen aus. Der ganze Hof ist übersät. Einige lassen sie nur an der Sonne trocknen, andere, die er vielleicht teurer verkauft, werden auf einem Haufen Kuhdung von seinem Vater gebrannt. Er erzählt, vierhundert Stück töpfere er am Tag, womit er bei einer Sechstagewoche auf zehntausend Stück im Monat kommt. Umgerechnet zehn Mark erhält er für eine solche Ladung oder einen Zehntel Pfennig pro Tasse, wovon er allerdings noch den Brennstoff abziehen muss. Nagender hatte Recht, solange Arbeitskraft reichlich vorhanden ist, ist selbst handgefertigtes Einweggeschirr noch wirtschaftlich. Doch die kleinen Tonbecher werden den Konkurrenzkampf mit dem weißen Stapelbecher aus Plastik, der in Indien bereits weit verbreitet ist, verlieren, denn die tönernen Trinkgefäße haben zwei entscheidende Nachteile: Der Tee schmeckt leicht erdig und wenn man nicht schnell genug trinkt, sickert er durch den Boden. Der große Vorteil, den die unpopulären Tontassen besitzen, wird von der indischen Bevölkerung allerdings nicht erkannt: Die

205

Scherben lösen sich im nächsten Regen wieder auf, während der beliebte Plastikbecher teuer eingeschmolzen werden muss. Davon lebt wiederum ein ganzes Heer von Straßenkindern und Müllsammlern. Mülltrennung und Reststoffverwertung funktionieren in Indien, seitdem es Plastik gibt. Nur selten verschmutzen Blechdosen, Glas und Kunststoff die indische Umwelt. Dafür ist der Recyclingwert dieser Stoffe und die Armut zu groß. Den Wohlstand einer Nation erkennt man an der Zusammensetzung und der Höhe seiner Müllberge. In Indien sind sie klein.

Mit einem Bus, dessen Klapprigkeit alle Rekorde bricht, holpern wir von Patna Richtung Süden nach Bodhgaya. Flaches Land und Felder, auf denen der berühmte Patnareis gedeiht, säumen den Weg. Busfahren habe ich in Indien immer gehasst, was sich jetzt wieder bestätigt. Der Bus ist eine dieser Blechkisten, die aus dem Langstreckenverkehr ausgemustert wurden, um nun die einfache Landbevölkerung über schlaglochgespickte Pisten in ihre Dörfer zu kutschieren. Schon das Einsteigen ist ein Kampf. Der Rolli passt nicht hindurch, sosehr ich ihn vor der Bustür auch zerlege. Nagender hat alle Hände voll zu tun, unser Gepäck sicher zu verstauen, während ich auf dem Po in den Bus rutsche. Wie immer stehen zwanzig Neugierige um mich herum, die gaffend meine Misere beobachten. Es ist nicht das erste Mal, dass ich mir wie ein Affe im Käfig vorkomme oder, genauer, wie ein Aussätziger der untersten gesellschaftlichen Schicht. Denn nur Unberührbare, Bettler oder Obdachlose kriechen auf der Erde herum. Ich weiß genau, in den Augen der Schaulustigen sinke ich gerade in die endlosen Untiefen indischen Kastendenkens. Nur gut, dass Nagender das nicht interessiert, denn durch unsere Freundschaft verliert auch er sein Gesicht. Mir muss das egal sein, denn ich habe keine andere Wahl. In den Bus zu krabbeln erfordert einen unglaublichen Kraftaufwand, denn die Stufen sind extrem hoch. Außerdem muss ich streng darauf achten, mein Sitzbein zu schützen. Da ich aber nur ein Kissen besitze, muss ich wohl oder übel einen Moment lang auf dem bloßen Metallboden sitzen, bis ich mir das Kissen wieder untergeschoben habe. Die letzte große Hürde ist die hintere Sitzbank des Busses. Ich rutsche ans Fenster und schon bin ich von anderen Passagieren eingekeilt. Um möglichst viele Passagiere transportieren zu können, wurde die Beinfreiheit zwischen den Sitzen auf zwanzig Zentimeter reduziert. Ich laufe Gefahr, dass mir beim Druck auf die Holzlehne des Vordersitzes an den Knien das Gewebe abstirbt. Ob es meinem Nachbarn gefällt oder nicht, ich muss mich schräg hinsetzen. Er schaut mich zwar etwas ungehalten an, aber auch das darf mich nicht interessieren. Nagender hat inzwischen den Rollstuhl auf dem Gepäckträger verstaut und im Bus einen Sitzplatz gefunden, oder auch nicht. Nur schreiend können wir uns verständigen, Blickkontakt existiert nicht. Der Bus ist voller Menschen. Die Fahrt geht los und instinktiv werfe ich einen Blick aus dem Rückfenster. Seit einem Schlüsselerlebnis vor vier Jahren kann ich diese Angewohnheit nicht mehr ablegen.

Es war in Südindien, die gleiche Situation, allerdings ohne einen Freund wie Nagender in der Nähe. Der Bus fährt los und mein Rollstuhl steht noch da. Die Kutsche war so überfüllt, dass der Busfahrer mein Rufen und Schreien während der ersten zehn Kilometer nicht gehört hat. Wie festgenagelt saß ich auf meinem Platz und alle haben sich nur über mein aufgeplustertes Gehabe gewundert. Erst als jemand – des Englischen einigermaßen mächtig – mein Problem erkannte, wurde der Busfahrer aufgefordert kehrtzumachen. Unversehrt konnte ich den Rolli aus der Obhut eines Porters, der versäumt hatte ihn zu verstauen, entgegennehmen.

Der Großindustrielle Tata, in dessen Werken diese Busse gefertigt werden, hat vermutlich nie als Passagier darin leiden müssen. Sonst hätte er die Produktion sicher sofort gestoppt, um die Konstruktionsmängel zu beheben. Ein Viertel der Buslänge liegt jenseits der Hinterachse. Zusammen mit einer knallharten Federung wird daraus eine Wippe. Ein nur faustgroßes Schlagloch, in das die Vorderräder geraten, lässt die Passagiere in den letzten Reihen für einen Moment schweben, bis sie wieder krachend in die Sitze fallen. Ich stoße mit dem Kopf jedes Mal auch noch gegen die Gepäckablage.

Mit der indischen Populärmusik für die breite Masse, vergleichbar mit profanen deutschen Schlagermelodien, konnte ich noch nie viel anfangen. Aber spätestens in diesen Bussen entwickelt man Abscheu dagegen. Schadhafte Kassetten, Rekorder und Lautsprecher produzieren einen solch nervenaufreibenden Krach, dass ich in meiner Not das Kabel über mir abreiße. Jeden Moment rechne ich mit empörten Protesten der Mitreisenden, doch man lächelt mich mit dem typisch indischen Kopfnicken zustimmend an. Offensichtlich habe ich im Einvernehmen aller gehandelt.

Mit Rückenschmerzen, Beulen am Kopf und tauben Ohren krabble ich in Bodhgaya aus der Blechkiste. Hier also hat Siddharta Gautama, Buddha, seine Erleuchtung erlangt, hier erreichte er die absolute Wahrheit und verließ den Zyklus der Wiedergeburt, ging ein ins Nirwana. Er zog aus, seine Lehre zu verbreiten, wanderte von Dorf zu Dorf und predigte überall seine Botschaft der Liebe, des Mitleids, der Toleranz und der Entsagung.

Im Zentrum des kleinen beschaulichen Ortes steht der Mahabodi-Tempel mit einem Nachfahren des Bodhi-Baums, unter dem Buddha zu meditieren pflegte. Pilger aus der ganzen Welt reisen hierher, wandern um den Tempel und beten im Innern. Ein großes steinernes Tor weist uns den Weg. Vorher muss man sich die Schuhe ausziehen. Man kann sie an die Stufen stellen oder, so sie großen Wert haben, für Geld bewachen lassen. Doch wieder einmal werde ich enttäuscht: Rollstühle stellen eine Entweihung des geheiligten Bezirkes dar. »Nagender, schau bitte einmal hinein und sag mir, ob sich die Schlepperei lohnen würde.«

Nach zehn Minuten kommt er wieder und meint: »Es ist beeindruckend: Da sitzen Mönche im Gebet versunken, Kerzen brennen überall und es herrscht eine wirklich andächtige Stimmung. Aber es ist kein Platz da, der Raum ist voller Pilger und wie du siehst, vor der Tür stehen einige, die auch noch auf Einlass warten. Ich glaube, du kannst da nicht hinunter.«

Ganz ohne Mitleid sagt er das nicht, ich weiß, er würde alles tun, mir da hinunterzuhelfen, doch anscheinend sind die Verhältnisse zu ungünstig. Ich muss damit leben und bitte ihn noch einmal hinunterzugehen und mit meiner Kamera die Stimmung einzufangen.

Von Anfang an hat sich Nagender für das Fotografieren interessiert, auch jetzt ist er ganz wild darauf, die Aufgabe zu übernehmen. Ganz unbedarft ist er diesbezüglich nicht. In seinem Gepäck hat er eine alte Nikon FE und oft muss ich ihm Fragen zu Belichtungszeiten, Blendenöffnungen und Bildgestaltung beantworten. Schon in Kalkutta haben wir einen seiner Filme entwickeln lassen. Ich erkannte sofort sein fotografisches Geschick. Daher habe ich jetzt überhaupt keine Bedenken, dass er im Tempel nicht mit ganzem Herzen dabei ist.

Ich sitze in einer Ecke des Tempelbezirks unter einem Baum. Nicht weit entfernt brennen auf einem rußgeschwärzten Metallgestell Hunderte von Kerzen, die von den Pilgern entzündet werden. Mein Blick fällt zurück auf den Gebäudekomplex. Doch andächtige Stimmung will

209

bei mir nicht aufkommen. Ich frage mich, warum hat diese Religion, die vor zweitausendfünfhundert Jahren hier ihren Anfang nahm, nicht die Welt erobert? Warum haben das Christentum und der Islam über die Hälfte der Weltbevölkerung überzeugt? Haben Buddha und seine Anhänger die Lehre nicht vermitteln können? Der Buddhismus kennt keinen Gott, sondern nur die Lehre vom rechten Streben, Handeln und Denken. Tod und Wiedergeburt münden in der Erlösung. Mir erscheint diese Philosophie einleuchtender als der Absolutheitsanspruch der großen Religionen. Ganz abgesehen von der Unzahl hinduistischer Gottheiten. Weisheit und Wahrheit haben sie alle nicht gefunden. Vielleicht wäre eine buddhistische Welt friedlicher.

Der Lärm einer aufgeregten Menschenmenge vor dem Tempeltor reißt mich aus meinen Gedanken. Neugierig rolle ich darauf zu. Es handelt sich um eine große Gruppe Pilger, die mit dem Tempelpersonal um ihre Schuhe streiten. Alle Latschen, die vor dem Eingang standen, auch meine Sandalen, sind vom Personal in ein riesiges Regal sortiert worden, wobei anscheinend einiges durcheinander geraten ist. Achtzig Prozent der Schuhe sehen gleich aus; Badelatschen ähnlich, mit dem einzigen Unterschied, dass sie individuell eingelaufen sind. Meine Sandalen finde ich schnell wieder, doch einige diskutieren noch nach einer halben Stunde und ich bin sicher, der eine oder andere Pilger ist mit besseren Schuhen nach Hause gefahren.

Einer buddhistischen Enklave inmitten eines Hindureiches gleich, ist Bodhgaya geprägt von Klöstern, Mönchen und Meditationszentren. Alle Länder mit großem buddhistischen Bevölkerungsanteil haben hier religiöse Einrichtungen geschaffen, in denen Mönche unterrichtet werden, und manchmal fühlt man sich nach Thailand, Tibet oder Sri Lanka versetzt.

Am Ortsausgang erhebt sich eine zwanzig Meter hohe

Statue, die Buddha im Moment der Erlösung darstellt. Zunächst scheinen mir die Lichtverhältnisse zum Fotografieren zu ungünstig, da die Sonne alles zur schwarzen Silhouette verblendet. Doch diesen Umstand nutze ich, um die Erleuchtung Buddhas in meiner Diaschau später zeigen zu können. Ohne den Standort zu wechseln, mache ich drei Aufnahmen: eine als schwarzen Umriss, dann, ein paar Minuten danach, während die ersten Sonnenstrahlen am Haupt Buddhas hervorbrechen und die letzte fünf Stunden später, als die Sonne die ganze Struktur der Statue im Abendlicht zeigt. Diese Bilder, passgenau nacheinander überblendet, sollen das Thema Buddhismus in Indien einleiten.

Die Rückfahrt nach Patna gestaltet sich nicht weniger nervenaufreibend als der Hinweg. Die Fahrt beginnt großartig, denn der Bus ist geräumiger, fast leer und kaum zwanzig Jahre alt. Ich wähne mich als glücklichster Passagier, denn ich kann auf der Bank beim Fahrer sitzen, habe den Kassettenrekorder unter Kontrolle und einen herrlichen Ausblick. Lediglich der linke Vorderreifen, an der Flanke durchlöchert, beunruhigt mich ein wenig.

Auch wenn die indischen Busse einiges an Reisekomfort und Sicherheit zu wünschen übrig lassen, auf zwei Dinge achten die Fahrer mit britischer Gründlichkeit: Die Hupe und der Ersatzreifen müssen in Ordnung sein. So habe ich keinen Grund, mir Sorgen zu machen. Doch mein Glück auf dem Frontsitz entpuppt sich nach geraumer Zeit als recht zweifelhaft, denn ohne Knautschzone muss ich den mörderischen Fahrstil und jeden halsbrecherischen Überholvorgang hautnah miterleben. Gegenverkehr, das lerne ich jetzt, ist in Indien kein Grund, nicht zu überholen. Und weil dieses Prinzip alle beherzigen, sehe ich mehrmals mein Ende nahen, wenn sich zwei Busse auf der Straße, die nur für einen gebaut ist, während ihres kilometerlangen Überholvorgangs entgegenkommen. Radfahrern, Fußgängern und allen übrigen untergeordneten Verkehrsteilnehmern bleibt dann nur noch der Sprung in den rettenden Straßengraben. Geradeausfahren ist wegen der ausgeschlagenen Lenkung nur mit wildem Hin- und Herrudern des Lenkrades möglich. An den Reifen mag ich gar nicht denken, und mit Sehnsucht wünsche ich mir wieder den Platz auf der Wippe hinten im Bus, wo all das außerhalb meiner Wahrnehmung liegt. Als ich Nagenders angespannte Gesichtszüge registriere, scherze ich: »Dieser Mann glaubt wohl, uns alle in Lebensgefahr bringen zu können, weil wir ohnehin wiedergeboren werden?«

Nicht ohne Sarkasmus antwortet er: »Ja, so wird es sein.«

»Aber ich glaube nicht an ein Leben nach dem Verkehrstod!«

Tröstend klopft Nagender mir auf die Schulter und meint lachend: »Deinetwegen wird er aber keine Ausnahme machen.«

Wider Erwarten kommen wir unversehrt weit nach Einbruch der Dunkelheit in Patna an. Auf den letzten Kilometern hat es uns alle Mühe gekostet, den Fahrer mit Keksen und Dauerkonversation am Sekundenschlaf zu hindern.

Eine arrangierte Ehe

Vom Busbahnhof zum Tourist Bungalow sind es nur ein paar hundert Meter, die Nagender nutzt um seinen verbogenen Gliedern wieder Bewegung zu verschaffen. Gegenüber unserer Herberge liegt das Luxushotel Chanakya in hell erleuchtetem Festschmuck. Das Eingangsportal, die

Hotellobby und die Zufahrtswege sind reich mit bunten Blumengirlanden geschmückt. Auf der Rasenfläche vor dem Gebäude erhebt sich ein rotes Festzelt für sicher dreihundert Personen.

»Was ist da los?«, frage ich Nagender.

»Da wird heute geheiratet«, antwortet er, ohne weiter auf das Thema einzugehen.

Weil ich weiß, dass Nagender müde ist, erkennbar an seinen halb geschlossenen Augenlidern, verwerfe ich für den Moment meine Idee, das Treiben drüben in Augenschein zu nehmen. Ich werde nach dem Abendessen schnell duschen, die Kleidung wechseln und dann notfalls ohne ihn noch rübergehen.

Wie ein Zaungast stehe ich am aufgeschlagenen Zelteingang und frage mich, ob die Hochzeit schon vorbei ist oder erst noch beginnt. An den Wänden stehen lange Reihen weiß gedeckter Tische voller Schalen und gasbeheizbarer Pfannen, ein paar Diener wuseln herum, andere bestuhlen den Innenraum, der vollkommen mit Teppichen ausgelegt ist. Alle Sitzplätze sind auf einen samtenen, vergoldeten Thron ausgerichtet, offensichtlich der Platz für Braut und Bräutigam, der über und über mit getrockneten Ringelblumen und weißem Jasmin geschmückt ist.

»Hello, where do you come from?« Typisch, wenn Nagender nicht dabei ist, entstehen Kontakte wie von selbst. Ich schaue mich um und bin im ersten Moment völlig sprachlos. Vor mir erhebt sich ein älteres Ehepaar in seiner feinsten Garderobe. Er, von einem roten Turban gekrönt, steckt in einem eng anliegenden Jackett mit Stehkragen, das bis zu den Oberschenkeln reicht. Dazu trägt er eine dunkle Stoffhose mit Bügelfalte. Im Kontrast zu seiner schlichten Kleidung, wird mein Blick von seiner Frau angezogen, die, wohlbeleibt wie er, einen leuchtend roten Sari trägt und reich mit Schmuck behängt ist. Kontrastreich ist auch ihr Gebaren. Während sie mich schweigend streng anschaut, fragt mich ihr Mann freundlich nach allen Einzelheiten aus. Wie ich vermutet habe, sind es die Brauteltern. Sie stammen aus Jaipur in Rajasthan, knapp tausend Kilometer entfernt. Als ich mich verabschieden will, ergreift seine Frau zum ersten Mal das Wort: »Wir würden uns freuen, wenn Sie Gast bei der Vermählung unserer Tochter sein würden.«

Ich glaube meinen Ohren nicht zu trauen. Herrlich, denke ich, du bist ein Glückspilz. »Oh nein, das kann ich nicht annehmen«, antworte ich in der Hoffnung auf ihre Standhaftigkeit. Vielleicht haben sie das Leuchten in meinen Augen gesehen, denn mit väterlicher Strenge gibt er zurück: »Keine Widerrede, eine Einladung schlägt man nicht aus«, und schiebt mich ins Zelt zu den kulinarischen Köstlichkeiten. Bevor ich mir Sorgen machen kann, ob ich nun den strengen Verhaltenskodex gehobener Gesellschaftsschichten verletzt habe, halte ich einen Teller in der Hand mit dem Leckersten, was die indische Küche zu bieten hat. Chicken Tandoori, Safranreis, Curry Chutney und eine Unmenge eingelegter Früchte und Gemüse, deren Identifizierung mir nicht immer gelingt.

Während die ersten Gäste eintreffen, versuche ich an ihren Transportmitteln, der Kleidung und ihrer Sprache Rückschlüsse auf den Kastenstand meiner Gastgeber zu ziehen. Das fällt mir sehr schwer, denn im Vergleich zum Festaufwand kommen sie auf armseligen Rikschas oder Motorrollern. Kaum jemand entsteigt einem Taxi oder gar seinem eigenen Auto. Lange kann ich über diesen Widerspruch nicht rätseln, denn meine Aufmerksamkeit gilt nun dem Eingangstor, wo sich an die hundert Gäste gesammelt haben. Die etwas schräge Blechmusik einer Bläsertruppe kündigt den Bräutigam an, der hoch zu Ross in einem spiegelbesetzten Anzug, mit einem roten Turban, den Musikern

214

folgt. Mit beiden Händen krallt er sich ungeübt am Sattel fest, als sei es der erste Ritt seines Lebens. Beim Durchqueren des Blumentores knallen Feuerwerkskörper zwischen den Hufen des abgemagerten Schimmels, der sich bei genauerem Hinsehen als überpinselter Schecke entpuppt. Über allem schießen zwei recht mickrige Raketen in den Nachthimmel, wovon eine unterwegs krepiert.

All diese Einzelheiten und das unbändige Gehabe einiger männlicher Gäste kennzeichnen die soziale Schicht, bei der ich zu Gast bin und die begrenzten finanziellen Möglichkeiten der zahlenden Brauteltern. Man verschuldet sich nicht selten über Jahrzehnte, um am Tag der Hochzeit einen blendenden Eindruck zu machen, der allzu oft im krassen Widerspruch zu den tatsächlichen Verhältnissen steht. Traditionelle Familien mit mehreren Töchtern stehen chancenlos vor dem finanziellen Ruin. In Rajasthan, einem ebenso rückständigen Staat wie Bihar, ist in vielen Dörfern der Anteil der weiblichen Bevölkerung stark rückläufig, da man weibliche Föten abtreibt. Die pränatale Geschlechtsbestimmung und Selektion dient der Existenzsicherung der Familie.

Der Aufwand verfehlt nicht seine Wirkung, ich bin beeindruckt; jedoch mehr von der Opferbereitschaft der Brauteltern, die Tochter ohne Gesichtsverlust unter die Haube zu bringen, besonders weil die zu zahlende Mitgift die Kosten der Hochzeit noch um ein Mehrfaches übersteigt.

Während der Bräutigam ungelenk vom Ross rutscht und alle Gäste ihn mit zusammengelegten Handflächen begrüßen, kommt die Braut fast unbemerkt aus dem Hotel, wo sie von ihren Schwestern angekleidet und geschminkt wurde. Sie ist eine solche Schönheit, dass ich meine Augen kaum abwenden mag. Hier zeigt sich die Eleganz des Saris, der mit Stickereien, einem Brokatsaum und dem typischen Faltenwurf aus der Braut eine Prinzessin aus Tausendundeiner Nacht werden lässt. Zu meiner Enttäuschung wird ihr im Gegensatz zum Bräutigam kaum Beachtung geschenkt. Begleitet von einem Tross Frauen, geht sie behutsam darauf achtend, nicht über die Teppichkanten zu stolpern, zum Thron, wo sie sich mit dem Bräutigam niederlässt. Unnahbar, ja kühl wie eine perfekte Marmorstatue ist ihr Blick starr und emotionslos auf den Boden gerichtet. Es beginnt eine endlose Foto- und Videosession, bei der sich ausnahmslos jeder Gast mit dem Paar ablichten lässt. Dem Equipment zufolge sind zwei professionelle Videofilmer und drei Fotografen mit Lichtanlagen, Reflektoren und eigener Stromversorgung beauftragt. Auffällig finde ich die Regungslosigkeit der Braut, die stundenlang in einer Art Demutshaltung verharrt, nicht einmal ihren zukünftigen Mann beachtet oder in eine der vielen Kameras blickt. Bisweilen kontrolliert sie den Sitz ihrer Kleidung, wobei Mehndis, mit Henna gemalte Muster auf ihren Handinnenflächen, sichtbar werden.

Inzwischen habe ich nahezu jedem Gast meine Herkunft erläutert und auch unter den Kindern müsste es sich herumgesprochen haben, dass ich nicht laufen kann und aus Deutschland stamme.

Der Bruder des Bräutigams beobachtet zusammen mit mir das Treiben der Fotografen.

»Was ist Ihr Bruder von Beruf?«, frage ich ihn.

»Er arbeitet bei meinem Vater im Geschäft, sie verkaufen Zubehör für Wasserpumpen«, antwortet er freundlich, ohne allerdings seinen Blick vom Brautpaar zu lösen.

»Und Ihre zukünftige Schwägerin?«

Fragend schaut er mich an: »Sie meinen ihren Beruf?«

»Ja.«

»Soviel ich weiß, hat sie ein wenig in der Buchhaltung im Betrieb ihres Vaters gearbeitet, aber jetzt braucht sie keinen Beruf mehr.«

Ich vermute, meine Frage ist dumm, gleichwohl stelle ich sie: »Gehören Ihre Familien derselben Kaste an?«

»Selbstverständlich, wir vermischen uns nicht außerhalb unserer Gemeinschaft. Wir zählen grob betrachtet zu den Vaisyas, die in viele Einzelkasten unterteilt sind.« Freundlich, aber etwas anklagend fährt er fort. »Ich weiß, wie Sie in Europa darüber denken, aber unser Kastensystem gibt den Menschen überall ein Gefühl der Zugehörigkeit und Sicherheit. Man weiß, wohin man gehört.«

Ich entgegne, auch auf die Gefahr, des Festes verwiesen zu werden: »Ganz ohne Fehler ist dieses System nicht, das müssen Sie zugeben, vor allem für die unteren Schichten.«

»Wer soll denn die schmutzigen Arbeiten übernehmen, wenn nicht die Harijans. Außerdem gibt es neue Gesetze, die ihnen Kontingente auf Beamtenstellen und Studienplätze garantieren.«

Ich spüre schnell, dass er meine Sicht der Dinge ignoriert, und will meine Gastgeber auch nicht mit einer Diskussion über das indische Kastenwesen kränken. Doch meine nächste Frage ist nicht geistreicher als die erste. »Heiraten sie beide aus Liebe, oder ist es eine arrangierte Hochzeit?«

Mein Gastgeber ist nachsichtig, erklärt geduldig:

»In den großen Städten ist eine Heirat aus Liebe heute nicht mehr selten, aber unsere Meinung ist, dass die Brautleute noch zu unerfahren und jung sind, eine so weit reichende Entscheidung zu treffen. Daher überlassen wir das unseren Eltern. Die Liebe kommt mit den Jahren automatisch.«

Er schaut mich an, als erwarte er jetzt Einwände, doch ich sage nur »Aha!«, und blicke wieder auf das Paar im Scheinwerferlicht. »Seit wann kennen sich die beiden?«

»Die kennen sich noch nicht; wie ich sagte, die Liebe kommt später.«

»Ja, ich meine, ob sie schon einmal miteinander gesprochen haben?«

»Nein, sie sind sich nur vorgestellt worden, als unsere Eltern alles arrangiert haben.«

Jetzt stelle ich ihn auf die Probe: »Wie ist denn der Name der Braut?«

»Chitra heißt sie«, antwortet er spontan.

»...aber ihr Vorname?«

»Äh, hej Vijay«, er ruft einen Bekannten herbei, »wie heißt sie?«

»Sita ist ihr Name.«

Noch immer schaut Sita ohne Regung zu Boden. Mein Gesprächspartner erklärt, dass sie damit ihre Unterwürfigkeit und die Bereitschaft, ihrer neuen Familie zu dienen, zum Ausdruck bringt. Auch wenn sie es nicht zeige, sei sie natürlich die glücklichste und beneidenswerteste Person hier.

Inzwischen haben alle dreihundert Hochzeitsgäste ihr Erinnerungsfoto und man stürzt sich auf das Büffet, was sich ähnlich abspielt wie in unseren Breiten. Für den Tee, den Joghurt und die Salatsaucen kommen wieder die kleinen Tontassen zum Einsatz, die niemand abwaschen muss. Salatschalen bestehen aus gepressten Blättern, vorgeröstetes Brot wird in großem, mit Pflanzenfasern zusammengehaltenem Blattwerk serviert. Nur der Alkohol fehlt, für europäische Verhältnisse nahezu undenkbar. Stattdessen gibt es nach dem Schlemmen Pan. Der Kauleidenschaft kann sich kaum ein Inder entziehen. Pan ist die in essbare Blätter mit unterschiedlichen Gewürzen eingewickelte Betelnuss. Sie verursacht einen tiefroten Speichel, der während des Kauens ausgespuckt wird. Der Bräutigam bekommt vor der Hochzeitsnacht eine spezielle Variante Pan zu kauen, unter anderem angereichert mit Rauschmitteln und potenzfördernden Zutaten.

Gerade hat sich die Gesellschaft nach dem Essen in verschiedenen Grüppchen zusammengefunden, als am Zelteingang Aufruhr entsteht. Merkwürdige Gestalten, die offensichtlich nicht bestellt waren, verlangen Einlass. Es ist eine Gruppe hochgewachsener, stark geschminkter Transvestiten mit offenem, langem Haar in ebenso schönen Saris, wie die anwesenden Frauen sie tragen. Aufdringlich begehren sie den Zutritt, doch die Geschwister des Bräutigams drängen die ungebetenen Gäste mit sanfter Gewalt ab, ohne allerdings größeren Körperkontakt zu riskieren. Laute und aggressive Diskussionen entstehen, bis die Truppe mit einem Bündel Geld aus der Hand des Brautvaters zufrieden wieder abzieht. Auf manchen Hochzeiten erlaubt man ihnen zu tanzen, was dem Paar angeblich Glück bringen soll, doch hier will man daran nicht glauben. Es ist ein Ritual, von dem jede Hochzeitsfeier unterbrochen werden kann. Die Hijras, so wird mir erklärt, haben sich gruppiert, um sich in der Gesellschaft eine Stellung zu sichern. Sie sind ständig auf der Suche nach weiteren Mitgliedern ihrer Gemeinschaft und erfahren in kürzester Zeit, ob irgendwo ein Kind ohne eindeutige Geschlechtsmerkmale geboren wurde. Dann tauchen sie auf und verlangen die Herausgabe des Babys, was ihnen wegen der Scham und der Angst der Eltern vor dem Gerede der Dorfbewohner in den meisten Fällen auch gelingt.

Inzwischen ist es ein Uhr nachts und ich wundere mich, warum es keine religiösen Zeremonien gibt. Gerade will ich die Hochzeit verlassen, als zwei vergleichsweise lumpig gekleidete Personen mit Strickmütze und Flechttaschen am Arm überschwänglich begrüßt werden. Es sind die Priester, Brahmanen, Mitglieder der höchsten Kaste, die augenblicklich mit dem Präparieren des Zeremonienplatzes, einem Blumenbaldachin vor dem Festzelt, beginnen. Das Paar muss nun genau den Anweisungen der Priester folgen, die

219

ihre Utensilien aus knorrigen Holzstücken, Beuteln mit Getreide, Farbpulver und diversen, für mich nicht identifizierbaren Flüssigkeiten ausgepackt haben. Zentrum des Geschehens ist ein dreißig mal dreißig Zentimeter großes Viereck aus gestreuten Reiskörnern, dem Symbol der Fruchtbarkeit, in das mit genau vorbestimmten Handbewegungen vom Paar Holzstücke gelegt werden, mit denen der Priester ein kleines Feuer entfacht. Während die Hand des Bräutigams mit der seiner Zukünftigen durch einen Faden verbunden ist, streuen sie nach einem bestimmten Ritual Reiskörner, Honig und Erbsen ins Feuer. Währenddessen rezitiert ein Brahmane Gebete. Ist das Paar gerade nicht beschäftigt, schwatzt es mit seinen Gästen. Den Beschwörungen schenken sie keine Beachtung. Der Priester achtet streng auf die Einhaltung der richtigen Reihenfolge und sobald dem Brautpaar ein Fehler unterläuft, bricht er ab und alles beginnt von vorn. Es zieht sich endlos in die Länge. Verblüfft bin ich über die Stimmung und das Verhalten der Gäste, deren Aufmerksamkeit nicht etwa den religiösen Handlungen gilt. Sie sitzen in Gruppen gemütlich zusammen und schwatzen laut, einige wollen gerade aufbrechen. Eine andächtige Atmosphäre ist nicht einmal ansatzweise zu spüren, gerade so, als wäre der religiöse Part der Vermählung ein notwendiges Übel. Doch so ist es natürlich keinesfalls. Hindus sind vielmehr in der Lage, ihre Religion in jeder Lebenslage auszuüben, ohne sich dazu ins stille Kämmerlein zurückziehen zu müssen, so dass sie auch kein Problem damit haben, sich ablenken zu lassen. Zu fortgeschrittener Stunde, es ist inzwischen drei Uhr, kommt doch noch so etwas wie andächtige Stimmung auf. Das Paar erhebt sich, wandert drei Mal ums Feuer und wird schließlich mit ein paar Tropfen Gangeswasser gesegnet. Endlich erhält die Braut durch rotes Farbpulver die Markierung im Scheitel, die sie als verheiratet offenbart. Als hätten die noch ausharrenden Gäste auf diesen Moment gewartet, löst sich das Fest augenblicklich auf und ich schaffe es gerade noch, mich von den Brauteltern dankend zu verabschieden.

Der Nachtwächter vom Tourist Bungalow macht seinem Stand keine Ehre. Eingewickelt in eine alte Wolldecke liegt er als unscheinbares Häufchen auf der Treppe und schläft so tief, dass ich Schwierigkeiten habe, ihn zu wecken. Unmotiviert und tranig zerrt er mich die Stufen hoch. Zufrieden mit diesem ereignisreichen Tag falle ich völlig übermüdet neben dem schnarchenden Nagender ins Bett.

Gangas abscheuliche Fracht

Der Ganges führt jetzt, nah dem Ende der Trockenzeit, seinen niedrigsten Wasserstand. Seit vier Monaten gab es keinen nennenswerten Niederschlag mehr. Überall im Fluss erheben sich fruchtbare Sandbänke, die von Saisonbauern in grüne Inseln verwandelt werden. Das hohe Ufer, wo Mr. Desai, unser Bootsmann, seit den frühen Morgenstunden wartet, erfordert eine ziemliche Schlepperei. Während wir rätseln, wie ich mit dem Rolli am besten zum Boot gelange, findet sich die obligatorische Gruppe Schaulustiger ein.

»Fragen wir doch einfach die Leute hier!«, fordere ich Nagender auf, »das sind genug Helfer.«

»Nein, nein«, wehrt Nagender gestresst ab, »auf keinen Fall diese Leute, das sind zwielichtige Gestalten. Ich gehe zum Boot und bitte die Freunde von Mr. Desai um Hilfe, warte hier.«

Musternd schaue ich mir die Neugierigen an, kann jedoch keinen Schurken unter ihnen entdecken.

»Du verstehst die Sprache nicht«, warnt Nagender, während ich am Hals zweier junger Leute hänge und er meinen Rollstuhl zum Ufer schiebt. »Hättest du verstanden, wie und worüber die geredet haben, du hättest die Gefahr erkannt.«

Dieser Uferbereich des Ganges ist hier in Patna Heimat von Betrügern, Gaunern und allerlei lichtscheuem Gesindel, nicht gerade die Schokoladenseite der Stadt. Nagender entpuppt sich zunehmend als mein Schutzengel, denn ohne seine Warnung hätte ich mich den Schaulustigen dort oben wohl anvertraut. Lachend winken sie uns zu, und noch immer kann ich nichts Beunruhigendes an ihnen ausmachen. Mr. Desai ist im Gegensatz zu seinen Landsleuten von ungewöhnlich kräftiger Statur, mit großen schmutzigen Füßen und ebensolchen Händen, hat immer ein Grinsen auf seinem breiten, unrasierten Gesicht und trägt nichts weiter als einen Dhoti und ein T-Shirt, das in seinem früheren Leben einmal weiß gewesen sein muss.

Er hat sein altes Ruderboot aufgemöbelt und ihm einen kleinen Außenbordmotor verpasst, der sich nun laut knatternd durch die Brühe quirlt. Aus der Perspektive der Flüsse und der Schienenstränge bekommt man häufig die Schmuddelecken der Metropolen zu Gesicht. Auch Patna zeigt sich von seiner unschönen Seite. Die Außenwände der slumähnlichen Bretterbuden und Lehmhütten an der Flussbiegung verlängern das Steilufer in die Höhe und drohen jeden Moment abzustürzen. An den Hauswänden sickert die Kloake hinunter und große, bedrohlich anmutende Abwasserrohre sind mit ihrer widerlichen Fracht wie Riesenkanonen auf die wehrlose Mutter Ganga gerichtet. Doch so verletzlich ist der Ganges nicht, denn Wissenschaftler attestieren dem Ganges nach einem komplizierten Verfahren eine Selbstreinigungskraft mit heilender Wirkung, das Wasser sei sogar noch nach tausend Jahren trinkbar. Andere, weniger gläubige Forscher wiederum haben mit genau denselben Methoden das Gegenteil festgestellt. Sie analysierten einen Giftcocktail aus Zyanid, Arsen, Quecksilber, Kadmium, Phosphor und einer Reihe weiterer Stoffe, die selbst in minimalen Dosen große Schäden hervorrufen. In Anbetracht der Tatsache, unter welch kriminellen Umständen die US-Firma Union Carbide in Bhopal 1984 die Sicherheitsbestimmungen umgangen hat, woraufhin fünfzehn Tonnen eines hoch konzentrierten Pestizids entweichen konnten, was sechstausend Menschen das Leben kostete, kann ich mir lebhaft ausmalen, wie in den Chemiefabriken am Oberlauf des Ganges heute mit dem Thema Sicherheit umgegangen wird. Nicht weniger gefährlich als diese unsichtbaren Giftstoffe sind die offensichtlichen Einleitungen der Haushalte, angereichert mit Kolibakterien, die zu kreislaufartig wiederkehrenden Durchfallerkrankungen führen.

Fast unmerklich wird die Flusslandschaft dünner besiedelt, wir lassen Patna hinter uns. Die Flussinseln sind jetzt so groß wie Fußballfelder, auf denen ganze Familien arbeiten. Für Mr. Desai ist es nicht einfach, den richtigen Lauf mit genügendem Tiefgang zu finden, und mehr als ein Mal muss er aussteigen und das aufgelaufene Boot flottmachen.

Die zarte Brise verschafft bei frühlingshaften Temperaturen angenehme Kühlung, trägt aber zuweilen einen merkwürdig süßen Geruch in unsere Nasen, der bei mir Übelkeit hervorruft. Als Kind wurde ich auf dem Gehöft meines Vaters hin und wieder mit dem Geruch verfaulender Kadaver konfrontiert, hier kommt noch der widerwärtige Anblick der toten Kühe dazu, zum Platzen aufgebläht. Was uns da entgegenschwimmt, sind eindeutig Lebewesen, jetzt unzweifelhaft tot. Und doch bewegt es sich unter ihrer graublauen Haut. Als ich Mr. Desai bitte, den Motor auszustellen, dringt sogar noch ein abscheuliches Geräusch an meine Ohren. Über allem schwebt eine Wolke aus blau schimmernden Brummern, die sich hier milliardenfach vermehren, bis der Kadaver aufgelöst ist.

Selten habe ich über meine Sinne eine solch abstoßende Wahrnehmung aufgenommen. Doch die Steigerung dessen kommt uns bereits entgegen. Wie ein Ballon schwimmt ein unbekleideter Mensch rücklings auf der Wasseroberfläche, alle viere von sich gestreckt, halb verkohlt, halb aufgefressen. Alle Körperöffnungen, in denen es wimmelt, sind Einstieg für die Aasbrummer, deren Larven sich dann durch den Körper arbeiten. Ich habe vor meinem Unfall auch als Tischler in Bestattungsinstituten gearbeitet, musste Leichen einsargen und bin sicher nicht zart besaitet, aber jetzt muss ich wegucken.

Der Ganges entpuppt sich als perfekte Ideenschmiede für Produzenten von billigen Horrorstreifen. Am Ufer, nahe den Gemüsefeldern, liefern sich Rudel wilder Hunde mit kahlköpfigen Gänsegeiern Schlachten um die letzten verwesten Fetzen angeschwemmter Kadaver von Mensch und Tier.

Ich frage mich, wie Wissenschaftler ruhigen Gewissens die Reinheit des Ganges propagieren können. Vielleicht ist das nur spirituell gemeint. Was steckt dahinter? Nagender hat der Hässlichkeit den Rücken gekehrt und blickt auf das frische Gemüse, das auf den Flussinseln gedeiht. Die Inder lieben ihre Ganga, sie verehren und lobpreisen sie, tragen ihr Wasser als Talisman bei sich oder schleppen es Hunderte von Kilometern in die Dörfer, um ihr Land damit zu besprenkeln.

»Nagender, bitte sag mir, warum behandelt dein Volk seine heiß geliebte Ganga wie einen riesigen Müllschlucker?«

»Das ist die Gleichgültigkeit der Menschen, Schlamperei in den Fabriken und Korruption in öffentlichen Ämtern. Die Menschen glauben ohnehin nicht, dass der Müll, mit dem sie den Fluss belasten, dem Göttlichen etwas anhaben kann. Spirituelle Reinheit und physischer Schmutz sind Dinge, die sich im Hinduismus nicht ausschließen und wie hier sogar dasselbe Medium besitzen können.«

»Der Fluss ist also Müllabfuhr und Heilsbringer in einem?«

»Ja, so kannst du es sehen, und mehr noch, er düngt die Felder, wäscht die Wäsche, transportiert uns, befreit die Hindus von ihren Sünden und führt sie aus dem Kreislauf der Wiedergeburt.«

»Praktisch eigentlich!«

Ich halte meine Hände in die Fluten, schöpfe etwas vom kühlen Nass und stelle fest, der Ganges ist augenscheinlich klar und rein.

Der Gandak ist bereits unterhalb Patnas zum Ganges gestoßen, nun haben wir auch die Mündung des Son aus dem Süden und den Zufluss des Gogra mit Schmelzwasser aus dem Himalaja passiert. Wir reisen durch eine unübersichtliche Flusslandschaft, mit verwirrenden Nebenflüssen und toten Flussarmen, gesäumt von schlammigen Ufern. Hier und da gedeihen Schilfgräser, in deren Nähe Fischer, bis zu den Knien versunken, ihre Netze auswerfen. Andere rudern mit ihren Fanggeräten bis zur Flussmitte den Schwärmen hinterher, doch ihre Ausbeute ist bestürzend mager. Mr. Desai gerät häufig in Sackgassen, was uns viel Zeit kostet. Einmal stellen wir erst nach einer halben Stunde fest, dass wir an der Gabelung hätten rechts abbiegen müssen. Jedes Jahr sucht sich der Fluss nach den heftigen Regengüssen des Monsun ein neues Bett, so dass niemand den genauen Lauf kennt und keine Karte verbindlich ist. Das verlangt von uns eine Slalomfahrt, die dem Sonnenstand zufolge bisweilen nach Süden, dann wieder nordwärts, sogar entgegengesetzt unserer Zielrichtung nach Osten und manchmal auch ihr folgend gen Westen führt. Mitunter überholen wir kleine, mit Holz beladene Barken, die von einem Treidelpfad, der am Ufer entlangführt, von einzelnen Personen mit einem zweihundert Meter langen Seil gezogen werden.

Passieren wir ein Dorf, was selten genug geschieht, denn wegen der sommerlichen Überschwemmungen ist das Siedeln in Flussnähe zu gefährlich, tauchen Verbrennungsplätze auf. Erkennbar an Resten verkohlten Holzes und Bambusröhren, aus denen die Bahre gefertigt wird. Blumenkränze liegen verloren im Sand, und manchmal züngelt noch eine schwache Rauchfahne aus den Scheiten. Es sind unreine Orte, gelegen in gebührendem Abstand zu den Wohnplätzen.

Von Patna nach Varanasi sind es auf dem Landweg keine zweihundert Kilometer, doch auf dem Fluss streckt sich die Entfernung durch die Windungen dermaßen, dass wir in Buxar übernachten müssen. Mr. Desai will kein Risiko eingehen und vor der Dämmerung dort eintreffen. Die Flusspiraten treiben ihr Unwesen zwar hauptsächlich unterhalb Patnas, doch sicher ist er nicht, dass sie nicht auch hier Beutezüge unternehmen.

In einer stickigen, von Ungeziefer heimgesuchten Pilgerherberge unweit eines Tempels in Buxar finden wir zwei harte Chaprois.

Als wir am nächsten Tag ein gutes Stück gefahren sind, entdecke ich am Ufer den ersten Pilger mit nicht mehr als einem Säckchen über der Schulter als Gepäck, gehüllt in einen weißen Dhoti und ein weißes Schultertuch, Kleidungsstücke, die wie kein anderes den gewaltlosen Widerstand Mahatma Gandhis symbolisieren. Er hatte sie selbst gefertigt und damit zum Boykott englischer Industrieproduktionen aufgerufen.

Ich bitte Mr. Desai das Ufer anzusteuern. Es ist ein ungefähr fünfzig Jahre alter Mann mit schlohweißem Haar, der unser Kommen zunächst misstrauisch beäugt und dann

226

sichtlich verängstigt Abstand sucht. Doch als Nagender ihn in gewähltem Englisch anruft, können wir sein Vertrauen gewinnen.

»Steigen Sie ein, wir nehmen Sie bis Varanasi mit«, biete ich ihm an. Er zögert zunächst, mustert uns einen Moment, aber dann nimmt er meine Einladung an. Mr. Gogal beeindruckt durch seine würdevolle Gestalt und das perfekte Englisch, in dem er zu erzählen beginnt. Vor drei Monaten ist er nach einem reinigenden Bad auf der Insel Sagar aufgebrochen, um sich seinen Lebenstraum, die Pilgerreise zur Quelle, zu erfüllen. Auf liebevolle Weise spricht er von seiner »Mutter Ganga«.

»Ich komme aus Bombay, habe dort als leitender Angestellter in einer Bank gearbeitet«, beantwortet er meine Frage nach seiner Herkunft, »immer wollte ich Mutter Ganga besuchen, wie es meine Eltern getan haben, für die es der Höhepunkt ihres Lebens war. Seit einem halben Jahr bin ich im Ruhestand und möchte nun mein Ende dem Fluss widmen.« Er spricht, als sei er noch nie in seinem Leben so glücklich gewesen, obwohl er seine zehnköpfige Familie für immer zurückgelassen hat.

Alle gesellschaftlichen Zwänge und jegliches materielle Streben, sogar seinen Namen hat er abgelegt, um am Ganges sein Seelenheil zu suchen. Wenn er die Quelle erreicht hat, möchte er am Flusslauf als Eremit seinen Lebensabend verbringen. Nahrungsmittel bettelt er sich zusammen, wenn er durstig ist, trinkt er das Wasser des Ganges, und ist überzeugt, dass es ihm ein langes Leben garantiert.

Nach einer Gesprächspause, in der ich mir vorzustellen versuche, welch eine Wende eine solche Entscheidung bedeutet, fragt er mich: »Sind Sie Hindu?«

»Nein, ich bin Christ.«

»Warum bereisen Sie dann den Ganges, was interessiert Sie hier?«

»Ich möchte Ihr Land besser verstehen. Verstehen, woran andere Menschen glauben, warum so viele Hindus diesen Fluss verehren. Für mich ist diese Reise sozusagen eine Fahrt in die indische Seele. Doch ich bezweifle, dass ich am Ende alles durchschaue und keine Fragen mehr offen sind.«

Er lacht und bestätigt: »Das glaube ich auch.« Dann beginnt er bedeutungsschwanger: »Eines Tages werden Sie wieder laufen können.«

»Ja, vielleicht.« Zu viele selbst ernannte Wahrsager, Gurus und Magier haben mir in den letzten Jahren ungebeten eine rosige Zukunft vorausgesagt. Ich habe die Hoffnung, wieder laufen zu können, aufgegeben, doch das zeige ich nicht jedem und lasse meinen Mitmenschen die Freude, mir Mut zu machen. Mr. Gogal halte ich für klug genug, auch andere Perspektiven zu begreifen: »Das Glück der Erde steht nicht auf zwei Beinen, auch ein Leben im Rollstuhl kann höchst befriedigend sein.«

Varanasi, Stadt zwischen Himmel und Erde

In den frühen Morgenstunden haben wir den Bundesstaat Bihar hinter uns gelassen und reisen nun durch Uttar Pradesh, das nicht weniger dicht besiedelt ist, jedoch eine besser gestellte Landbevölkerung aufweist. Seit vier Wochen bin ich in Indien unterwegs, nun nähern wir uns dem heiligsten Ort am Ganges, der Stadt Varanasi, von den Engländern auch Benares genannt. Ihren Namen verdankt sie zwei Zuflüssen, dem Varana, dessen Mündung wir gerade passieren und dem Asi, der südlich des Zentrums in den Ganges fließt.

Schnell wird die ländliche Idylle auf dem Fluss vom geschäftigen Treiben der Holzkähne, Touristenboote und vom lärmenden Straßenverkehr auf der Malaviya Bridge, über die die Grand Trunk Road führt, abgelöst. Stadteinwärts windet sich ein LKW-Stau, so weit das Auge reicht. Jenseits der Brücke öffnet sich eine fünf Kilometer lange Flussbiegung, an deren rechtem Ufer wir die Badeghats erblicken. Ghats bezeichnen die stufenförmigen Badeplätze, die zum Fluss hinunterführen. In der Flusskurve zieht sich eine Sandbank bis zum Horizont, die dem Ganges in der Monsunzeit als Abkürzung dient und überspült wird. Für uns ist die Reise hier am Raj Ghat zunächst beendet. Wir trennen uns von Mr. Gogal, dem wir, beschenkt mit den restlichen Bananen und Orangen, von ganzem Herzen eine gute Reise wünschen. Er wird sich in einer der vielen Pilgerunterkünfte der Stadt eine Bleibe suchen. Mr. Desai, der, ohne das Boot zu verlassen, umkehrt, ist kurz darauf hinter der Biegung verschwunden.

Hindus nennen Varanasi, die Leuchtende, die Stadt des Lichts. Es ist die älteste Stadt der Welt. Mark Twain, der 1896 den Ganges zum Reiseziel erkor, bemerkte: *Benares ist älter als die Geschichte, älter als die Tradition, älter sogar als die Legende und sieht doppelt so alt aus, wie alle drei zusammen.*

An kaum einem anderen Ort Indiens tritt die religiöse Inbrunst der Hindus so offen zutage wie an den Ghats von Varanasi. Es sind die frühen Morgenstunden, die jedem Besucher in Erinnerung bleiben, wenn erste Sonnenstrahlen im Nebel die Badeplätze, massiven Tempel und Paläste in ein goldenes Licht tauchen. Die Pilger beginnen mit ihren religiösen Waschungen, die sie innerhalb eines Sonnenlaufs absolvieren. Diese Stimmung ist einer der Höhepunkte dieser Reise.

Bis zum Bauch im Wasser stehend, huldigen diese glückseligen Menschen mit zusammengelegten Handflächen, das Gesicht der Sonne zugewandt, Mutter Ganga. Ihr Körper ist von einer Gänsehaut überzogen, die vielmehr von innerer Erregung herzurühren scheint als von der morgendlichen Frische. Die Betenden schwimmen nicht im Fluss, sie stehen auf Treppen, die wie Wurzelwerk bis tief unter die Wasseroberfläche führen. Sie tauchen ein und auf, dabei schöpfen sie das Wasser mit den Händen, um die Reinheit auch ihren Vorfahren darzubringen. Es rührt mich, wie ein altes Ehepaar, eng umschlungen, von allen Sünden befreit, eins zu werden scheint.

Nagender steht wie ich als beeindruckter, aber unbeteiligter Zuschauer dieser Szenerie gegenüber, denn auf meine Frage, ob er nicht auch ein Bad nehmen wolle, antwortet er schmunzelnd: »Es gibt für mich keine Notwendigkeit für ein Bad. Geduscht habe ich schon und Sünden zum Abwaschen gibt es nicht. Andreas, ich glaube an die Kraft der Menschen und nicht an die der Götter.« Nagender wird mir immer sympathischer und wir sind uns seelenverwandter, als ich dachte. Er hat zum Hinduismus seine eigene Philosophie, ähnlich wie ich zum Christentum.

Die Ghats sind nun voller Leben: Zwischen Kühen und Ratten, zwischen den Pandits, den Wahrsagern unter ihren zerlumpten Sonnenschirmen, den Dhobis und denjenigen, die etwas abseits auf den Stufen hockend ihre morgendliche Notdurft verrichten, wird sich eingeseift oder gejoggt, auf der Stelle getreten oder meditiert.

Die Fluten des Ganges tragen jedoch nicht nur die Sünden der Gläubigen, Exkremente und Müll fort. Auch die Asche der Toten vertraut man dem heiligen Fluss an. Wenn der Tod irgendwo auf der Welt ein Zuhause hat, dann in Varanasi. Hindus glauben, dass jeder, der hier stirbt, sogleich Moksha erlangt, die Seligkeit, die Loslösung aus dem ewigen Kreislauf von Wiedergeburt und Tod. Mehr als siebzigtausend Leichen werden hier jährlich verbrannt, zum Leidwesen der Behörden häufig unvollständig, da das Geld für die nötige Menge Holz nicht ausreicht oder die Doms, Mitglieder einer niederen Kaste, die die Verbrennungen betreuen, einen Teil des Brennstoffgeldes einbehalten.

Die immense Belastung, die dem Ganges hier aufgebürdet wird, hat die Stadtverwaltung zu recht drastischen Maßnahmen greifen lassen. Von 1988 bis 1992 wurden insgesamt achtzehntausend Fleisch fressende Schildkröten am Oberlauf ausgesetzt, die Tiere sollten für eine natürliche Beseitigung der Kadaver sorgen. Unterstützt werden sie von städtischen Arbeitern, die mit Ruderbooten und Enterhaken ausgerüstet sind. Zusätzlich wurden an den Ufern elektrische Krematorien eingerichtet, in denen sich auch die Ärmsten noch für einen minimalen Betrag einäschern lassen können. Aus ganz Indien pilgern Alte und Kranke hierher. Es gibt Hospize für alle, die hier sterben wollen. Ständig sieht man, wie Bambusbahren mit in weißes Tuch gehüllten Leichnamen durch die Stadt getragen werden.

Es fällt mir schwer, dem Leichenzug durch die verwinkelten Gassen der Altstadt zu folgen, so schnell eilen die Hinterbliebenen im Laufschritt. Gerade so, als könne man es nicht erwarten, den Leichnam schleunigst zu bestatten. Wieder herrscht diese mich irritierende Geschäftigkeit ohne sichtbare Trauer und Anteilnahme über den Tod eines Menschen. Aber in Indien sagt man: Viele Tränen schmerzen den Toten. Nagender hat die Verfolgung längst aufgegeben, er weiß auch so, wo die Körper sich einfinden, doch ich will den letzten Weg der sterblichen Überreste des Menschen kennen lernen. Noch kann ich mit dem Handbike dem Leichenzug folgen. Immer tiefer geht es hinein in die engen Gassen, über Abwasserkanäle, vorbei an schlafenden Menschen und kauenden Kühen, die ich wiederholt zur Seite schieben muss, um an ihnen vorbeizukommen. Bettler

231

mit unterschiedlichsten Behinderungen liegen da und Lepröse, sauber von allen Übrigen getrennt, mit ihren fingerlosen Händen, bei deren Anblick ich immer Angst habe, sie könnten das Geld, das man ihnen zuwirft, nicht halten.

Ich will den Leichenzug nicht verlieren, kann nicht mehr ausweichen und ziehe eine Spur durch frisch gefallene Kuhfladen, die an meinen Rädern hängen bleiben, hochspritzen und wie ein grüner Regen auf mich herabfallen. Der Weg wird steiler, die Träger langsamer und die Gassen schmaler. Eine Kuh darf mir jetzt nicht mehr begegnen, sonst stecke ich fest. Endlich öffnen sich die grauen, erdrückenden Mauern am Manikarnika Ghat und geben hoch oben den Blick auf die riesige Gangesbiegung frei. Für den letzten Weg zur Befreiung der Seele kann ich mir kein besseres Panorama vorstellen.

Sechs Leichen, in Leinentücher gewickelt und mit Blumenkränzen geschmückt, stehen hier wie in einer Warteschlange. Ein Heer von Dienstleistenden sorgt für den reibungslosen Ablauf. Auf Kähnen werden Holz- und Blumenkränze angeliefert und am Ufer entladen. Ein Dom beaufsichtigt die Zeremonien, treibt die Verbrennungsgebühr ein, sammelt Wertgegenstände aus der Asche und hütet das ewige Feuer. Von diesem Feuer entzündet der älteste Sohn des Verstorbenen den Scheiterhaufen mit heiligem Kusha-Gras. Er umschreitet den Toten entgegen dem Uhrzeigersinn, denn nun ist für die wandernde Seele alles rückwärts gerichtet. Zum Schluss vollzieht er das wichtigste Ritual: Mit einem langen Bambusstock zerschlägt er den Schädel, um die Seele des Toten zu befreien. Nun kann sie den Fluss des Lebens und des Todes zur Unsterblichkeit überschreiten.

Wie häufig in Indien sind auch hier in Varanasi die Hindu Tempel für Unberührbare und Rollstühle tabu. Eine Ausnahme bildet der vom Großindustriellen Birla finanzierte New Vishwanath-Tempel, der für einen Reformhinduismus steht und kastenübergreifend allen Menschen zugänglich sein soll. Vor dem Tempel kampiert eine Gruppe Pilger, die sich zu den Dalits zählen und mit einem Reisebus aus dem tausendfünfhundert Kilometer entfernten Hyderabad angereist sind, um hier zu beten. Allein durch bloße Berührung glauben Brahmanen von diesen Menschen beschmutzt zu werden. Früher mussten sie sich nach einem Körperkontakt komplizierten rituellen Waschungen unterziehen. Doch gerade in den überfüllten Bussen der großen Städte lassen sich solche Kontakte heute kaum vermeiden.

Mit diesem Tempel wollte man dem Wunsch Mahatma Gandhis nach Abschaffung des ungerechten Kastensystems entsprechen. Auch mir kommt das gelegen, habe ich hier doch die einmalige Gelegenheit, den heiligen Innenbereich und die rituellen Handlungen zu sehen. Nagender wünscht sich solche Tempel in ganz Indien: »Es ist kaum zu glauben, wir haben eine Verfassung, in der die Gleichheit aller Menschen festgeschrieben ist, und doch müssen diese Leute so weit reisen, um ihrem Glauben nachgehen zu können. Sie leben außerhalb der Dorfgemeinschaft, dürfen die öffentlichen Brunnen nicht benutzen und nur Berufe wie Latrinenreiniger, Abdecker oder Wäscher ausüben!« Wir folgen den Pilgern mit ihren Opfergaben aus Blumen, Milch und Honig bis ins Zentrum des Tempels, wo sie sich um einen Lingam, das phallische Symbol Shivas, das in einer stilisierten Scheide steckt und die Zweigeschlechtlichkeit der Gottheit darstellt, versammeln. Einer nach dem anderen legt sich zu den monotonen Gesängen des Priesters, die unter der marmornen Kuppel vielfach wiederhallen, flach vor das Symbol und überreicht seine Gaben. Wie sehr die Hindu-Gottheiten miteinander verwoben, verwandt und inkarniert sind, zeigt sich ganz besonders an der Legende, die dieses Phallussymbol erklärt. Da heißt es in der hinduistischen Mythologie: *Shiva verführte in Gestalt eines Jünglings die*

Frauen der Asketen. Diese rächten sich, indem sie Shiva durch Beschwörung das Glied vom Leib rissen. Vishnu, der gütige Gott, nahm die Gestalt einer Scheide an, fing Shivas Glied auf und rettete es.

Seit Stunden brüten wir über dem Stadtplan von Allahabad und über nordindischen Landkarten, um die beste Route für mich festzulegen. Ich kann es kaum erwarten, die Reise endlich in die eigenen Hände zu nehmen: »Du solltest wegen des starken Verkehrs die Grand Trunk Road so oft wie möglich meiden. Hier zum Beispiel«, Nagender zeigt mir auf der Karte Ausweichstrecken, »kannst du die südliche Route nehmen. Zwischen Allahabad und Kanpur verläuft nördlich des Ganges eine schmale, wenig befahrene Straße entlang der Bahnschienen. Vielleicht überhole ich dich dort.« – »Ja«, stimme ich zu, »das wäre lustig, aber vorher treffen wir uns ja in Allahabad am Hauptbahnhof. Ich brauche zwei Tage für die hundertdreißig Kilometer. Sollte ich übermorgen um achtzehn Uhr nicht am Treffpunkt sein, verschieben wir es um jeweils vierundzwanzig Stunden.« Ich wühle in meinem Gepäck und ziehe überflüssigen Ballast heraus: »Hier, diese Ersatzkameras und die Filme gebe ich dir mit und noch ein paar Kleidungsstücke. Wenn du Lust hast, kannst du fotografieren.« Wissbegierig lässt er sich erneut Feinheiten, Tricks erklären, die er mit seinem Wissen aus den Fotohandbüchern, in denen er ständig blättert, ergänzt. Ich erläutere ihm, welche Besonderheiten Fotos für Diaschauen aufweisen sollten. »Ein außergewöhnlicher Blickwinkel macht jedes Foto interessant. Manchmal muss man sich auf den Boden legen, dann wieder auf einen Turm klettern. Probier es aus und in Allahabad kannst du deine Filme entwickeln lassen. Also, viel Glück und bis übermorgen.« Nagender beugt sich zu mir hinunter und umarmt mich innig. Über diese körperliche Nähe bin ich völlig überrascht und erwidere etwas unbeholfen seine herzliche Geste. Erneut spüre ich eine tiefe Sympathie. »Pass auf dich auf«, bittet er mich, dreht sich um und ist verschwunden.

Endlich biken

Ich hänge meine Reisetasche an die Schiebegriffe des Rollis, befestige das Bike und los geht's. Lange habe ich auf diesen Moment gewartet, endlich unabhängig von öffentlichen Verkehrsmitteln, selbst bestimmt zu reisen, ohne Kompromisse schließen zu müssen. Vergleichbar mit den badenden Gangespilgern empfinde auch ich in diesem Moment ein Gefühl höchsten Glücks, bekomme Lust, vor Freude laut zu schreien. Oft habe ich mich in ähnlichen Situationen gefragt, woher diese Berauschtheit kommt. Schließlich weiß ich nicht, wo ich die kommende Nacht verbringen werde, wann ich das nächste Mal zu essen oder zu trinken bekomme; ich bin Wind und Wetter, dem Verkehr und den Menschen schutzlos ausgeliefert, eigentlich wenig freudvolle Aussichten. Doch gerade losgelöst von Obhut und Sicherheit, sich einem gewissen Risiko auszusetzen, verursacht diese Begeisterung. Und ich werde mit einem weiteren Geschenk belohnt. Zwar reise ich jetzt langsamer, aber ich erlebe viel mehr. Erneut wird mir deutlich, wie sich die Menschen beim Anblick eines Reisenden öffnen, der sich auch mit Muskelkraft fortbewegt. Ich werde gegrüßt, mit anspornenden Rufen begleitet oder von Passanten angehalten, deren Neugierde leider in den meisten Fällen ihre Englischkenntnisse übersteigt.

Auf dem Panchakroshi-Pilgerweg verlasse ich die heiligste Stadt der Hindus in Richtung Süden. Der starke Verkehr verlangt höchste Aufmerksamkeit. Hier herrschen die Gesetze des Dschungels. Was ich in relativ sicherer Position als Beifahrer im Bus von Bodhgaya nach Patna als beängstigend empfand, erlebe ich nun aus der Perspektive des schwächsten Verkehrsteilnehmers. Ständig muss ich sich anbahnende Überholvorgänge beachten oder die Fähigkeiten entgegenkommender Truckfahrer, geradeaus zu lenken, abschätzen. Habe ich Grund, daran zu zweifeln, bleibt mir nur die Flucht auf den Grünstreifen. Je tiefer der liegt, je mehr Schlaglöcher er aufweist, umso sicherer kann ich mich dort fühlen, denn einen stark abfallenden Seitenstreifen müssen die hoch beladenen LKWs meiden, weil sie drohen umzukippen.

Rücksicht wird im indischen Straßenverkehr nur auf die eigenen Interessen genommen. Größe und Stärke sind gleichbedeutend mit Vorfahrt. Dem muss man sich unterordnen, das sind die Verkehrsregeln. Dass in Indien Linksverkehr herrscht, wird nur bei Überholvorgängen oder Gegenverkehr deutlich, sonst fährt man mittig. Vom Fort Chunar habe ich noch einmal einen herrlichen Blick auf den Ganges, bevor er sich in einer riesigen Schleife Varanasi zuwendet.

Die Reise führt jetzt durch den Teppichgürtel Indiens. Hier habe ich vor drei Jahren für eine Diaschau zum Thema Kinderarbeit recherchiert. Versteckt in Hinterhofknüpfereien werden auch heute noch Kinder gefangen gehalten, die für einen Hungerlohn oder als Schuldknechte wie Leibeigene arbeiten. Nur weil ich im Rollstuhl saß, bin ich damals mit viel Glück dem Rohrstock eines Fabrikbesitzers entgangen, dessen Knüpferei ich fotografieren wollte. Kinderarbeit ist selbstverständlich verboten, doch so lange das Monatsgehalt der Polizisten durch Zuwendungen der Ausbeuter verdoppelt wird, wird sich nichts ändern.

236

In jeder Ortschaft, die ich passiere, leben die Menschen von der Teppichherstellung. Zwischen den Lehmhütten werden, keine fünf Meter von der Straße entfernt, unter freiem Himmel herrliche Teppiche geknüpft, deren Erlös allerdings nicht den kleinen Familienbetrieben, sondern dem Heer der Zwischenhändler zugute kommt.

Ich lege in einem der Durchgangsdörfer an einem Chai Shop Rast ein und beobachte das Treiben, nachdem die Schaulustigen ihren Spaß an mir verloren haben und mir nicht mehr den Rundblick verstellen. Einige von ihnen fallen mir wegen ihrer kontrastreichen Kleidung auf. Sie tragen perfekt geschnittene dunkelblaue Jacketts mit Schulterklappen und silbernen Knöpfen, dazu ergraute Dhotis.

Nebenan ist der Besitzer eines Geschäftes für Gebrauchtkleidung gerade damit beschäftigt, eine Charge solcher Jacketts und allerlei Altkleider aus großen Kisten zu entladen. Bei näherem Hinsehen entdecke ich das Symbol des Deutschen Roten Kreuzes auf den Kisten und dann hochrangige Bundeswehrabzeichen eines Panzerbataillons auf einigen Jacken sowie die schwarz-rot-goldene Flagge an den Ärmeln.

»Wo haben Sie die Kisten gekauft?«, frage ich, während ich eine Uniform anprobiere.

»Auf dem Großmarkt in Delhi«, antwortet er, ohne die Arbeit zu unterbrechen.

»Wissen Sie, was diese drei Farben bedeuten?« Ich weise auf die Flagge am Ärmel.

»Nein, keine Ahnung.«

»Was kostet die hier?«

»Jede Jacke kostet sechshundert Rupien«, beginnt er in Erwartung einer langwierigen Feilscherei.

Doch ich lege sie zurück und wende mich wieder der Straße zu, während er mir noch günstigere Angebote hinterherruft. Ich winke freundlich ab. Wer also glaubt, den Ar-

men zu helfen, muss damit rechnen, dass seine Altkleider-
spende in die falschen Hände gerät.

Die meisten Dörfer, durch die ich rolle, scheinen namen-
los zu sein und sind auf meinen Landkarten nicht eingezeichnet. Auch Hinweisschilder und Wegweiser suche ich
vergebens, doch im Grunde gibt es keinen Zweifel an meiner Fahrtrichtung, denn alle abzweigenden Straßen sind
untergeordnet und der Stand der Sonne weist mich nord-
westwärts. Zwischen den Ansiedlungen, die aus nichts
mehr als einer Reihe Lehm- und Backsteinhütten bestehen,
deren Bewohner vom Durchgangsverkehr auf dieser as-
phaltierten Lebensader abhängig sind, liegen selten mehr
als fünf Kilometer. Der Schwerlastverkehr, der selbst hier
auf der Nebenstraße der Grand Trunk Road immens ist,
ernährt ein ganzes Volk von Teeverkäufern, Imbissbuden-
besitzern, Reifenflickern, Mechanikern und auch Familien,
die ihre Töchter den Truckern zum Beischlaf anbieten. Kurz
vor den Häusern des nächsten Ortes wundere ich mich über
einen LKW-Fahrer aus Delhi, der mit einem ungefähr
zwölfjährigen Jungen herumfeilscht. Obwohl sie mich bemerken, bin ich ihnen kaum mehr als einen Seitenblick
wert. Das will etwas heißen, sie müssen wirklich etwas
Wichtiges zu verhandeln haben. Worum es geht, offenbart
sich mir, als ich sehe, wie ein Mädchen, nicht älter als fünfzehn Jahre, in die Fahrerkabine steigt.

Kaum habe ich begriffen, was da gerade abgelaufen ist,
werde ich wieder von einer Schar Kinder, die mir schreiend
entgegenlaufen, empfangen. Es ist immer das gleiche Ritual. Was mich auf der Insel Sagar und in Kalkutta noch
amüsierte, geht mir jetzt zunehmend auf die Nerven. Einerseits kann ich die Aufregung der Kleinen lebhaft nachvollziehen. Aber wenn sie mich festhalten, mir den Weg versperren und bisweilen auch Steine hinterherwerfen, hat der
Spaß ein Ende. Eigentlich wollte ich anhalten und Lebens-

238

mittel einkaufen. Doch das wird von einer solch ungeheuren Anzahl Kinder und Jugendlicher, die mich während der Fahrt laufend umringen, vereitelt. Es sind so viele, dass ich die Orientierung verliere und beschließe, meine Besorgungen im nächsten Dorf zu erledigen.

Aber ich werde die Bande nicht los. Ein beklemmendes Gefühl beschleicht mich bei dem Gedanken, wie leicht mich diese Kinder, die eine beängstigende Gruppendynamik entwickeln, bis aufs Hemd ausrauben könnten. Zwei, drei von ihnen sind schlichtweg rotzfrech, halten mich immer wieder fest, betatschen mich, blockieren meine Weiterfahrt und animieren die anderen, es ihnen gleichzutun. Die Übrigen, die zurückhaltender sind, finden das lustig und alles geht in tobendes Gejohle über. Fast komme ich mir vor wie ein Käfer im Ameisenhaufen, der sich nach Kräften wehrt, aber chancenlos dem Untergang geweiht ist. Was ich auch tue, um die kleinen Monster loszuwerden, wiegelt sie nur noch mehr auf. Schreie ich sie an, ernte ich Gelächter. Ignoriere ich sie, werden sie immer zudringlicher, bis ich wieder etwas unternehmen muss. Und wenn ich anhalte, wächst ihre Zahl ins Unermessliche, so dass ich mich wie ihr Gefangener fühle. Einzig meine Geschwindigkeit und die hoffentlich nachlassende Ausdauer der Kinder können mich retten.

Erst als ich den Ort durchquert habe und wieder auf der Landstraße bin, habe ich die meisten abschütteln können. Die Letzten und Skrupellosen schmeißen mir noch Steine hinterher, treffen zum Glück aber nur ihre drei Freunde, die mich auf ihren Fahrrädern immer noch begleiten. Auch sie gehören zu denjenigen, die eben noch unter dem Beifall aller aufdringlich geworden sind. Doch nun lacht niemand mehr über ihre Witze, womit der Jux seinen Reiz verloren hat und ich endlich in Ruhe gelassen werde. Kinder kennen keine Hemmungen, können skrupellos sein und für mich eine Gefahr darstellen. Manche, vor denen ich Angst bekommen habe, sind kaum älter als mein Sohn. Schweren Herzens suche ich mir am Straßenrand Steine und einen Knüppel. Dabei nehme ich mir fest vor, niemals zurückzuwerfen oder zuzuschlagen. Kaum habe ich den frischen Wind, die herrliche Allee und den Blick auf die Getreidefelder an der Straße richtig genießen können, stürzt das Empfangskomitee des nächsten Dorfes in Form einer grölenden Kinderschar auf mich zu, die jedoch gebührenden Abstand wahrt. Entweder sind sie besser erzogen, oder mein Knüppel auf dem Schoß flößt ihnen Respekt ein.

Wieder komme ich in eines dieser namenlosen Dörfer, deren Ortseingang von Reifenwerkstätten und den öldurchtränkten Vorplätzen der Werkstätten geprägt ist. Obwohl Altöl in einem ewigen Recyclingverfahren immer wieder verwendet wird, geht beim Wechseln derart viel daneben, dass das Erdreich davon gesättigt ist und mir die Masse an den Rädern kleben bleibt. Ein Liter Mineralöl verseucht zehntausend Liter Grundwasser, das nur noch durch tiefes Auskoffern des Bodens gerettet werden kann. Aber das sind Probleme, die man erst hat, wenn man nicht ums tägliche Überleben kämpfen muss.

Freundlich werde ich von den pechschwarzen ölverschmierten Monteuren gegrüßt. Das gibt mir nach den aggressiven Kindern wieder Auftrieb. Im Zentrum des Dorfes gibt es viele Imbissstände, von denen ich mir den saubersten zur Rast auswähle. Wackelige Tische und Stühle kippeln im Sand vor der Bretterbude, in der ein Koch, bekleidet mit einem schwarzen Hemd, den Gästen Masala Dosa zubereitet, während von der staubigen Straße bläulich schwarze Abgasschwaden herüberwehen. Doch diese Kulisse wird von dreißig, vierzig Schaulustigen verdeckt, kaum dass ich mich niedergelassen habe. Schnell hat sich der Kreis um mich geschlossen, was die Neugier derjenigen, die mich nicht sehen können, nur noch anheizt und den Pulk bis zur Straße anwachsen lässt. LKW kommen jetzt nicht mehr durch, es gibt Aufregung und Gehupe, Radfahrer kollidieren mit meinem unaufmerksamen Publikum und dabei bin ich nicht verletzt, führe auch keine Zaubertricks vor oder verrenke mich unmenschlich, sondern sitze nur da und warte auf mein Essen. Der einzige Englischkundige ist Star des Tages, führt sich auf wie ein Gockel und stellt mir immer wiederkehrende Fragen, die er seinen Landsleuten mit stolzgeschwellter Brust übersetzt. »Wie heißt du? Woher kommst du? Bist du verheiratet?« Alles beantworte ich artig, aber recht gelangweilt, weil diese Fragen täglich hundertfach gestellt werden. Aber dann wird es spannend: »Was ist das für ein komisches Fahrrad, auf dem du da sitzt?« Verdutzt über diese Äußerung frage ich mich: Kann es sein, dass hier niemand meinen Rollstuhl als solchen erkennt? Gerade will ich meine Querschnittlähmung erklären, da redet er weiter: »Ich finde es eine tolle Idee so im Sitzen zu reisen, das würde ich auch gerne machen.« Schnell schalte ich um, beschließe, alle in ihrem Glauben zu lassen, denn die Wahrheit würde jetzt nur Bestürzung und Mitleid hervorrufen. Stattdessen antworte ich lachend: »Ja, es ist sehr gemütlich und meinen Sitzplatz habe ich immer dabei!«

Der Koch mit dem unsäglich schmutzigen Hemd, das durchlöchert ist wie ein Schweizer Käse (ich frage mich ernsthaft, wie er morgens das Ärmelloch von den übrigen Öffnungen unterscheidet), ist inzwischen dabei, mit einem freudigen Grinsen über die vielen Kunden, die ich ihm beschere, meine Teigtasche zu brutzeln. Mit der rechten Hand nimmt er aus einem Eimer ein Mus aus gekochten Kartoffeln, Erbsen und Mohrrüben und matscht es in die Mitte des Teigs. Das Ganze wird zusammengerollt und mit diversen Saucen serviert. »So, jetzt will ich essen, auf Wiedersehen«, verabschiede ich mit Nachdruck meine Zuschauer, von denen die meisten meinen Wink mit dem Zaunpfahl verstehen. Ein paar ganz Unbeirrbare lassen sich jedoch nicht abwimmeln und finden mein unbeholfenes Hantieren mit der Teigtasche – weil es kein Besteck gibt – lustig.

Zuckend liegt meine unreine linke Hand auf dem Schoß und möchte so gerne helfen, doch ich muss mich zwingen, sie nicht zu benutzen. Sie ersetzt in Indien das Toilettenpapier. Auch wenn ich nicht alle indischen Gewohnheiten übernehme, so würden sich doch alle vor mir ekeln, würde ich die linke Hand zur Hilfe nehmen.

Gestärkt klemme ich mich hinters Bike und stürze mich wieder in den Verkehr. Gute sechzig Kilometer habe ich hinter mir und nehme mir vor, im nächsten Dhaba nach einer Bleibe für die Nacht zu fragen.

Bereits zu Kaiser Ashokas Zeiten, vor weit über zweitausend Jahren, existierte hier eine Handelsstraße, die, von den Mogulherrschern im 15. Jahrhundert ausgebaut und mit Rasthäusern versehen, zu einer wichtigen Achse ihres Reiches erwuchs. Auch die Briten erkannten die Vorteile einer schnellen Landverbindung zwischen Kalkutta und dem Kernland, weil der Ganges in der Trockenzeit nur schwer schiffbar war. Um den Karawanen, Pilgern und reisenden Herrschern sichere Unterkunft für die Nacht zu gewähren, errichtete man in Tagesetappen Rasthäuser, die mit den Jahrhunderten zu fürstlichen Herbergen, ja zu Palästen anwuchsen. Der Großmogul Akbar, der übrigens nie ohne Krüge voll Gangeswasser auf Reisen ging, und sein Nachfolger Jehangir ließen entlang der Route Bäume pflanzen, die den Wanderern Schatten spenden sollten. Die Funktion der Rasthäuser übernehmen heute die Dhabas, in denen allerdings vom gediegenen Komfort nicht viel übrig geblieben ist.

Nach zehn Kilometern stoße ich am Rande der Straße auf das erste Rasthaus, idyllisch gelegen zwischen großen Alleebäumen und grünen Feldern. Es ist ein flaches unverputztes Backsteingebäude, im Winkel errichtet, mit großen Überdächern als Regenschutz. Drei klapprige, hoch beladene Lastwagen, deren Aufbau vollständig aus Holz gezimmert ist, parken auf dem Grünstreifen. Die Fahrer, in ein angeregtes Gespräch vertieft, liegen auf Bettgestellen und schlürfen ihren Tee. Sobald sie mich erblicken, wechseln sie das Thema, ich höre die Worte »cycle« und »yatri« für Tourist.

»Kann ich für heute ein Chaproi mieten?«, spreche ich den Mann am Kassentisch, vermutlich der Chef, an. »No inglis«, antwortet er mit gleichgültiger Miene. Völlig desinteressiert blickt er auf ein verdrecktes Geldbündel, das er mit flinken Fingern durchzählt. Es ist wirklich merkwürdig, ständig bin ich auf der Flucht vor Neugierigen, Zaungästen und zudringlichen Kindern, doch jetzt, wo jemand Geld verdienen kann, werde ich links liegen gelassen. Ich warte, bis er fertig ist und versuche per Zeichensprache mein Anliegen vorzutragen, indem ich mit geschlossenen Augen die flache Hand an die Wange lege und den Kopf leicht neige. Dann führe ich die Hand an den Mund, als würde ich nach indischer Manier ein Reisbällchen verspeisen. Er redet etwas in Hindi, das ich nicht verstehe, weist mit der Hand auf einen Stapel Bettgestelle, die an der Mauer lehnen und reicht mir eine alte Wolldecke. Dann hält er mir einen Zehnrupienschein vor die Nase, umgerechnet fünfzig Pfennig. Überrascht, wie billig die Übernachtung und eine Mahlzeit Reis mit Linsen ist, ziehe ich einen Zehner aus meinem Portemonnaie und bekomme noch zwei Rupien heraus.

Ein Junge im Grundschulalter, der hier scheinbar Mädchen für alles ist, wird beauftragt mir ein Bettgestell zu präparieren, was nicht mehr bedeutet, als es richtig zu platzieren. Eine Matratze oder Decke gibt es nicht. Ich entscheide mich dafür, unter einem Baum zu schlafen, in maximaler Entfernung zur lärmenden Straße, aber auch im respektvollen Abstand zur Latrine. Die ist leicht an dem beißenden Gestank alten Urins, den der Wind herüberweht, zu orten. Vorsichtig rolle ich dem Geruch nach, um die Rollstuhlgängigkeit der sanitären Anlagen zu testen. Große Erwartungen habe ich nicht, aber dieser verfallenen Blechhütte, mit einer durchweichten Suhle davor, würde ich mich nur mit einem ABC-Schutzanzug nähern. Ich mache es, wie die meisten vor mir und verschwinde mit angehaltenem Atem hinterm Haus.

Verträumt liege ich auf meinem Chaproi und blicke ins Blattwerk. In Indien dringen die krassesten Extreme, die das Leben hervorbringt, tagtäglich ans Licht. Gerüche von abgrundtiefer Widerwärtigkeit wechseln mit himmlischen Düften; hier wird der Ganges geliebt und dort verseucht man ihn. Menschen verhungern neben den Altersheimen für heilige Kühe; Indien besitzt Atomkraftwerke, Mittelstreckenraketen und Weltraumsatelliten, während die Landbevölkerung unter mittelalterlichen Bedingungen lebt.

Der Lärm der Straße reißt mich aus meinen Gedanken. Wie auf einem Logenplatz präsentiert sich mir das gesamte Spektrum menschlicher Mobilität. Alles, was Beine und Räder hat, bewegt sich. Das ferne Rauschen des Superexpresszuges Delhi – Kalkutta, der die tausendfünfhundert Kilometer in achtzehn Stunden schafft, steht im Kontrast zu den Gangespilgern in ihren orangen Kutten, die sechs Monate bis zur Quelle wandern. Hochrädrige Ochsenkarren schaukeln knarrend vorbei, werden von klingelnden, hoch beladenen Transporträdern überholt, die ihrerseits Opfer aller motorisierten Fahrzeuglenker werden. Zwi-

244

schen all dem kreuzen räudige, halb verhungerte Straßenköter auf der Jagd nach Essbarem die Straße. Populär sind
die Feldfahrzeuge, die aus nicht mehr als einem Lenker, an
dem der Motor klebt und einem Antriebsrad bestehen. Ein
Pflug, eine Egge, ein Ackerwagen, sogar ein defektes Auto
lässt sich dahinterspannen. Großvolumige Einzylinderfahr-
zeuge aus grauer Vorzeit, nicht Auto, nicht Moped, behängt
mit einer Traube Menschen, tuckern mit fünf Kolbenhüben
über die Bühne, gefolgt von dreißig Kamelen, die mit
gleichmütigem Blick den gesamten Verkehr zum Erliegen
bringen. Schnell geht die Sonne unter und bevor sich der
Vorhang der Dämmerung senkt, wird dieses faszinierende
Schauspiel von einem vorbeidefilierenden, teppichbelade-
nen Elefanten gekrönt, der den Niederungen menschlichen
Daseins entrückt, seine luftige Höhe genießt. Über allem
kreisen die Gänsegeier und warten mit Engelsgeduld auf
die Verlierer dieses Wettrennens der Kreaturen.

Respektlos knallt mir der Wirt meine Mahlzeit auf den
Tisch. Dazu lässt er einen verbogenen Aluminiumlöffel fallen, als wolle er sagen, erwarte bloß nicht, auch noch
freundlich bedient zu werden. Mich amüsiert dieses stolze
Selbstbewusstsein mancher Inder, die das unter den Engländern übliche unterwürfige Verhalten, das vielen noch tief in
den Knochen steckt, endlich abgelegt haben.

Die Nacht war kurz, laut und verqualmt. Vielleicht sollte
ich meine Etappen doch so einrichten, dass ich abends ein
Bett mit Dach über dem Kopf finde. Darauf freue ich mich
den ganzen Tag, denn bis nach Allahabad, wo Nagender
alles organisiert hat, sind es nur noch siebzig Kilometer.
Mit Wind im Rücken und einer herrlich glatten Straßenoberfläche werde ich vermutlich einen guten Tagesschnitt
erreichen.

Während der Ganges auf seinen ersten sechshundert
Kilometern viertausend Meter fällt, sind es auf den übri-

245

gen zweitausend nur minimale dreihundert Meter. Angesichts der zu erwartenden Steigungen im Himalaja habe ich bereits daheim ein kleineres Vorderrad eingebaut, was das Drehmoment verbessert. Allerdings schaffe ich nun nicht mehr als zwanzig Kilometer in der Stunde im höchsten Gang.

Kläffende Begleiter

Allahabad kündigt sich durch den Zusammenfluss von Jamuna und Ganges am Sangam, einer bis zum Horizont reichenden Sandbank, an. Doch auch der imaginäre Sarasvati, Gott der Gelehrsamkeit und Namensgeber für einen Fluss, den nur gläubige Hindus wahrnehmen, ergießt sich hier. Eine endlos lange Brücke führt über den Ganges direkt ins Herz der Stadt. Zwei Stunden vor unserer verabredeten Zeit stehe ich am Bahnhof und bin, wie erwartet, umringt von Schaulustigen, die es mir unmöglich machen, nach Nagender Ausschau zu halten. Was ich auch unternehme, all mein Bitten, zur Seite zu treten, wird ignoriert. Rolle ich zehn Meter weiter, wandert mein Pulk mit. Doch da kämpft Nagender sich durchs Gewühl. Wir fallen uns in die Arme: »Ich habe ein tolles Hotel gefunden«, sagt er begeistert, »nur drei Stufen und sogar mit Badewanne.«

»Die Neugierde der Inder ist einzigartig«, sage ich, während wir durch ein Spalier ins Freie gelangen. »Wie hast du mich überhaupt gefunden?«

»Das war ganz einfach, ich musste nur nach einer großen Menschenmenge Ausschau halten.«

Mit einem Klatschen gleite ich in die trübe Brühe und frage mich, ob ich in Gangeswasser liege und mehr Schmutz

aufnehme, als ich zurücklassen werde. Der Farbe nach zu
urteilen, scheint es eine Direktleitung Ganges – Badewanne
zu geben. Das Wasser ist heilig, so wird es mir von allen
Seiten vorgebetet, und langsam glaube ich selbst daran.
Anders kann ich mir auch nicht mehr vorstellen, wie es
möglich sein soll, dass ein dermaßen verschmutztes Gewäs-
ser nicht alles Leben abtötet.

An der Fort Road steht das Anand Bhawan (glückliches
Haus), die Residenz der Nehrus. Diese Familie hat von
Jawaharlal Nehru über Indira Gandhi bis zu ihrem Sohn
Rajiv über Jahrzehnte die Geschicke des Landes bestimmt.
Indira Gandhi hat dieses Haus der indischen Bevölkerung
geschenkt. Es ist mit Sicherheit das bestgepflegte Museum
im ganzen Land.

Für Pandit Nehru, der Indien aus der Umklammerung
der Kolonialisten führte, war es keine Frage der Religion,
seine und die Asche seiner Frau dem Fluss zu überlassen,
sondern der Liebe und innigen Verbundenheit mit dem
Ganges.

Nagender avanciert immer mehr zu jemandem, der ein
gutes Händchen im Umgang mit der Kamera hat. Die
Fotos, die wir in dem kleinen Labor entgegennehmen, zeigen sein Feingefühl für Stimmungen und den richtigen
Augenblick. Er analysiert jede Aufnahme, wägt ab, wie es
noch besser hätte sein können und äußert zum ersten Mal
seinen Wunsch, mit der Fotografie seinen Lebensunterhalt
zu verdienen. »Ich glaube ganz ehrlich, dass du das Zeug
dazu hast«, bestärke ich ihn, »aber ich kenne den indischen
Markt nicht gut genug, um einschätzen zu können, ob deine
Fotos hier entsprechend honoriert werden.«

»Bist du Fotograf?«, fragt er mich.

»Nein, bedauerlicherweise nicht, ich habe mir das selbst
angeeignet. Aber du solltest unbedingt bei einem Fotografen
eine Ausbildung machen. Das wird dir immer weiterhelfen.«

»Was soll ich für dich fotografieren, wenn du nach Kanpur fährst?«, bietet er mir an.

»Steige auf Hausdächer, Tempel oder ins Schilf am Ganges, suche Punkte, die ich mit dem Rollstuhl nur schwer erreichen kann. Versuche mit deinen Fotos eine Geschichte zu erzählen, setze Objekte in den Vordergrund, wenn du weite Landschaften festhalten willst, um dem Bild Leben zu geben, vertrau deiner Intuition. Du hast genug Zeit und Material.« Ich drücke Nagender zehn Diafilme in die Hand und die Vorfreude steht ihm ins Gesicht geschrieben.

»Also, in drei Tagen um achtzehn Uhr am Hauptbahnhof von Kanpur. Sollten wir uns verpassen, verschieben wir das Treffen jeweils um sechs Stunden und wenn ich gar nicht mehr auftauche, dann nimm dir einen Mietwagen, fahre auf dieser Strecke zurück und frage nach einem Verrückten, der im Sitzen reist.«

Ich gebe ihm meine Ersatzlandkarte, markiere darauf meine Route zwischen Allahabad und Kanpur und wünsche ihm alles Gute.

Mit meinem Knüppel auf dem Schoß und einem Beutel voller griffiger Steine ausgerüstet, kurbele ich mich durch Zuckerrohr und Reisfelder, Baumwollplantagen und idyllische Dörfer Richtung Nordwest. Männer, Frauen und Kinder prügeln auf ihren Äckern mit Dreschflegeln das Korn aus den Ähren, nutzen dann den Wind, um die Spreu vom Weizen zu trennen, indem sie die Ernte aus Körben niederrieseln lassen. Andere breiten die Garben auf der Grand Trunk Road aus und lassen den rollenden Verkehr die Arbeit machen. Wälder von Zuckerrohr werden in der sengenden Sonne von ihren Besitzern mit Macheten abgeschlagen. Grobe Ochsenkarren mit verhärmten Bauern auf der Deichsel fahren auf dem Seitenstreifen die Ernte ein. Die Tiere kennen den Weg, nur wenn sie sich der Straße gefähr-

248

lich nähern, werden sie mit Stockhieben und einem energisch ausgestoßenen »Ho, Ho« wieder in die Bahn gelenkt.

Zuckerrohr ist das Kaugummi der Armen. Mit schwarzen, karieszerfressenen Zähnen zerbeißen Alt und Jung das faserige Rohr, um an den süßen Saft zu kommen. In den Ortschaften sehe ich überall Handpressen, manche sogar motorisiert, die den Sirup eimerweise erzeugen.

Wann immer ich bei der Reiseplanung die Situationen hier auf der Straße im Geiste durchgespielt habe, bin ich zu dem Schluss gekommen, dass es sicher eine Zeit der Läuterung und Erkenntnis werden wird. Wenn man den ganzen Tag mit nichts anderem als Fahrradfahren beschäftigt ist, müsste man doch den Kopf frei haben und geistig in eine höhere Sphäre gelangen. Ich hoffte, das große Fragezeichen, dass für mich über der indischen Gesellschaft, ihrer Religionsvielfalt und Kultur schwebte, mit dieser Tour zu verkleinern. Das war ein Trugschluss. Ich grübele über den richtigen Weg, beschäftige mich mit dem Verscheuchen von Kindern und Kötern, versuche meine Haut vor den Lastwagen zu retten und kalkuliere, wie weit es noch bis zum nächsten Treffpunkt ist. Nur wenn all diese Unbilden mich verschonen, denke ich an nichts, rolle nur vor mich hin und blicke auf den vorbeiziehenden Asphalt. Diese Momente der Ruhe sind selten und kurz.

Zu viele Gefahren lauern, als dass ich mich ohne Argwohn bewegen könnte. Nagender hat mich vor Mördern, Dieben und korrupten Polizisten gewarnt, doch die größte Gefahr sind Militärlaster. Auf Indiens Straßen haben sie die größte Macht. Sie walzen über die Pisten, als gäbe es keine anderen Verkehrsteilnehmer.

Schon von weitem sehe ich eine große Staubwolke auf mich zurollen. Schnell gehe ich in Deckung und rolle hinter einen Baum, fern der Straße. Zwei Radfahrer, die mich eben noch überholt haben, sind unbedarfter. Sie radeln todesmutig auf die herandonnernde Kolonne zu. Erst kurz vor der Kollision merken sie, dass nur noch der Schlenker auf den holperigen Seitenstreifen hilft, auf dem sie dann wie ein verstricktes Knäuel aus Armen, Beinen, Lenkern, Gepäckträgern und ihrer Tagesernte Gemüse im Staub liegen bleiben.

Kaum habe ich wieder meine Reisegeschwindigkeit erreicht und den Rhythmus gefunden, gesellen sich neue Reisebegleiter zu mir. Es sind Radler, die auf der anderen Straßenseite entgegengekommen sind, dann, als sie mich erblickten, alle Erledigungen auf den morgigen Tag verschoben haben, umkehrten und nun meine stumme Eskorte bilden. Nur einer von ihnen spricht ein paar Brocken englisch und stellt mir alle möglichen Fragen. Doch ich bin kurz angebunden, denn meine Puste reicht nicht auch noch zum Reden.

Zwei Ortschaften weiter sind es zur Abwechslung wieder kleine freche Rotzlöffel, die mich mit Steinen in den Händen begrüßen. Ich drohe mit meinem Prügel, der mir auch einen Vorsprung verschafft, groß genug, um mit ein paar Ausweichmanövern von der Steinigung verschont zu bleiben. Ich bekomme einen untrüglichen Blick, die Rüpel von der großen Mehrheit harmloser Kinder zu unterscheiden. Neugierig sind sie alle. Ebenso wie alles Getier bei meinem Anblick aus der Lethargie erwacht. Die schwarzen Wasserbüffel, die Nagender immer Black Beauty nennt, machen einen großen Bogen um mich; Elefanten, die mich im Vorbeigehen genau beobachten, scheinen über mich genauso zu staunen wie ich über sie, und die kleinen halb verhungerten Pferde scheuen, wenn ich ihnen zu nahe komme. Allen Tieren begegne ich mit Vorsicht, aber besonders großen Abstand halte ich zu den streunenden Hunden.

Kurz vor Fatehpur, wo ich hoffe, eine Unterkunft zu finden, verfolgen mich zwei dieser grässlichen Köter mit fletschenden Zähnen. Ein Wettrennen, das ihren Jagdtrieb nur noch verstärkt, verliere ich gnadenlos. Ich merke auch, dass ich bei hoher Geschwindigkeit nicht noch mit dem Knüppel nach links und rechts schlagen kann. Aber mir kann nichts Schlimmeres passieren, als ein Hundebiss in Arm oder Hand. Meine letzten funktionierenden Gliedmaßen, die meine Beine ersetzen, müssen unversehrt bleiben. Nicht auszudenken, wenn mich eines dieser fletschenden Monster verletzen würde. Ich könnte die einfachsten täglichen Verrichtungen nicht mehr ohne fremde Hilfe ausüben. Die Reise wäre beendet. Also fahre ich langsam und schlage, wenn es sein muss, zu. Wenn ich treffe, ertönt ein Geheul und wieder bin ich einen von ihnen los. Dass ich in einem Land, in dem fast alles heilig ist und die meisten Menschen Vegetarier sind, weil sie das Töten von Tieren ablehnen, auf Hunde einprügele, stört niemanden.

»Fatehpur zwanzig Kilometer.« Dieses Hinweisschild versetzt mich in Stress, denn wenn ich nicht in die Dunkelheit geraten oder am Straßenrand kampieren will, muss ich mich jetzt beeilen. Ich versuche, meine Geschwindigkeit zu halten und mich nicht ständig ablenken zu lassen. Doch das ist nicht leicht. Nach fünf Kilometern dringt ein ätzend süßlicher Geruch in meine Nase, den ich schon kenne. Wieder schnürt er mir die Kehle zu. Ein Hügel abgenagter Tierknochen erhebt sich auf einem Feld am Straßenrand. Von der windabgewandten Seite beobachte ich in gebührendem Abstand das Treiben in dieser Freiluftabdeckerei. Emsig sind Gänsegeier, Krähen und Hunde mit der Entsorgung einer enthäuteten Kuh beschäftigt. Ein Anblick, der so abstoßend wie faszinierend ist. Machtkämpfe um die besten Fleischbrocken entbrennen unter Geiern und Hunden, die allesamt mit Blut beschmiert sind. Mittendrin stibitzen sich die flinken Krähen, was abfällt. Manche Köter scheinen mehr mit dem Vertreiben ihrer Futterneider beschäftigt zu sein, als damit, sich satt zu essen. Die Konkurrenz wächst unaufhörlich. Am Himmel kreisen noch zwei Dutzend weitere Geierschnäbel und aus allen Richtungen stürzen Hunde herbei. Einen von ihnen hat es beim Überqueren der Straße erwischt und er wird nun selbst zum Ziel gieriger Aasfresser. Schnell sammeln sich vier kahlhalsige Geier bei dem Verkehrsopfer, um an den Körperöffnungen mit dem Verspeisen zu beginnen. Als einer der Geier seinen Kopf tief ins Hundemaul steckt, wende ich mich angewidert ab und besinne mich auf meine Tagesetappe.

Böses Erwachen

Rechtzeitig vor Einbruch der Dunkelheit erreiche ich Fatehpur und finde zu meiner großen Freude einen Dak Bungalow zum Übernachten. Diese einfachen staatlichen Herbergen sind über das ganze Land verstreut und dienen Beamten auf ihren langen Dienstreisen. Mit etwas Überredungskunst und ein paar Rupien extra bekomme ich zwei gebratene Spiegeleier auf Chapatti, einen großen Topf herrlichen Tee und ein weiches Bett, in das ich mich erschöpft fallen lasse.

Hätte ich geahnt, welcher Fehler es war, mich diesem Bett blind anzuvertrauen, ich hätte lieber am Straßenrand geschlafen. Jeder andere Mensch wäre sofort wieder aufgesprungen, doch ich habe nichtsahnend ruhig geschlafen, mich sogar, wie es sich für einen verantwortungsvollen Querschnittgelähmten gehört, zwei, drei Mal gedreht. Selten ist mir ein solcher Schock durch die Glieder gefahren wie am nächsten Morgen. Ich schlage die Bettdecke auf und finde mich in einem blutverschmierten Bettlaken wieder. Oh nein, was ist das? Bevor ich überhaupt begreife, was passiert ist und woher das Blut kommt, sorge ich mich um meine Haut am Sitzbein, mein höchstes Gut. Nur mit intakter Haut, auf der ich schließlich den ganzen Tag sitzen muss, ist diese Reise möglich. Eine größere Verletzung kann für mich den direkten Liegendtransport nach Deutschland bedeuten. Panisch zerre ich aus meiner Kulturtasche den Handspiegel, Zahnbürste, Kamm und Seife fallen dabei heraus. Ich reiße den Fenstervorhang über dem Bett auf, um Licht zu bekommen, und beschaue mich rückwärtig. Überall sehe ich wirre Kratzer und Hautrisse, als hätte mich jemand hinterrücks mit einem Messer wahllos verletzt. »Was ist hier passiert?«, rufe ich mit angsterfüllter Stimme in die Leere des Zimmers. Mit erster Erleichterung sehe ich, dass meine Sitzhaut verschont geblieben ist, alle Verletzungen beschränken sich auf den seitlichen Beckenbereich und den Rücken in Lendenwirbelhöhe. Und nun entdecke ich die Ursache: Eine gebrochene Bettfeder ragt fast unscheinbar einen Zentimeter weit heraus. Ohne Schmerz zu empfinden, habe ich mich selbst von allen Seiten verletzt. Mit meinen Medizinkenntnissen ist es nicht weit her, aber eines weiß ich: die Verletzungen müssen sauber bleiben. Mit Alkoholtupfern reinige ich die größten Stellen und decke sie mit Pflaster ab, bis meine Notfallapotheke nahezu leer ist. Nachdem der erste Schrecken überwunden ist und ich mich vom Blut befreit habe, ergibt eine Bestandsaufnahme, dass ich die Reise nicht abbrechen muss, denn alle betroffenen Stellen liegen außerhalb meiner Sitzfläche. Zum Glück habe ich vor der Reise noch meine Tetanusimpfung auffrischen lassen. Noch während des ganzen Tages wirkt der morgendliche Schock nach und mir wird deutlich, an welch seidenem Faden das Gelingen meines Abenteuers hängt. Eine gebrochene Bettfeder, ein Hundebiss oder einfach nur zur falschen Zeit am falschen Ort sein, und der

Traum ist ausgeträumt. Was ist Glück und was ist Zufall, was ist vorbestimmtes Schicksal und wie viel Einfluss habe ich durch mein Handeln auf die Fügung?

Fast unmerklich erreiche ich an diesem Tag grübelnd Kanpur.

Würde diese Zweimillionenstadt nicht am Ganges und an der Durchgangsstraße liegen, gäbe es keinen Grund, hier zu verweilen. Kaum eine Stadt erscheint zunächst so uninteressant und gesichtslos. Hier gibt es keine herrlichen Gebäude, bedeutenden Altertümer, Tempel oder Paläste, aber die Herzlichkeit ihrer Bewohner ist beeindruckend. Obwohl in dieser Industriestadt nur wenige Menschen auf der Straße der englischen Sprache mächtig sind, ist ihre Hilfsbereitschaft besonders groß. Kein Stopp, der nicht einen Menschenauflauf verursacht. Mitunter findet sich jemand ungefragt zum Schieben ein und auf den letzten Kilometern zum Hauptbahnhof, wo ich Nagender zu treffen hoffe, werde ich sogar eskortiert, damit ich mich bloß nicht verfahre.

»Hallo Nagender!«, rufe ich, als ich ihn entdecke. Wieder liegen wir uns in den Armen, als hätten wir uns Jahre nicht gesehen. In diesen Momenten habe ich die untrügliche Gewissheit, dass aus unserer Beziehung eine tiefe Freundschaft erwachsen wird.

»Hast du genug alte Klamotten mit?«, fragt er mit warnendem Unterton, während er mein Gepäck im Hotelzimmer auf das Bett fallen lässt. Ich weiß, worauf er hinauswill, denn bereits am Morgen, als ich in die Vororte von Kanpur kam, sah ich bunte Gesichter und mit Farbe überschüttete Passanten.

Fest der Farben

Während ich auf dem Bett sitze und die Matratze nach Wanzen und gebrochenen Bettfedern absuche (eine Tätigkeit, die mir seitdem in Fleisch und Blut übergegangen ist), antworte ich: »Ich habe genug zerschlissene Kleidung, die ich opfern kann, aber was ist mit dir? Für dich müssen wir noch etwas besorgen.«

»Ach, kein Problem, ich ziehe das hier an«, dabei hält er ein blaues T-Shirt und eine verwaschene Jeans hoch.

»Müssen wir das danach wirklich alles wegschmeißen?«

Seine Miene wird ernster: »Du wirst dir sogar wünschen, deine Haut abziehen zu können«, klärt er mich auf.

»Wenn es uns zu viel wird, können wir ja ins Hotel flüchten«, versuche ich abzuwiegeln.

»Wahrscheinlich gibt es dann kein Durchkommen«, erwidert Nagender mit erhobenem Zeigefinger.

Ganz behaglich scheint ihm bei dem Gedanken an das Holi-Fest nicht zu sein, und bevor seine Zweifel auch mich anstecken, lenke ich lieber vom Thema ab.

»Gib mir bitte meine Kamera und das Objektiv, das ich dir in Varanasi mitgegeben habe.«

Er kramt aus seinem Rucksack meine Ersatzkamera, die ich extra für solche Fälle eingepackt habe. »Das wird sie nicht überstehen«, beginnt er von neuem, während er mir den Apparat herüberreicht. Ich sage nichts mehr dazu, stecke Filme ein und sage fordernd: »So, wir können los!«

Jetzt hat mir Nagender doch etwas Angst gemacht. Vorsichtig schaue ich aus dem Hoteleingang in der Erwartung, gleich mit Farbpulver überschüttet zu werden, doch alles geht seinen normalen Gang. Natürlich hat er meine Vorsicht bemerkt: »Wir müssen näher ans Stadtzentrum heran, da geht es zuerst los.«

Auf unserem Weg gibt er mir eine kleine Einführung in den Wirrwarr indischer Gottheiten, Legenden und Mythen. »Meine Mutter hat mir erzählt«, beginnt Nagender bedeutungsvoll und nicht ohne ironischen Unterton in der Stimme, »dass es vor über siebentausend Jahren eine Königin Holika gab, die aus Angst, vom Thron gestoßen zu werden, jeden Säugling im Reich an ihrem vergifteten Busen töten wollte. Als Amme verkleidet, zog sie übers Land und welches Baby auch immer sie stillte, es verendete jämmerlich. Doch der kleine Pralad auf ihrem Arm«, dabei weist Nagender auf Plastikfiguren am Straßenrand, »erkannte die Gefahr, biss ihr die Brustwarze ab, schlürfte das schwarze Blut aus ihrem Leib und befreite das Volk so von der bösen Königin.«

»Welch grausame Geschichte«, sage ich beeindruckt.

»Es gibt noch zehn andere Versionen, wenn dir diese zu brutal ist, erzähle ich dir eine andere.«

»Ist schon gut«, winke ich ab, »erkläre mir lieber, warum die Leute sich mit Farbe beschmeißen!«

Nagender lacht: »Das weiß ich auch nicht so genau, es ist wohl die Freude über den Tod der Königin. Es kann auch als Frühlingsfest oder Erntedankfest bezeichnet werden, such dir aus, was dir am besten gefällt!«

Über den Tag sind auf den großen Kreuzungen riesige Scheiterhaufen aus Kuhdung errichtet worden, die nun mit Plastikfiguren der Königin Holika samt dem kleinen Pralad auf dem Arm zu einem erheblichen Verkehrsproblem werden. Immer mehr Fahrzeuglenker bleiben im Gedränge der Menschenmassen stecken und bald bricht der Verkehr zusammen. Einzig die Megaphonwagen erhalten Durchlass und übertönen die Szenerie mit einer ohrenbetäubenden Kakophonie. Doch mit Farbe wird nicht geworfen. Alles drängt nun den Scheiterhaufen zu, an denen Priester nach diversen rituellen Handlungen die Befreiung des Volkes von der Königin nachspielen.

»Was tun Sie da?«, unterbreche ich einen Geistlichen, der zwar mit einem Lendentuch simpel gekleidet ist, jedoch auf dem Kopf eine Krone aus Stanniolpapier, geschmückt mit Plastikblumen, trägt und insgesamt eine ziemlich alberne Figur abgibt. Wie sehr ich mich über sein Aussehen amüsiere, lasse ich mir selbstverständlich nicht anmerken. »Königin Holika hat geglaubt, sie sei gegen das Feuer immun und wollte Krischna töten, indem sie sich mit ihm auf den Scheiterhaufen setzte. Aber es kam anders. Sie verbrannte und Krischna stieg als neuer Gott aus dem Feuer.« »Aha«, antworte ich nur und schaue ihn an, als hätte ich alles begriffen. Ich gebe es auf, auf Fragen nach der indischen Mythologie, den Göttern und ihren Beziehungen zueinander klare Antworten zu erhoffen. Jeder macht sich seinen Reim darauf, schmiedet hier etwas dazu, streicht dort etwas weg und verbreitet die eigene Sichtweise der Dinge, als gäbe es nur diese eine Wahrheit. Bevor der Priester sich wieder der Königin zuwendet und den Scheiterhaufen in Brand setzt, dreht er sich noch einmal um, nimmt seine putzige Krone vom Kopf und setzt sie mir auf, erstes Farbpulver rieselt auf mich herab und damit bin ich in das Fest integriert.

Inzwischen hat das Gedränge so zugenommen, dass Nagender mir Platz verschaffen muss. Der Scheiterhaufen beginnt zu lodern, der Priester stürzt sich auf die Königin, entreißt ihr den Säugling und umrundet mit ihm drei Mal triumphierend den Schauplatz. Alles gleicht mehr einer Karnevalsveranstaltung als einer religiösen Handlung, denn viele Zuschauer tragen jetzt Kronen oder haben sich als Frau verkleidet. Ein letzter Blick auf die lodernde Königin lässt mich schaudern. Monsterartig zerläuft ihr Gesicht in der Hitze und der schwarz qualmende Kunststoff tropft in langen Fäden auf ihre übergroßen Brüste.

Die Menge löst sich langsam auf. Wüsste ich nicht, dass da noch etwas kommt, ich wäre überzeugt, das Fest sei nun vorbei. Aber kurze Zeit später sind alle wieder da, nun ausgerüstet mit großen Fahrradpumpen, gefüllt mit einer Flüssigkeit aus Farbpulver und Wasser. Erneut werde ich an Karneval erinnert, als ein Jeep sich durch die Menge drängelt, beladen mit zehn lauthals grölenden Jugendlichen, die einen Wirbel aus Farbe hinter sich lassen. Sie selbst sind dermaßen beschmiert, dass ihre weißen Zähne und Augäpfel wie leuchtende Punkte im Farbenmeer erscheinen. Ich schaue Nagender an, der, vertieft ins Fotografieren, nur kurz zu mir herübergrinst und meint: »Frag nicht warum!« Einen letzten Versuch wage ich bei einem Trupp, der die Straße entlang genau auf mich zukommt: »Hallo, Moment mal!« Mit einer Handbewegung gelingt es mir die Aufmerksamkeit auf mich zu lenken. »Warum überschütten Sie sich mit Farbe?« Kaum ist der Satz ausgesprochen, wird mir bewusst, wie dumm die Frage ankommen muss. Da ist man froh, nicht zur Arbeit zu müssen, feiern und andere mit Farbe beschmieren zu dürfen und da kommt dieser Tourist und fragt, warum. Tatsächlich schauen mich nun drei entgeisterte, rot panierte Gesichter an, die mich genau verstanden haben und doch nichts begreifen. Als Antwort greift jeder in seinen Sack und hüllt mich von oben bis unten in eine Wolke aus rotem Farbpulver. Wie einen begossenen Pudel lassen sie mich stehen.

Mit meiner alten Trainingshose, dem zerschlissenen T-Shirt und der albernen Krone muss ich schon zuvor einen recht verwegenen Eindruck gemacht haben. Doch als Nagender mich nun erblickt, kann er sich vor Lachen nicht mehr halten. Es ist sinnlos, das Pulver aus der Kleidung zu klopfen, denn die Meute hat mich mit meiner weißen Haut als bevorzugtes Opfer ausgeguckt. Gerade noch schaffe ich es, meine Kamera unterm T-Shirt zu verbergen, zu spät, denn im selben Augenblick werde ich von hinten mit einem halben Eimer Pulver überschüttet. Bis in den letzten Winkel meiner Unterhose bin ich bunt gepudert. Ich gebe es auf, mir wegen der Kamera Sorgen zu machen, hoffe nur, dass sie noch bis zum Abend durchhält.

Wieder habe ich Nagender aus den Augen verloren. Mir wird mulmig in der Menge. Nach kurzer Zeit kann ich kaum einen Meter vor- oder zurückrollen, drohe die Orientierung zu verlieren. Die Masse, die aus meiner Sicht nur aus Bäuchen und Hintern besteht, ist berauscht vom Krach, von dem Nebel aus Farbe, von mystischer Verzückung und natürlich vom Bang, den eingelegten Cannabisblättern. Nichts liegt mir ferner, als mich davon anstecken zu lassen, denn Angst steigt in mir hoch. Eine Massenpanik, in der jeder die eigene Haut retten will, würde ich nicht überleben. Obwohl mir mein Rollstuhl ein paar Zentimeter Luft zu allen Seiten garantiert, meine ich vor Beklemmung kaum atmen zu können. Ich muss hier raus! Ich schiebe die Hintern vor mir weg und arbeite mich endlich ins Freie. Dort an der Hausecke, strategisch gut platziert, steht Nagender auf einer Kiste und sucht die Umgebung nach mir ab.

»Puh«, ich wische mir den Schweiß von der Stirn, der an den Schläfen als rote Pampe herunterläuft, »du hattest Recht, Nagender, es ist schlimmer als ich dachte.«

»Willst du ins Hotel zurück?«

»Nein«, entgegne ich, »solange es noch hell ist, die Kamera funktioniert und das Fest nicht vorbei ist, bleiben wir.«

Nagender zieht mich drei Stufen vor einem Hauseingang hoch, damit ich einen Überblick bekomme: »Diese Menschen sind verrückt!«, bricht es aus mir hervor.

»Richtig«, ist Nagenders einziger Kommentar.

Kübelweise schüttet jemand aus dem zweiten Stock Farbe über die Menge. Manche tragen Überdruckpumpen auf dem Rücken, um der Flüssigkeit den richtigen Speed zu geben. Aus den Saris der Frauen sind triefende Lappen geworden und die Männer haben Mühe, ihren vollgesogenen Dhoti auf den Hüften zu halten.

Vor uns spielt sich ein Schauspiel ab, das so nur in Indien möglich ist. Hier, wo die Realität zwischen Transzendenz, Mystik und hemmungsloser Hingabe verschwimmt, wird es schwer, Traum und Wirklichkeit voneinander zu unterscheiden. Holi lässt einmal im Jahr die Kastenunterschiede vergessen, macht alle Menschen – wenigstens äußerlich – gleich.

»Nagender, ich glaube, jetzt weiß ich, warum das Volk hier so ausflippt. Das ganze Jahr über sind sie ins Kastensystem eingezwängt, das ihnen eine Unzahl von gesellschaftlichen Beschränkungen auferlegt und einen ungeheuren Frust erzeugt, der sich gerade vor unseren Augen entlädt.«

»Kann sein, aber da ist noch der religiöse Aspekt. Diese Menschen lieben ihre Götter über alles und freuen sich heute noch, dass Krischna vor siebentausend Jahren Holika unschädlich gemacht hat.«

Dann erzählt Nagender, dass Holi nicht überall auf die gleiche Weise gefeiert wird. Auf dem Lande bewirft man sich weniger mit Farbe als vielmehr mit Matsch, anderswo mit Kuhdung und in einigen Dörfern segeln getrocknete Blumen auf die Feiernden herab.

»Fahr aber nie nach Barsana zum Holi-Fest«, warnt er mich, »denn dort verprügeln die Frauen auf der Straße alles, was männlich ist. Frag jetzt nicht, warum.«

»Schon gut, schon gut, ich sag ja gar nichts.«

Langsam lichtet sich die Menge zu unseren Füßen, der verkohlte und platt getretene Scheiterhaufen Holikas wird wieder sichtbar und erste Fahrzeuge erobern sich ihr Terrain zurück. Zwei Polizisten, bemalt wie Indianer auf dem Kriegspfad, versuchen, wieder so etwas wie Normalität zu schaffen. Tatsächlich lassen sich die ersten Kühe und Hunde (natürlich in allen Regenbogenfarben) wieder auf der Straße blicken. Langsam schlendern wir zurück, immer noch beeindruckt von dieser überschäumenden Euphorie. Ganz in Gedanken bemerken wir nicht, wie sich eine Gruppe Kinder nähert, um ihre letzten Reste Farbpulver über meinen Kopf zu schütten. Sie haben einen solchen Spaß, dass ich auch diesen Überfall noch über mich ergehen lasse, schließlich haben sie nicht alle Tage die Chance, einen Erwachsenen einzuseifen.

Nagender hatte wieder einmal Recht, im Grunde hat er immer Recht und ich sollte viel öfter auf ihn hören. Alle Klamotten kann ich wegschmeißen, selbst von der Haut lässt sich die Farbe, die tief in die Poren eingedrungen ist, nicht abwaschen. Wir können nur warten. Als Andenken ans Holi-Fest bleibt eine heftige allergische Reaktion, die sich als juckender Hautausschlag zeigt und erst nach Tagen, als die Farbe längst verschwunden ist, bessert.

Und auch die Kamera hat die Tortur nicht überstanden. Der Verschluss ist blockiert und als ich den Film entnehmen will, rieselt das rote Pulver nur so heraus. Ein Opfer, das sich für die einmaligen Aufnahmen gelohnt hat. Zum Glück habe ich noch zwei weitere Kameras im Gepäck.

Ich verabrede mich mit Nagender vor dem Bahnhof von Lucknow, eine Tagesreise entfernt, und freue mich auf eine geruhsame Fahrt mit wenig Verkehr. Von der Grand Trunk Road habe ich genug, ich will nur noch Nebenstraßen benutzen, auch wenn ich dafür Umwege in Kauf nehmen muss. Östlich von Kanpur überquere ich noch einmal den Ganges auf einer kilometerlangen Brücke, die über das riesige Schwemmland führt, das in den Sommermonaten, während des Monsuns, die gewaltigen Wassermassen aufnimmt. Dagegen zeigt sich der Fluss nun als vergleichsweise armseliges Rinnsal, von Kanälen und Bewässerungspumpen seiner Substanz beraubt. In der Stadt Haridwar, am Fuße des Himalaja, vor dem nur wenige Orte mit ihren Abwässern den heiligen Fluss trüben, leitet ein Kanalsystem den größten Teil des Wassers ins Herz von Uttar Pradesh, das mit dem Punjab zur Kornkammer Indiens zählt. Diese fruchtbare Gegend werde ich in den nächsten Wochen mit großem Abstand zum Ganges durchqueren. Ein Wiedersehen gibt es erst in Haridwar, mehr als fünfhundert Kilometer entfernt.

Noch immer ist die Landschaft eine große Ebene, aber inzwischen stark bewirtschaftet. Gute Bewässerung und eine Reihe von Flüssen aus dem Himalaja sorgen für mehrere Ernten im Jahr. Frisch gesäte, abgeerntete und in voller Reife stehende Weizenfelder liegen dicht an dicht. Immer seltener sehe ich dagegen Reis- und Zuckerrohrfelder, die vor ein paar Wochen noch die Landschaft zwischen Allahabad und Patna geprägt haben. Der Landbevölkerung geht es hier eindeutig besser: Traktoren dominieren auf den Feldern, die Lehmhäuser sind ziegelgedeckt und die zumeist großen Gehöfte machen einen gut ausgestatteten Eindruck. Die Menschen sind besser gekleidet und weltoffener. Nicht mehr jeder Passant verrenkt seinen Hals nach mir und manchmal wähne ich mich fast unbeobachtet. Ein Gefühl, das mir in den letzten Wochen abhanden gekommen ist. Was den Menschen jedoch im wahrsten Sinne des Wortes ins Gesicht geschrieben steht, sind die Folgen des Holi-Festes. Rote, blaue oder grüne Gesichter leuchten auf, wenn die Sonne zwischen den Alleebäumen hindurchschaut. Ich versuche die Sonnenstrahlen, wo es geht, zu meiden, denn immer, wenn ich den Schatten verlasse, spüre ich einen unangenehmen Juckreiz auf der Stirn.

Am Nachmittag hat Nagender mich im Zug überholt. Parallel zur Straße verläuft die Bahnlinie nach Lucknow.

Vergleicht man indische Städte miteinander, so müsste Lucknow in die Kategorie Gartenstadt fallen. Die Hauptstadt von Uttar Pradesh ist durch Grünanlagen und Gärten sowie die Architektur der Nabobs geprägt, einer Moslemdynastie aus dem 18. Jahrhundert, die vor allem für ihre Vorliebe für Kunst und Musik bekannt geworden ist.

Einen traurigen Meilenstein in der Kolonialgeschichte bildet die ehemalige britische Residenz von Lucknow. Gräber englischer Soldaten und Zivilisten sowie imposante Grundmauern über zweihundert Jahre alter Gebäude finden sich auf einem umzäunten Gelände. Einschusslöcher und willkürliche Zerstörung sind unverkennbar. »Nagender, was ist hier passiert?«, will ich von ihm wissen. Doch er ist nicht ansprechbar, so faszinieren ihn die Fotomotive, die sich in der Abendsonne bieten. Waghalsig klettert er auf den Mauerresten herum, legt sich flach hin oder kämpft sich durch Gebüsch, um an verwitterte Gräber heranzukommen. »Du hättest Fotograf werden sollen!«, rufe ich ihm zu, während ich in meinem Reiseführer die Geschichte selbst erkunde.

Über zweitausend Briten, Frauen, Kinder und Männer, fanden hier 1857 während einer monatelangen Belagerung den Tod. Als die Unruhen in Lucknow ausbrachen, flüchteten nahezu dreitausend Briten in die Residenz des Kommandanten Sir Henry Lawrence in der Hoffnung auf baldige Befreiung. Daraus wurde fast ein halbes Jahr. Sie verhungerten, starben an Cholera, Typhus oder ihren Verletzungen durch die Musketen der Feinde. Heute erhebt sich dort eine Ehrentafel, die den gefallenen indischen Märtyrern gewidmet ist. Das ist die indische Art, mit der Kolonialgeschichte umzugehen.

Obwohl ich in einem hinduistisch geprägten Land reise, machen über hundert Millionen Moslems Indien zu einer bedeutenden islamischen Bastion. Lucknow ist die Hochburg der Schiiten, die zum Muharram-Fest jährlich das Martyrium des Imam Hossein durchleiden. Grund ist die Schlacht von Kerbela im Irak, in der Hossein im Jahre 680 vernichtend von den Omayyaden aus Damaskus geschlagen wurde. Auf der ganzen Welt begehen Schiiten diesen Tag in Trauer und Selbstkasteiung.

Als wir abends noch einmal an der Bara Imambra, einem riesigen Mausoleum, vorbeifahren, entdecken wir eine Gruppe schwarz gekleideter Männer, die im Innenraum einer kleinen Moschee im Kreis stehend Klagelieder singen. Die Luft ist erfüllt von einer Mischung aus Weihrauch und Schweiß. Sofort als Nichtmoslem identifiziert, darf ich mit meinem Rollstuhl nicht über den Eingangsbereich hinaus, während Nagender unbehelligt hineingeht. Es ist ein einfaches Gebäude, als Moschee kaum erkennbar, das im Innern aus einem großen, unmöblierten Raum besteht, der vollkommen mit Teppichen ausgelegt ist. Während ein geistlicher Führer die Leiden des Hossein rezitiert und dabei in dramatische Rhetorik verfällt, brechen seine Zuhörer immer wieder in Tränen aus. Gestandene Männer schluchzen und jaulen, als hätten sie gerade einen lieben Angehörigen verloren. Doch die Toten, um die es geht, starben vor fast tausendfünfhundert Jahren. Um ihrer Trauer Ausdruck zu verleihen, greifen sie zu kurzen Peitschen und malträtieren sich den Rücken zum monotonen »Oh Hossein, Oh Hossein« des Vorbeters. Hier zu fotografieren würde uns in große Gefahr bringen. Am Nachmittag ist es mir kaum gelungen, ein Foto von den moslemischen Einwohnern der Stadt zu machen. Bereits zu Mohammeds Zeiten wurden menschliche Darstellungen verboten, um der Vielgötterei, der seine Vorfahren noch anhingen, ein Ende zu bereiten.

Es gibt nur einen Gott, ist das oberste Gebot des Islam, und kaum eine Sünde ist so verwerflich wie die Anbetung mehrerer Gottheiten. Wie, frage ich mich, empfinden hundert Millionen indische Moslems die Vielgötterei und den Götzendienst ihrer Hindu-Landsleute?

Gegensätzlicher können zwei Religionen nicht sein.

Rahmenbruch

Zwischen Lucknow und Shahjahanpur, wo Nagender mich übermorgen erwartet, beginnt sich die Landschaft fast unmerklich zu verändern. Bisher hatte ich lediglich an Fluss- und Eisenbahnbrücken Steigungen zu überwinden, die mir kurz, aber zuweilen eindrucksvoll, einen kleinen Vorgeschmack auf den Anstieg im Himalaja gaben. Nun wird es leicht hügelig, vor allem wenn ausgetrocknete Flussläufe zu kreuzen sind, führt die Straße tief hinunter, um danach wieder anzusteigen. Sobald ich den Kamm eines Hügels erreicht habe, lasse ich mich genüsslich hinabrollen und den Schweiß vom Fahrtwind trocknen. Dabei verdränge ich beharrlich die Tatsache, dass auf jedes Gefälle eine Steigung folgt.

Vielleicht war ich zu schnell, das Schlagloch zu tief und der Druck auf die Schweißnaht zu groß, weil zu viel Gepäck das Vorderrad belastete. Vermutlich war bereits ein Haarriss im Rahmenrohr. Vor ein paar Sekunden sauste ich noch freihändig den Berg hinunter. Jetzt habe ich wieder die Kurbel in beiden Händen, doch dem schwarzen Fleck auf der Straße, der sich zu spät als höllisch tiefes Schlagloch entpuppt, kann ich nicht mehr ausweichen. Mit jeder abrupten Lenkbewegung würde ich bei dieser Geschwindigkeit ein Ausbrechen meines Gefährts verursachen und mich heillos überschlagen. Bei der Vollbremsung muss ich die Spur halten, koste es was es wolle. Aber ich komme nicht früh genug zum Stehen. Mit angespannter Muskulatur, im Bewusstsein, dass es gleich einen ungeheuren Knall geben wird, rase ich auf das Schlagloch zu. Es ist noch tiefer als befürchtet, und ich weiß genau, etwas wird brechen. Das Vorderrad sinkt ein, steigt im gleichen Moment wieder an, während ich mit dem Rolli ins Loch krache, was mir einen stechenden Schmerz durch den Rücken fahren lässt. Mein Gefährt bäumt sich auf wie ein wildes Pferd. Kurz bevor ich mich nach hinten überschlage, kracht das Rad wieder auf die Straße.

Ich lebe noch, ist mein erster Gedanke, als ich zum Stehen komme. Sofort bemerke ich die Veränderung am Bike. Es ist wackelig wie auf einer Luftmatratze. Der Schaden ist offensichtlich. Das linke Rahmenrohr, welches die Verbindung zwischen Bike und Rollstuhl schafft, ist dicht an einer Schweißnaht auseinander gebrochen, während die rechte Seite einen tiefen Riss aufweist. Mein Handgelenk schmerzt und an die Kameraausrüstung, die vorn auf dem Gepäckträger befestigt war und nun im Gras liegt, mag ich nicht denken. Zum Glück war der Fotokoffer ausnahmsweise geschlossen, sonst hätte es Kameras, Objektive und Filme geregnet. Am Straßenrand sammle ich meine Habseligkeiten zusammen. Der Plattfuß am Rolli, den ich zuerst repariere, um mich wenigstens ein paar Meter bewegen zu können, ist bei der Größe des Schadens noch das geringste Problem. Ohne fremde Hilfe komme ich hier nicht weg. Wo bleiben die Inder, frage ich mich. Sonst sind sie doch immer sofort da, um zu gucken, doch jetzt, wenn man sie einmal braucht, lassen sie sich nicht blicken. Doch dann überquert ein unbeladener Ochsenkarren die Bergkuppe. »Hardoi kitni duur hai?« Die Antwort des Bauern auf die Frage, wie weit es noch nach Hardoi ist, bleibt mir schleierhaft. Zwei oder zwanzig Kilometer, es ist mir egal, Hauptsache, er bringt mich hin. Ich zeige ihm die Bruchstelle am Bike, damit er mich gleich zur richtigen Werkstatt bringt und wenn ich seinen Gesichtsausdruck richtig deute, hat er das Problem erkannt.

Ich hatte immer geglaubt, langsamer als im Rollstuhl kann man nur noch zu Fuß reisen, doch den Höhepunkt der Langsamkeit erreicht eindeutig der indische Ochsenkarren. Während der Bauer auf der Bordwand wieder verträumt die Augen schließt und auch ich es mir auf der Ladefläche versuche gemütlich zu machen, trottet der Ochse gemächlich dahin, als hätte er alle Zeit der Welt. Erst weit nach Einbruch der Dunkelheit erreiche ich Hardoi und finde mich vor der erstbesten Werkstatt inmitten ölverschmierter Jugendlicher wieder, die neugierig aus dem Innern der LKW-Motoren gekrochen kommen, um zu sehen, welch außergewöhnliche Schweißarbeit ansteht. Umfangreiche Erklärungen kann ich mir sparen, denn obwohl niemand versteht, um welche Art von Fahrzeug es sich handelt, begreift jeder, dass die gebrochenen Rahmenrohre geschweißt werden müssen. Eine Werkbank gibt es nicht, man arbeitet auf dem Boden in der Hocke und im Handumdrehen bin ich wieder mobil. In der Pilgerunterkunft des städtischen Tempels überlässt man mir eine Pritsche für die Nacht, die ich mir allerdings mit einer Unzahl hungriger Bettwanzen teilen muss. Einziger Trost ist die geringe Reiselust dieser Blutsauger. Sie ziehen sich nach der Mahlzeit wieder in die Säume von Kopfkissen und Matratzen zurück.

Seit meiner gestrigen Sturzfahrt bin ich vorsichtig und fahre nur noch gebremst bergab, was mir jeglichen Schwung nimmt, um den nächsten Hügel zu erklimmen. Auch mag ich der Schweißnaht nicht so recht vertrauen.

Hardoi, das inzwischen dreißig Kilometer hinter mir liegt, ist im Grunde nicht mehr als ein Ort an einer Straßenkreuzung, von der eine Abzweigung Richtung Süden zum Ganges führt. So wundert es mich nicht, wieder häufiger Pilgern auf ihrem Weg zum heiligen Fluss zu begegnen. Andere wollen nach Ayodhya, eine der sieben heiligen Städte der Hindus, die durch Unruhen zwischen Moslems und Hindus bekannt geworden ist. Auf dem Gelände einer ehemaligen Moschee hatte man einen Hindu Tempel errichtet.

Sie tragen ihre Kutten, laufen barfuß oder in Latschen und haben nichts weiter als ein Säckchen mit ihren Habseligkeiten über der Schulter. Ich überhole am linken Straßenrand fünf Frauen mittleren Alters in weißen Saris, die im Gänsemarsch forschen Schrittes nach Norden wandern. Zunächst kann ich an ihnen nichts Ungewöhnliches entdecken, lediglich ihre merkwürdigen Fellschuhe fallen mir auf, während ich mich ihnen nähere. Doch als ich die Letzte überhole und ihr ins Gesicht blicke, sehe ich, dass es keine gewöhnlichen Pilgerinnen sind. Sie tragen einen Mundschutz, fast so, als seien sie Asthmatikerinnen. Was sie vor dem Mund tragen, dient aber vielmehr dem Tierschutz. Es sind Frauen einer gebildeten Schicht, die mir bereitwillig ihr Verhalten erläutern: »Wir sind Jains und gehören den Swetambaras an, daher unsere weißen Saris, daran können Sie uns erkennen«, erklärt mir eine vierzigjährige Frau, die gleich meine Neugierde registriert hat.

»Wohin gehen Sie?«

»Wir feiern in dieser Zeit das Mahavir-Fest, das an die Geburt unseres Religionsstifters erinnern soll, und deshalb pilgern wir zu unseren heiligen Stätten, wie er es vor zweitausendfünfhundert Jahren getan hat.«

Bei so viel Offenheit verliere ich bald meine Zurückhaltung und frage frei heraus: »Warum decken Sie Ihren

Mund ab?« An ihren zusammengekniffenen Augen erkenne ich, dass sie unter ihrem Tuch grinst. Sie übersetzt ihren Freundinnen die Frage, worauf ein allgemeines Gekicher folgt.

»Ganz einfach, wir schützen alles Leben und wollen nicht versehentlich Insekten verschlucken oder zertreten. Deshalb auch unsere Fellschuhe«, dabei hebt sie einen Fuß und zeigt mit dem Finger darauf.

»Sie haben einen interessanten Rollstuhl. Woher kommen Sie und wohin soll es gehen?«

Eigentlich war ich dran mit Fragen, aber die Höflichkeit gebietet, erst zu antworten: »Ich komme aus Deutschland und möchte zur Quelle des Ganges.«

»Damit?«, stößt sie ungläubig aus.

»Warum nicht?«, lächele ich selbstsicher zurück.

»Sie sind querschnittgelähmt«, stellt sie nach kurzer Musterung meiner Beine fest. Diese Frau muss Ärztin sein. Erst erkennt sie auf den ersten Blick, dass es ein Rollstuhl ist, in dem ich sitze, dann diagnostiziert sie meinen Gesundheitszustand.

»Und Sie sind Ärztin«, gebe ich zurück. Alle lachen und schwatzend setzen wir unsere Pilgerreise fort.

»Wir sind auf dem Heimweg nach Moradabad und waren in Kushinagar, wo Buddha starb.«

Weniger als ein halbes Prozent der indischen Bevölkerung bekennt sich zum Jainismus, in dem Elemente aus dem Hinduismus und Buddhismus vereint sind. Sie lehnen das Kastenwesen und das Brahmanentum ab, glauben aber an die Wiedergeburt und an das Moksha. Eine der Grundlagen, die von Mahavira, dem vierundzwanzigsten Propheten, überliefert wurde, ist die Achtung vor allem Leben. Jains sind strenge Veganer.

Meine Begleiterinnen tragen außer ihrem Mundtuch und den Fellschuhen auch einen kleinen Handfeger bei sich.

Egal wo sie sich niederlassen, die Sitzfläche wird damit abgefegt, um nur kein Insekt zu verletzen. Welch krasser Gegensatz zum Kali-Tempel in Kalkutta, wo einer Ziege nach der anderen bei lebendigem Leibe die Kehle durchtrennt wurde.

»Wenn Sie nach Moradabad kommen, sind Sie herzlich eingeladen.«

»Das ist nett von Ihnen«, bedanke ich mich, »aber ich werde schneller als Sie dort sein.«

»Oh nein, wir sind morgen zu Hause. Von Shahjahanpur nehmen wir den Zug. Gupta ist mein Name, hier, ich schreibe Ihnen meine Adresse auf.«

»Das ist sehr freundlich, vielleicht sehen wir uns. Gute Reise!«

Ich gebe wieder Gas und lasse die fünf Glaubensschwestern hinter mir.

Während ich mich durch die Landschaft kurbele, überdenke ich noch einmal meine Begegnungen mit Indiens Religionen. Kein Land der Welt weist eine solche Vielfalt von Glaubensformen auf, nirgendwo gibt es extremere Auswüchse und Überzeugungen. Und in keinem Land der Welt wird sie so intensiv gelebt wie hier: würden alle religiösen Feste zu gesetzlichen Feiertagen erklärt, müsste in Indien niemand mehr zur Arbeit gehen. Für jede Tätigkeit, sei es eine Geschäftseröffnung, eine Pilgerreise, eine Hochzeit oder der Bau eines Hauses, werden die Astrologen konsultiert. Wer an den Namen seiner Imbissbude Lakshmi (Göttin des Glücks) hängt, kann auf gute Umsätze hoffen. Kein Campus einer Universität, der nicht einen Weg mit der Bezeichnung Sarasvati Kunj (Göttin der Gelehrsamkeit) aufweist. Hanuman, der treue Affengott, beschützt Gebäude und für die arme Landbevölkerung ist Krishna der unbestrittene Held. Es gibt regionale Unterschiede, was die

Popularität verschiedener Gottheiten angeht. Während der Göttin Kali in Bengalen Fruchtbarkeit bringende Eigenschaften nachgesagt werden, betet man in Bombay lieber den elefantenköpfigen Ganesh (zuständig für Reichtum) an. Um den Überblick vollends zu verlieren, sind die indischen Gottheiten nicht nur allesamt miteinander verwandt, sondern auch noch Inkarnationen anderer Himmelswesen. So oft ich gläubige Hindus nach der verwirrenden Vielzahl ihrer Götter gefragt habe, bekam ich letztendlich immer die vereinfachende Erklärung, dass all die Persönlichkeiten in der indischen Mythologie dem einen, allumfassenden Gott entsprungen sind.

»Faridpur kojane keh liyeh kaiseh jaana parega?« Meine Frage nach dem Weg nach Faridpur, die ich aus meinem Sprachführer ablese, löst nur Stirnrunzeln aus. Enttäuscht denke ich: Niemals in deinem Leben wirst du das Hindi richtig aussprechen. Ich stehe an einer Kreuzung, von der vier gleichrangig erscheinende Straßen abgehen. Prüfend schaue ich dem Radfahrer ins Gesicht, versuche seine Gedanken zu lesen, um die Antwort richtig interpretieren zu können, denn ein Inder antwortet immer, ob er die Frage verstanden hat oder nicht. Die Worte »Weiß ich nicht« gehen mit einem herben Gesichtsverlust einher. Da geben sie lieber eine falsche Antwort als gar keine. Noch einmal frage ich: »Faridpur?«, und zeige in die beiden in Frage kommenden Richtungen. Nur zögernd weist er nach Westen. Das ist mir zu vage. Erneut frage ich nach, was mit einem stummen Kopfwackeln, der indischen Art der Bejahung, bestätigt wird. Jetzt ist mir klar: Er weiß nicht, wo Faridpur liegt. Dankend entlasse ich ihn aus seiner unangenehmen Situation und erwarte den nächsten Passanten, der spontaner, selbstsicherer und präziser antwortet. Er muss nicht lange überlegen und ortet Faridpur im Norden.

Längst habe ich es mir angewöhnt, bei schlechter Ausschilderung unabhängig voneinander mindestens fünf gleichlautende Auskünfte einzuholen, bevor ich den empfohlenen Weg einschlage.

Obwohl ich die besten Landkarten, die ich bekommen konnte, im Gepäck habe, hüte ich mich davor, sie herauszuholen, seitdem ich damit einen Menschenauflauf von beachtlichem Umfang verursacht hatte. Das Rätselraten der selbst ernannten Wegweiser war filmreif. Für sie hatte der riesige Zettel mit den wirren Linien kein Oben und Unten, nicht einmal für den richtigen Standort konnten sie sich entscheiden. Inder sind es nicht gewohnt, sich auf diese Weise zu orientieren. Wozu auch, schließlich sind die Straßen voller Ortskundiger, von denen jeder behauptet, sich bestens auszukennen.

Noch unerquicklicher ist es, nach Entfernungen zu fragen. Für die Distanz nach Faridpur erhalte ich von jedem eine andere Aussage, die zwischen zwei und hundert variiert. Die Maßeinheit bleibt dabei offen. Ob es zwei Stunden Fahrt im Ochsenkarren, zehn Stunden Fußmarsch, achtzig Kilometer oder dreißig Meilen sind, dem Fremden bleibt es stets selbst überlassen, den Brei von Informationen zu selektieren, um ans gewünschte Ziel zu kommen. Leider gelingt das nicht immer, denn bisweilen werden falsche Auskünfte mit einer Selbstverständlichkeit gegeben, die es mir unmöglich macht, wahr von unwahr zu unterscheiden.

Und so rolle ich seelenruhig Richtung Nordost, komme nach zehn Kilometern an eine weitere unbeschilderte Kreuzung, an der ich erneut auf falsche Aussagen hereinfalle und lande auf einer Schotterpiste, die sich unvermittelt zwischen den Feldern verliert. Ich habe es befürchtet, jetzt stehe ich in der Landschaft zwischen Getreidefeldern, bewundert von zwei Bauernkindern, die mich aus sicherem Abstand beobachten und grübele, was zu tun ist. Wegen der hereinbrechenden Dämmerung ist es für den Rückweg auf die befestigte Straße zu spät. Schlafsack und Zelt habe ich nicht dabei.

Ich drehe um und rolle drei Kilometer zurück, dorthin, wo ich zuvor eine Bauernansiedlung passiert habe. Es sind fünf flache Lehmgebäude, Stallungen, Unterstände und Wohnhäuser, die um einen großen Innenhof stehen. Ein Traktor, Ackergeräte und die ziegelgedeckten Gebäude erwecken den Eindruck, als könnte die Familie es sich leisten, mich zu bewirten. Freundlich werde ich aufgenommen, und als sich herausstellt, dass ich auf dem Weg zur Quelle des Ganges bin, ist die Begeisterung groß. Es ist eine christliche Familie, was ich an den Kreuzen, die zwei Kinder um den Hals tragen, erkenne. Auch hier wird der Ganges als lebensspendender Strom verehrt. Laksha, der jüngste Sohn der Familie ist aus Dehli gerade zu Besuch. Er spricht perfekt englisch, denn er hat einen der knappen Studienplätze für Benachteiligte ergattern können. »What happend with your legs?« Inder besitzen eine entwaffnende Offenheit. Zurückhaltung scheinen sie nicht zu kennen.

Lakshas Vater und eine Reihe anderer Männer, deren Verwandtschaftsverhältnisse mir ein Rätsel bleiben, hocken in typisch indischer Manier um mich herum. Der Po berührt dabei fast den Boden, die Arme liegen zum Halten der Balance gerade ausgestreckt auf den Knien. So sitzen sie mitunter stundenlang in der Hocke.

»Ich hatte einen Motorradunfall und habe mir dabei das Rückgrat gebrochen«, befriedige ich den allgemeinen Wissensdurst mit einem Lächeln, »seitdem kann ich nicht mehr laufen. Das hier ist mein Rollstuhl.« Dabei versuche ich alles andere als betrübt zu wirken. Wie erwartet heben sich die Brauen und ihre Gesichter zeigen Bestürzung. Die Blicke der Männer sprechen Bände. Ich sehe, wie es in ihren Köpfen arbeitet. Sie mustern meine Beine, drücken mit den

Fingern hinein, versuchen das Material, aus dem sie sind, zu bestimmen und einer von ihnen kann sich nicht zurückhalten. Er hebt kurzerhand mein Hosenbein und stellt dann überrascht fest: »Kein Holz!«

Hier scheint die Welt noch in Ordnung. Der Brunnen spendet sauberes Wasser, das Getreidelager ist prall gefüllt und die Kinder sehen wohlgenährt aus. Bei Einbruch der Dunkelheit beginnt hinter dem Haus ein Generator zu tuckern, der Glühbirnen, Neonröhren und dem Fernseher Leben einhaucht. Die Flimmerkiste überrascht mich nicht mehr, doch als zur BBC umgeschaltet wird, staune ich nicht schlecht. Man kennt zwar keine Stühle und Tische, aber auf dem Dach der Lehmhütte saugt eine Satellitenantenne Signale aus dem All. Deutsche Fußballer, der Bundeskanzler und berühmte Popstars aus den USA sind allen ein Begriff. Von den Socken bin ich, als in der Brusttasche des Familienvaters ein Handy klingelt. Offensichtlich ist das Funknetz im dicht besiedelten Norden bereits ausgebaut.

Entgegen aller modernen Technik scheint die Toilette aus dem Mittelalter zu stammen. Sie ist auf dem Hof und besteht aus nichts weiter als einem ummauerten Loch, aus dem ein höchst unangenehmer Geruch emporsteigt, und hat eine viel zu enge Tür. Hinter der Klohütte entsorgen die Schweine alle menschlichen Exkremente. Angesichts meiner Verdauungsstörungen, die mich manchmal eine halbe Stunde auf der Toilette beschäftigen, gehe ich sowieso lieber in die freie Natur. Im Mondlicht suche ich mir einen Weg hinter das Gehöft. Zwischen ein paar Bäumen richte ich mich ein. Doch ich bin hier nicht allein. In der Ferne höre ich das Heulen und Bellen der Schakale, die in Rudeln auf Beutezug gehen. Sie leben von Kleintieren und Abfällen. Jetzt bin ich von ihnen umringt, höre ihr Getrappel mal links, dann rechts oder hinter mir, doch zu Gesicht bekomme ich keinen.

Mit dem Traktor werde ich am Morgen zu einer befestigten Straße gebracht, über die ich unter Umgehung von Faridpur direkt nach Bareilly und weiter nach Rampur gelange. Vielleicht hatten all die falschen Auskünfte doch ihren Sinn. Die Strecke ist herrlich ruhig, fast ohne Verkehr und gut asphaltiert. Mein Ziel für diesen Tag, vor Sonnenuntergang Moradabad zu erreichen, schaffe ich nicht. Zehn Kilometer vor der Stadt zwingt mich die Dunkelheit zur Aufgabe, denn ohne Licht wird die Straße zur tödlichen Falle. Nachts passieren schreckliche Unfälle. Ohne ein Rettungssystem mit Notarzt, erster Hilfe oder gar Rettungsfliegern, stirbt es sich schnell auf Indiens Straßen. Beim Anblick der Busse im Straßengraben mit blutverschmierten Fenstern und Sitzen, den zerbröselten Ochsenkarren und Autowracks war mir immer klar, dass nicht Kriminalität, Krankheit oder wilde Tiere die Reise gefährlich machen, sondern der Straßenverkehr.

Ein Händler nimmt mich mit seinem Pick-up bis Moradabad mit und hat damit vermutlich seinen Tagesgewinn um ein Vielfaches erhöht. Meine Verhandlungsposition war einfach zu schlecht. Für einen horrenden Preis lasse ich mich genüsslich bis vor die Haustür von Mrs. Gupta kutschieren, die mich mit offenen Armen empfängt.

Kumbh Mela

Langsam verringert sich der Abstand zum Ganges. Ich bin kurz vor den Toren Haridwars, von wo aus ich dem Fluss wieder folgen werde. Wegen der Vorbereitungen zur Kumbh Mela, dem größten Badefest der Welt, das kurz vor seinem Höhepunkt steht, ist die Stadt im Ausnahmezustand. Seit dem frühen Morgen bemerke ich die große Anzahl barfüßiger Pilger, mit denen ich meine Route teile. Fahrzeuge sehe ich immer seltener.

Doch nun, am Ortseingang von Haridwar, scheint nach neun Wochen die Reise zu Ende zu sein. An einer Straßensperre werde ich von Staatsdienern gestoppt, während die Pilger den Schlagbaum passieren dürfen. Breitbeinig baut sich ein korpulenter Polizist mit hochgeklapptem Daktari-Hut und breitem Gürtel vor mir auf. Sein gezwirbelter Schnauzbart, der beidseitig kunstvoll zu einer Spirale gedreht ist und ihm etwas Katzenhaftes verleiht, nimmt meine Aufmerksamkeit voll in Anspruch – so sehr, dass ich für einen Moment nicht begreife, was er sagt: »Das ist in Haridwar nicht erlaubt«, trompetet es, während er mich mit einer abfälligen Handbewegung des Platzes verweist.

Ich frage ihn, was genau er meint. In unfreundlichem Ton wird er deutlicher: »Ihr Fahrzeug ist nicht erlaubt, Haridwar ist überfüllt.« Dabei dreht er sich um und verschwindet in seinem Kabuff, als wäre das Thema für ihn erledigt.

Ich folge ihm zu seiner Behausung und beginne eine Diskussion: »Das ist kein Fahrzeug, das ist ein Rollstuhl!«

Immer noch kurz angebunden und ohne mich anzusehen, gibt er zurück: »Nein, nicht erlaubt.« Typisch indischer Polizist, denke ich, er fordert Unterwürfigkeit, will angebettelt werden und wahrscheinlich will er auch Geld. Aber den Gefallen werde ich ihm nicht tun. Langsam baue ich das Bike vom Stuhl ab, rolle in sein Büro, wo er hinter seinem Schreibtisch verwundert aufschaut, als wolle er sagen, wie können Sie es wagen, hier einzudringen. Bevor er protestieren kann, knalle ich meinen Reisepass auf den Tisch und beginne mit fester Stimme meinen Vortrag:

»Ich heiße Andreas Pröve, ich wurde eingeladen, um die Bedingungen für Behinderte zu testen. Bitte geben Sie mir Ihren Namen und Dienstgrad.« Ich zücke Papier und Stift und blicke ihn fragend an. Erheblich freundlicher fragt er mich, ob ich eine Bestätigung dabei habe.

»Das ist jetzt unwichtig, bitte, Ihren Namen«, fordere ich erneut. Kleinlaut meint er, warum ich das nicht gleich gesagt hätte, natürlich könne ich nach Haridwar. Er führt mich hinaus und hebt eigenhändig den Schlagbaum, um mich mit kühler Freundlichkeit durchzuwinken.

Was der Polizist mit »überfüllt« meinte, beginne ich auf meinem Weg in die Stadt zu ahnen. Die Zufahrt nach Haridwar führt durch eine gigantische, provisorisch errichtete Zeltstadt mit Straßen, Kreuzungen, Telegrafen- und Strommasten, Wasserversorgung und Abwasserentsorgung und vielen Polizei- und Informationsstellen. Das Gedränge ist groß: Sadhus, Gurus, Pilger und Ordnungshüter bilden ein geschäftiges Treiben, das mich an einen chaotischen Ameisenhaufen erinnert, in dem jedoch alles einem geheimen System unterworfen ist. Später erfahre ich, dass Haridwar zur Kumbh Mela auf zehn Millionen Menschen, das ist das Fünfzigfache der Einwohnerzahl, angewachsen ist. Welch eine gewaltige logistische Anstrengung ist nötig, um eine Menschenmenge, größer als die Bevölkerung von Berlin, Hamburg und München zusammen, zu versorgen?

»Du bist nicht mehr wiederzuerkennen!«, staune ich auf der Gangesbrücke und erwische mich beim Gespräch mit dem Fluss. Mit starkem Gefälle rauscht hier ein türkis glitzernder Wildbach hinunter, rein, kühl und frisch, der in mir den dringenden Wunsch entfacht, augenblicklich hineinzuspringen.

Während ich sehnsüchtig in die Fluten blicke, tippt mir jemand auf die Schulter. »Nagender!«, stoße ich freudig hervor, als ich mich umdrehe.

»Ich wollte gerade zum Bahnhof, sehen, ob du schon da bist. Wie hast du die Straßensperren überwunden?«, sprudelt es aus ihm hervor.

»Ach, kein Problem, erzähle ich dir später.«

»Andreas, ich habe eine gute und eine schlechte Nachricht.«

»Fang mit der schlechten an.«

»Ok, wie du willst: Das Hotelzimmer kostet zweitausend Rupien pro Nacht.«

»Das ist keine schlechte Nachricht, ich bin ja froh, dass du überhaupt eins gefunden hast. Ich habe nichts gegen Luxus und brauche unbedingt eine Dusche.«

»Aber das Hotel hat keinen Stern, ist fensterlos und das Zimmer liegt im dritten Stock ohne Aufzug.«

»Oh, das ist heftig. Wie lautet denn die gute Nachricht?«

»Es liegt direkt am Har Ki Pari Ghat und hat eine Dachterrasse, da vorne, du kannst es von hier aus sehen. Vor dem Uhrturm«, Nagender weist auf die linke Flussseite.

Als wir auf einer Art Uferpromenade durch die dichte Menschenmenge zum Hotel wandern, erklärt Nagender: »Normalerweise kostet die Übernachtung nur zweihundert Rupien, aber jetzt hat der Manager die Preise um fast tausend Prozent erhöht. Der macht alle zwölf Jahre das Geschäft seines Lebens.«

»Ja«, bestätige ich, »von dem Geld kann der wahrscheinlich bis zum nächsten Fest ein gutes Leben führen.« Ich gebe Nagender mein Gepäck und bitte ihn, es hochzutragen. Gern hätte ich jetzt geduscht und dann gut zu Abend gegessen, doch ich muss die Reihenfolge ändern, denn die Knochenarbeit, mich zwei Mal in den dritten Stock zu schleppen, kann ich Nagender nicht zumuten. Vor allem weil er zuvor von Rückenproblemen gesprochen hat. Hände und Gesicht wasche ich bei Chotiwala, einer Restaurantkette, die in Haridwar und Umgebung wegen ihrer erstklassigen Thalis so beliebt ist, dass Nachahmer wie New Chotiwala, Chatewala oder Original Chotiwala am Erfolg partizipieren wollen.

Während wir vor einem großen Teller mit Reis und verschiedenen Gemüsesorten, die immer wieder nachgereicht werden, schlemmen, tauschen wir unsere Erlebnisse aus.

»Ich habe gehört«, erzählt er begeistert, »dass morgen die Gurus eintreffen.«

»Großartig, das klappt ja gut. Wir sollten uns die Prozessionsstraße vorher ansehen und ein Gebäude suchen, auf dem du dich postieren kannst. Ich fotografiere dann von unten.«

So planen wir bei herrlichem Naturjoghurt die kommenden Tage, als Nagender mich plötzlich unterbricht. »Schnell runter!«, dabei legt er den Kopf auf den Tisch und hält sich Mund und Nase mit einem Taschentuch zu. Ich reagiere viel zu spät und stecke in einer Wolke aus Insektenvernichtungsmitteln. Als ich mich umdrehe, sehe ich gerade noch, wie ein Tankwagen um die Ecke biegt, an dem links und rechts aus Düsen ein undefinierbarer Nebel in die Restaurants, Läden und Menschenmengen gesprüht wird, vor dem sich jeder hastig zu schützen versucht.

»Die Seuchengefahr ist bei der großen Menschenmenge besonders hoch«, erklärt Nagender, als ich ihn fragend ansehe, »deshalb fahren die Kammerjäger zwei Mal am Tag durch die Stadt.«

»Aber die Menschen werden vergiftet«, empöre ich mich.

»Das darfst du nicht so eng sehen«, lächelt er, »morgen setzen wir uns da drüben hin, da sind wir vor dem Nebel sicher.«

»Hast du gesehen, dass die Fahrer Gasmasken trugen?«

»Ich weiß«, bestätigt er, »das Zeug ist gefährlich.«

Kopfschüttelnd grinse ich Nagender nur an, mir fehlen die Worte.

Nagender macht mir wieder Angst: »Pass auf, wenn du Naga Sadhus fotografierst, die sind besonders aggressiv und erschlagen dich, ohne mit der Wimper zu zucken.«

»Ja, ja«, wiegele ich ab, »ist in Ordnung.«

Am nächsten Tag steigt Nagender mit einem langen Teleobjektiv auf das Dach eines zweistöckigen Gebäudes, während ich mich auf der Straße unter die Menschen mische, die nun in Erwartung der hochverehrten Gurus ein fast undurchdringliches Spalier bilden.

Der erste Lautsprecherwagen kündigt die Hoheiten aus dem Punjab an: Zwölf große Megaphone, montiert auf fahrbaren Holzgestellen, stromversorgt aus einem Berg Autobatterien, schieben eine infernalische Lärmwand vor sich her. Dieses Mal habe ich meine Ohrstöpsel dabei, baue mich mitten auf der Straße zum Fotografieren auf und fühle mich wie John Wayne beim Duell: Ich lasse den Wagen formatfüllend herankommen, bis die Bässe meinen Magen zum Vibrieren bringen und die Schallwellen am ganzen Körper zu spüren sind. Dahinter folgt der Thronwagen, auf dem aus einem Blumenmeer ein weiß gekleideter Guru grüßt, als sei er der König der Welt. Und das Volk jubelt.

Eine Blechkapelle mit fünf Posaunen macht das Publikum auf sich und den nächsten Heiligen aufmerksam, der ihnen in einem Ackerwagen folgt. Ich muss zwei Mal hinschauen, bis ich unter den Papiergirlanden und dem Blumenschmuck den Traktor entdecke. Dieser Guru beweist seine Popularität durch seinen über und über mit Geldscheinen beklebten Thron. Andere kommen stolz auf Elefanten dahergeritten, die darauf abgerichtet sind, mit ihrem Rüssel die Geldspenden der Menschen dankend in Empfang zu nehmen, wofür jeder eine kurze, segnende Geste des Gurus empfängt.

Einer der Asketen lässt sich in seiner weißen Stretch-Limousine feiern, während es aus einem Hubschrauber, der über uns kreist, Blumen regnet. Vermutlich will auch dort oben ein armer Eremit auf sich aufmerksam machen. Ihre Jünger, die Sadhus, hüpfen wie Harlekine halb nackt oder gänzlich unbekleidet um die Wagen herum, preisen ihre Meister und sammeln Geld. Manche von ihnen zählen zu den Naga Sadhus, den Luftgekleideten, die nur mit Asche beschmiert sind. Aber so gefährlich, wie Nagender meinte, ist es nicht.

Zaghaft gehe ich mit der Kamera näher, suche Blickkontakt, um per Handzeichen um Fotoerlaubnis zu bitten. Zu meiner Überraschung posieren sogar einige von ihnen vor meinem Objektiv. Alles ähnelt frappierend den Karnevalsumzügen, mit nur einem Unterschied: Das hier ist ernst gemeint. Es mögen Hunderte von Gurus sein, die den ganzen Tag über ihren Einzug in Haridwar feierlich begehen. Nagender, der sich auf dem Dach mit einer Gruppe junger Leute angefreundet hat, schaut schon lange nicht mehr zu, und auch ich werde des Radaus müde. Doch eine Frage bleibt. Was sind das für Leute, die aufgebrochen waren, am Ende eines asketischen Lebens eine höhere geistige Sphäre zu erlangen, hier jedoch ihre finanziellen und angefutterten Speckringe offen zur Schau stellen und sich dafür auch noch bejubeln lassen?

»Nagender, ich muss in die Zeltstadt und diese Gurus interviewen«, warne ich ihn vor, »Ich will wissen, wie sie ihr Gehabe rechtfertigen.« Dass ihm mein Vorhaben nicht gefällt, habe ich mir gedacht. Nagender hält von diesen Leuten nichts, überhaupt steht er diesem Rummel recht skeptisch gegenüber.

Seit Stunden irren wir durch die Zeltstadt auf der Suche nach einem Meister der Naga Sadhus. Überall sitzen skurrile Gestalten um qualmende Holzfeuer und ziehen genüsslich an ihrem Chillum. Sie erwecken einen müden, abwesenden Eindruck. Vielleicht ist es auch ihr Rauschzustand, der sie ihrer Heiterkeit beraubt hat. Es ist für Nagender schwer, die Auskünfte zu deuten. Einerseits wegen der fremden Dialekte und Sprachen, andererseits benutzen die Wandermönche und Gurus eine eigene Umgangssprache, die manchmal so vulgär ist, dass Nagender sich außerstande sieht, mir alles ins Englische zu übersetzen. Endlich scheinen wir unserem Ziel näher zu kommen.

Wir stehen vor einem großen gelben Zelt, in dem ein ebenso gelb gekleideter Herr namens Shri Shri Mahant Giri (eine der wichtigsten Persönlichkeiten auf diesem Fest), den ich auf Mitte fünfzig schätze, auf einem kleinen Thron hockt. Freundlich bittet Nagender ihn um ein Interview. Nach langer Diskussion willigt er ein. Allerdings muss ich meine Schuhe und den Rollstuhl an einer unsichtbaren Linie zurücklassen, um seinen gesegneten Bereich nicht zu beschmutzen. Also hocke ich mich in den Sand und rutsche umständlich an ihn heran. Eine groteske Situation, aber er soll seinen Willen bekommen.

Doch ich bin enttäuscht: Kritische Fragen, wie die nach dem Missverhältnis zwischen offen zur Schau gestelltem Reichtum und dem Askesegelübde, beantwortet er nicht. Lediglich der Haschischkonsum, der unter den Sadhus beängstigend zunimmt, wird von ihm angeprangert.

»Viele rechtfertigen es als religiöse Handlung. Es soll die Loslösung der Seele vom Körper fördern, aber die meisten sind einfach süchtig!«

In seinem Zelt steht ein älterer Mann auf einem Bein (Kadeswari Baba), welches schon recht angeschwollen ist. Seit zwölf Jahren verharrt der so. Andere haben sich vor vielen Jahren die rechte Hand auf den Rücken binden lassen, halten dauernd den Arm in die Höhe (Ekbahu Baba), so dass die Glieder versteifen und die Fingernägel meterlang herunterwachsen. Sie buddeln sich im Sand ein oder setzen sich glühende Kohlentöpfe auf den Kopf, durchbohren ihre Körper mit Speeren und sind zu allerlei Körperverrenkungen in der Lage, die sie auch bereitwillig vorführen.

»Was versuchen die Sadhus mit diesen Übungen zu erreichen«, frage ich zum Schluss Shri Shri Mahant Giri. Etwas zu laut brüllt er in mein Mikrophon: »Wer zwölf Jahre auf einem Bein steht, nicht mehr spricht oder über lange Zeit seinen Arm in die Höhe hält, beweist seine Willenskraft und spirituelle Energie.«

Sadhus sind auf dem Weg zu geistiger Erleuchtung, um alle körperlichen Bedürfnisse abzulegen. Sie können durch ihre Askese sogar große Berühmtheit erlangen wie der Luftgekleidete Devraha Baba, der in seiner Hütte am Ganges vor Jahren Indira Gandhi und ihrem Sohn Rajiv eine Audienz und seine Segnungen gab. Geholfen hat es ihnen allerdings nicht.

Shri Shri Mahant Giri hat, wie viele andere Gurus auch, eine Schar Sadhus um sich versammelt, die ihm bei seinen rituellen Handlungen helfen. Zum Asketen wird man nicht geboren. Es sind Leute, die sich entschlossen haben, alles über Bord zu werfen, Beruf und Familie. Darunter sind Busfahrer, Beamte oder Handwerker. Nicht wenige haben Frau und Kinder zurückgelassen. In einem Initiationsritual, das mit einem Bad im Ganges vollzogen wird, werden diese Schüler dann bei einer Kumbh Mela zu Sadhus gekürt. Körperliche und geistige Enthaltsamkeit sind ihre Grundregeln, sie sind strenge Vegetarier und manche ernähren sich ausschließlich von Obst oder trinken nur Milch. Im Volk genießen diese wandernden Heiligen eine außergewöhnliche Verehrung, ja sie werden als Personifizierung des Göttlichen angesehen.

Am Feuer eines Naga Sadhu, ein paar Zelte weiter, werde ich eingeladen, einem Ritual beizuwohnen, mit dem die heiligen Männer die Asche erzeugen, die sie benutzen, um ihren unbekleideten Körper damit zu bestäuben. Er redet kein Wort, was zu seinem Gelübde gehört und kommuniziert lediglich über ein Brummen und sparsame Gesten. Zu Tode würde ich mich erschrecken, begegnete ich ihm im Dunkeln.

Einem Gespenst gleich ist sein Gesicht mit einer verkrusteten Schicht Asche beschmiert, das umrahmt ist von Haaren, die seit zehn Jahren nicht mehr geschnitten oder gekämmt wurden, die verfilzten Strähnen reichen fast bis zur Erde. Sein Alter muss irgendwo zwischen zwanzig und hundertfünfzig Jahren liegen. Dieser Mann scheint nicht von dieser Welt zu sein. Lediglich sein agiler Körper und seine flinken Bewegungen lassen ahnen, dass er unter fünfzig sein muss. Am Schluss beweist er mir mit einer skurrilen Yogaübung, wie weit seine sexuelle Neutralität, seine physische Stärke und die Fähigkeit, Schmerzen zu unterdrücken, entwickelt sind: In einer Ecke seines Zeltes baut er sich breitbeinig auf, bindet seinen Penis mit einer Schnur an einen Ziegelstein und hebt ihn dann mehrmals an. Ich weiß nicht, ob ich über diese Leistung staunen, klatschen oder lachen soll. Einer Zirkusvorstellung nicht unähnlich, irritiert mich auch die Art der Präsentation.

»Ich werde Indien nie begreifen«, sage ich auf dem Rückweg resigniert zu Nagender, »mit meinem pragmatischen Denken bin ich hier fehl am Platze.«

»Mach dir nichts daraus, mir geht es ähnlich«, tröstet er mich, »ich kann das auch nicht nachvollziehen.«

Jetzt, einen Tag vor dem astrologisch errechneten Höhepunkt des Festes, gleichen die Straßen Haridwars Kanälen, verstopft von einer breiigen Menschenmasse, die permanent dickflüssiger wird und erst nach Einbruch der Dunkelheit zum Stillstand kommt. Vom Straßenrand ausgehend, lassen sich immer mehr Pilger, die kein Zelt gefunden haben, für die Nacht nieder, bis nur noch ein schmaler Durchgang bleibt, der letztendlich auch belegt wird. Die Schlafenden lassen die Straße für mich zur Sackgasse werden und Nagender muss mich auf dem Arm über das Meer von Leibern hinwegtragen.

Der Höhepunkt des Festes, der 14. April, ist gekommen. Schon früh am Morgen brüllen aus Lautsprechern, die an den Laternenpfählen angebracht sind, Aufrufe von Pilgern, die ihre Angehörigen verloren haben. Die Stimmung ist aufgeheizt, Polizisten und paramilitärische Truppen, ausgerüstet mit Lathis, den gefürchteten Bambusschlagstöcken, beherrschen das Straßenbild. Sie beginnen nun ganze Straßenzüge und den Har Ki Pari Ghat, die wichtigste Badestelle, vom Fußvolk zu säubern. Der private Sicherheitsdienst Bond Security übernimmt die Bewachung von Banken und Geschäften. Die große Gefahr, dass Anarchie und Mord und Totschlag ausbrechen, wie vor zwölf Jahren geschehen, muss unter allen Umständen verhindert werden. Damals waren fünfzig Tote zu beklagen, wobei es nur darum ging, wer zuerst baden darf. Fünf eigens errichtete Gangesbrücken sollen den Strom der zum Fluss drängenden Menschen kanalisieren. Auch sie sind zunächst abgesperrt.

Dramatische Szenen spielen sich auf den Wachtürmen ab, die von europäischen Fotografen belagert werden. Sie meinen, ein Anrecht auf einen guten Standort zu haben. Nur mit Stockhieben lassen sich die mit Kameras behängten Paparazzi vertreiben. Ich habe mich mit einem Polizeikommandanten abgesprochen, der mir aufgrund meines harmlosen Auftretens als Einzigem einen herrlichen Überblick auf einer abgesperrten Brücke verschafft. Derweil bezieht Nagender auf einem Felsvorsprung jenseits des Har Ki Pari Ghat seine Stellung, die ein Panorama auf das gesamte Geschehen bietet. Streng abgeschirmt von anderen religiösen Gruppen und der übrigen Bevölkerung, werden nun Nagas über eine freie Zugangsbrücke zum Ghat geführt.

Jeder Einzelne von ihnen ist eine martialische Gestalt, doch in einer solch großen Gruppe wirken sie zweifellos Furcht einflößend.

Am Ghat, der nun dicht besetzt ist mit an die tausend splitternackten Sadhus, herrscht gespannte Ruhe. Alle warten auf den großen Moment, in dem Mutter Ganga ihre ungeheuren reinigenden Fähigkeiten hier am Har Ki Pari Ghat entwickelt. Die Astrologen haben den Moment auf die Minute genau errechnet. Dann ertönt das Kommando. In religiöser Verzückung stürzt sich eine riesige Menge Menschen in die Fluten. Sie tauchen fünf Mal auf und nieder, womit ihnen die Sünden vieler Lebenszeiten von Mutter Ganga für immer genommen sind. Das Volk rings umher jubelt erregt in inbrünstiger Anteilnahme.

Gleichzeitig wartet die nächste Gruppe Sadhus ungeduldig auf ihr Bad. Ein perfektes System von Brücken und Zu- und Abgängen sorgt für einen reibungslosen Badebetrieb. Binnen eines Tages kommen Millionen Menschen mit einem kurzen Tauchgang im Ganges der Seligkeit ein gutes Stück näher.

Ich verlasse die Brücke, möchte näher am Geschehen sein und versinke in der Menschenmenge. Fast fühle ich mich wie ein Tropfen Wasser unter Millionen, die einen großen Fluss bilden und alle einem Ziel zustreben. Eingezwängt zwischen den Leibern einer glückseligen Masse von Gläubigen, schwimme ich mit dem Strom. Über mir ist nichts als blauer Himmel. Ich lasse geschehen, was ich nicht ändern kann, hoffe nur, dass ich die Kurve kriege, bevor sich der Menschenfluss in den Ganges ergießt, denn das Wasser ist reißend und eisig kalt. Am Ghat lichtet sich die Menge und lässt mich hautnah am kollektiven Eintauchen teilhaben.

All das beeindruckt mich sehr, doch zutiefst gerührt bin ich von der Aarti, dem Gottesdienst an die verehrte Ganga.

Wie sehr die Inder ihre Ganga lieben, wird mir an diesem Abend wirklich bewusst. In der Abenddämmerung sammeln sich die Gläubigen an den Ufern, als wollten sie ihre Flussgöttin in die Arme schließen. Dicht an dicht lassen sich die Menschen friedlich nieder und warten andächtig auf die Zeremonien der Priester am Ghat. Leise ertönen von allen Seiten Glöckchen, Zimbeln und Trommeln, die den Höhepunkt des Gottesdienstes ankündigen. Endlich beginnen sechs Priester mächtige Kandelaber zu entzünden, die eine Lotosblüte in den Nachthimmel zeichnen. Dazu schwellen die Gongs, Trommeln und Glöckchen dramatisch an, bis die Priester sich mit den riesigen Flammen vor dem Fluss verneigen. Nun ist das Volk an der Reihe: Tausende kleiner Schiffchen aus Blättern, gefüllt mit Süßigkeiten und einem kleinen Talglicht, werden Mutter Ganga dargebracht und von ihr schnell ins Dunkel der Nacht fortgetragen. In einem gewaltigen Chor stimmen Tausende ein Lied an, das mir nie wieder aus dem Kopf gehen wird: *Har har Gange mata, jai jai Gange mata,* hoch lebe Mutter Ganga, lang lebe Mutter Ganga.

Der Preis des Ehrgeizes

»Warum tust du dir das an«, schimpfe ich das erste Mal mit mir selbst und bin noch keine zehn Kilometer jenseits von Haridwar. Die Steigungen sind mörderisch und zwingen mich zu einem Schneckentempo, das der Tacho nicht mehr messen kann. Sehnsüchtig wünsche ich mir die weite, flache Gangesebene zurück, in der das Fahren einem Kinderspiel glich. Nun komme ich vom ersten Berggang nicht mehr los. Meine Hoffnung, in vier Tagen das Ziel zu erreichen,

kann ich begraben. Ich werde für die letzten zweihundertfünfzig Kilometer, auf denen viertausend Höhenmeter zu
überwinden sind, viel, viel länger brauchen und es vielleicht
überhaupt nicht schaffen.

Der Vorderradantrieb meines Gefährts ist nur so lange
von Vorteil, wie genug Last auf dem Rad liegt, die den
Schlupf verhindert. Um das zu erreichen, muss ich mein
gesamtes Gepäck nach vorn verlagern und den Abstand zu
den Rollstuhlrädern mit Hilfe der Radstandsverlängerung
vergrößern. All diese Maßnahmen helfen nur, wenn die
Straßenoberfläche glatt und sauber ist. Doch viel zu oft
bleibe ich auf Sand oder Steinchen hängen, dann bleibt mir
nur noch die konventionelle Art der Fortbewegung: der
Griff zu den Rädern.

Kein Dorf, in dem ich nicht pausiere. »Where do you
come from?« Auch wenn ich die Fragerei nicht mehr hören
kann, bin ich froh, von diesem älteren Herrn in ein Gespräch
verwickelt zu werden, schließlich verlängert mir das die Pause, bevor ich mich weiterquäle. »Wo soll es hingehen?«, fragt
er weiter. Ich sage nur: »Zur Quelle«, in dem Glauben, dass
auf dieser Straße alle das gleiche Ziel haben. Erstaunt stößt
er aus: »Warum mieten Sie sich kein Auto? Bis Gangotri gibt
es gute Straßen! Das frage ich mich auch, denke ich, doch ich
antworte mit stolzgeschwellter Brust: »Ich will den Himalaja mit meinen Armen bezwingen!«, und befürchte, es nie
zu schaffen. Als könne er meine Gedanken lesen, sagt er:
»Das ist unmöglich, jenseits von Gangotri herrschen Schnee
und Eis!« Warum ist dieser Mann so ehrlich zu mir? Er
könnte mir doch Mut machen und Glück und gutes Gelingen
wünschen. Stattdessen will er mir auch noch mein letztes
Fünkchen Hoffnung nehmen. Dafür verabscheue ich ihn
und interpretiere seine Worte als Versuch, mich von meinem Vorhaben abzubringen. Ich breche das Gespräch ab,
schlürfe meine Limca aus und rolle wieder auf die Straße.

Zehn Minuten später überholt er mich in seinem Ambassador und schaut mich verwundert an. Ich sehe nicht hin und starre nur auf die Straße. Noch eine Reihe ähnlicher Gespräche muss ich erleiden, in denen mir meine Hoffnung, die Gangesquelle zu erreichen, immer wieder genommen wird, bis ich mir vornehme, niemandem mehr von meinem Traum zu erzählen. Seitdem fällt das Rollen zwar etwas leichter, doch die vielen Unkenrufe haben ihre Spuren hinterlassen. Jetzt kämpfe ich mich von einer Bergkuppe zur nächsten und blende mein Fernziel zunächst aus. Hier und da haben Kinder Mitleid mit mir und schieben ein Stück oder ich kann mich für ein paar Kilometer an einen Ochsenkarren hängen. Ich hätte nie gedacht, dass ich in den Bergen für ein solches Schneckentempo so viel Kraft und Mühe aufbringen muss. Doch es soll noch viel schlimmer kommen.

Aus dem letzten Loch pfeifend, erreiche ich nach zwanzig Kilometern und zehn Stunden Kurbelei das El Dorado der Yogafans aus aller Welt, Rishikesh. Hier haben die Beatles in den sechziger Jahren Inspiration gesammelt, hier findet jeden Abend eine Aarti statt, überhaupt gibt es viel Interessantes zu sehen, doch mich lässt all das kalt. Ich will nur noch ins Bett. Auf dem Weg zu unserem Treffpunkt begegnen mir Europäer, die asketischer als Mahatma Gandhi und inbrünstiger als der gläubigste Hindu sein wollen. Sie schweben förmlich an mir vorüber, versunken in esoterischer Verzückung. Es sind die selbst ernannten Profis auf dem Pfad der Sinnsuche, die mit ihrem Geld dieser Stadt eine solide wirtschaftliche Grundlage verschaffen.

Wie auch Haridwar ist Rishikesh zur alkoholfreien und rein vegetarischen Zone erklärt worden. Dafür machen die Schnapsbuden vor den Toren der Stadt einen umso größeren Reibach.

Nagender hat in weiser Voraussicht ein etwas besseres Hotelzimmer angemietet, wo ich mich augenblicklich aufs Bett fallen lassen kann. Mitleidig schaut er mich an, sagt aber nichts. Kurz bevor ich einschlafe, mache ich noch eine Hochrechnung und komme auf knapp vierzehn Tage bis Gangotri. Was danach kommt, steht in den Sternen.

Wenn Nagender schlechte Nachrichten für mich hat, steht ihm das ins Gesicht geschrieben und auch sein Tonfall lässt dann nichts Gutes ahnen. Beim Frühstück ist es soweit: »Andreas, jeder hier sagt, die Quelle ist zurzeit nicht erreichbar. Die Straßen sind weit vor Gangotri an vielen Stellen zerstört und jenseits gibt es nicht einmal Trampelpfade. Wir sind noch zu früh. Die Reparaturarbeiten an den Wegen beginnen erst im Mai. Wie willst du da hochkommen?«

Damit hat er mir nicht nur das Frühstück vermiest, sondern auch meiner Hoffnung, nach so vielen Kilometern und den Strapazen der letzten Wochen und Monate die Quelle des Flusses zu sehen, ein Ende gesetzt. Doch ich lasse mir nichts anmerken, spüre, wie mein Dickkopf, den meine Mutter immer beklagte, überhand nimmt und antworte ihm, als überrasche mich seine Nachricht nicht im Geringsten: »Dann fahren wir eben so weit hoch, bis es wirklich nicht mehr geht. Ok?«

»Meinst du, du wirst die Steigungen schaffen?« Mir sind seine Zweifel und der Versuch, mir den Rücksitz im Mietwagen schmackhaft zu machen, nicht entgangen. Aber so weit lasse ich das Gespräch nicht kommen: »Kein Problem«, grinse ich, »es geht zwar langsam, aber ich schaffe den Himalaja.«

»Gut, wie du willst.«

Von hier aus fährt Nagender mit einem Mietwagen, einem alten Ambassador, voraus. Unterwegs wird er Unterkunft und Verpflegung für uns organisieren.

Nach ein paar Stunden überholt er mich, ausgerechnet an einer extremen Steigung, die ich mich gerade schweißüberströmt hochackere. Er steigt aus, schiebt mich bis zur Kuppe, schaut mich dann an und meint: »Willst du nicht doch lieber einsteigen?«

»Nein, fahr weiter, wir sehen uns heute Abend«, schicke ich ihn fort.

Armer Nagender, denke ich während der Schussfahrt ins Tal, die unweigerlich mit einer erneuten Steigung bestraft wird, wie soll ich ihm meinen Drang, selbst fahren zu wollen, bloß erklären? Ich begreife es ja selbst nicht so richtig. Wahrscheinlich hält er mich für vollkommen durchgedreht: Da gibt es eine wunderbare Straße, ein gemütliches Auto und dieser Mann quält sich mit seinem Rollstuhl die Berge hinauf. In seinen Augen muss das völlig verrückt wirken. Aber auch ich beginne, ernsthaft zu zweifeln. Wem will ich etwas beweisen? Welches Abenteuer glaube ich auf dieser Straße zu erleben? Ist es nicht völlig idiotisch, sich abzumühen, statt den Weg des geringsten Widerstandes zu wählen?

Einen ganzen Tag schwanke ich zwischen meinen Selbstzweifeln und dem Wunsch, später sagen zu können, da bist du selbst hochgerollt. Das geht so lange, bis Nagender mich wieder überholt. Jetzt bin ich so weich gekocht, dass es nur noch eines energischen »Schluss jetzt« von Nagender bedarf, um mich zur Vernunft zu bringen. »Du steigst jetzt in das Auto ein und ich lade alles aufs Dach«, schimpft er. Es ist wieder eine dieser nicht enden wollenden Steigungen, die mich seit Stunden beschäftigt. Ich stoppe, schaue Nagender an, sehe den gemütlichen Rücksitz des Ambassador, wo bereits eine Flasche Cola für mich bereitliegt, und dann ist es um mich geschehen: Ich gebe auf. Ohne Reue freue ich mich, von meinem falschen Ehrgeiz befreit zu sein. Während der Chauffeur uns die Serpentinen hinauflenkt, meine ich zu Nagender, der sich neben mir niedergelassen hat:

»Auf dem Rücksitz eines Ambassador mit einer kalten Cola in der Hand durch den Himalaja zu fahren hat auch etwas. Ich darf das bloß keinem erzählen. Vermutlich würde jeder Bergsteiger in Deutschland mich abfällig als dekadent bezeichnen.« Nagender lacht herzlich.

Ich schaue aus dem Fenster in eine tiefe Schlucht, an deren Ende sich glitzernd das schmale Band des Ganges windet und sage begeistert zu Nagender: »Aber dafür kann man wunderbar die Landschaft genießen, ohne dass einem ständig Schweißtropfen in die Augen fließen.« Erleichtert antwortet er: »Ich bin froh, dass du der Qual ein Ende bereitet hast.« Dass es im Grunde seine Initiative war, wissen wir beide, ohne es auszusprechen.

Blockade aus Geröll

Jetzt kann ich endlich die Schönheit der Landschaft bewundern, erste schneebedeckte Gipfel in der Ferne, steile Hänge, an denen sich vereinzelt Bäume mit scheinbar letzter Kraft halten können, und inmitten des überwiegend geröllhaltigen Gebirges grüne Flecken fruchtbaren Bodens. Seit ich nicht mehr meine ganze Aufmerksamkeit und Energie dem Überwinden der nächsten Bergkuppe widmen muss, hat sich die Wahrnehmung vollkommen verändert und ich kann genießen, wofür ich zuvor keinen Blick hatte. Seit Wochen an ein Schneckentempo gewöhnt, überraschen mich nun völlig selbstverständliche Dinge, wie die atemberaubende Geschwindigkeit und Leichtigkeit, mit der dieser Ambassador Steigungen bewältigt. Mich hätten diese Berge die letzte Puste gekostet.

Beim genaueren Betrachten der Landschaft beobachte ich

häufig Zeichen von Erosion. Viele Wälder an den Hängen weisen klaffende Wunden auf. Bäume liegen wie Mikado-stäbchen am Flussufer verstreut. Auch die Straße scheint vor einiger Zeit noch unpassierbar gewesen zu sein. Spuren von Kettenfahrzeugen und Berge frischen Gerölls am Grün-streifen zeugen von Aufräumarbeiten. Während die Fahrt für mich spannend wie ein Thriller ist, rutscht Nagender mit verschlafenen Augen immer tiefer in die Polster. So gerne würde ich meine Begeisterung mit ihm teilen, doch ich mag ihn nicht wecken. Stetig geht es bergauf, die Luft wird kälter und dünner. Die ersten tausend Höhenmeter müssen überschritten sein, denn mein Sitzkissen ist prall gefüllt. Damit es nicht platzt, muss ich Luft ablassen. In Uttarkashi finden wir im Tourist Rest House Unterkunft. Es ist zwar eine einfache Herberge mit harten Betten, aber dafür spricht der Manager ausreichend englisch. So können wir uns nach der aktuellen Lage erkundigen. »Gangotri ist geschlossen«, erfahren wir von ihm, »weil kurz vor Dharali die Straße noch blockiert ist. Mit dem Auto geht es dann nicht mehr weiter.« Die Botschaft, die in dieser Aussage steckt, habe ich sehr wohl herausgehört. Mit dem Auto nicht, aber ...? »Würde ich mit dem Rollstuhl weiterkom-men?«, frage ich ihn hoffnungsvoll. Mit heruntergezogenen Mundwinkeln sagt er abschätzend: »Kann ich mir nicht vorstellen, das ist zu gefährlich.« Damit morgen meine Ent-täuschung nicht zu groß wird, beginne ich mich jetzt darauf einzustellen, dass meine Reise bald zu Ende sein wird.

Beim Frühstück herrscht eine gedrückte Stimmung. Nagender spürt meinen Frust und gibt sich verschlossen. Ich frage mich, ob es überhaupt Sinn hat, noch sechzig Kilo-meter bis zum Ende der Sackgasse zu fahren, um dann an einer Geröllhalde wieder umzudrehen. Vielleicht gibt es noch ein paar landschaftliche Schönheiten, tröste ich mich, während wir alles wieder ins Auto packen.

Uttarkashi ist nichts weiter als ein kleines, unbedeutendes Dorf, das lediglich durch die Lage interessant wird. Von hier aus starten viele Trekkingexpeditionen. Am Ortsausgang bleibt mein Blick für einen Moment an dem Schild eines Ladens hängen. *Trekking Equipment* steht dort. Erst während der nächsten Kilometer wird mir klar, dass man sich hier offensichtlich alle nötigen Ausrüstungsgegenstände für eine Expedition ausleihen kann. Dass dieser Laden später der Schlüssel zum Erfolg sein wird, hätte ich mir zu diesem Zeitpunkt nie träumen lassen.

Auf unseren letzten Reisekilometern ist die Steigung extrem, bis wir auf zweitausendsechshundert Metern vor einer riesigen Gerölllawine zum Stehen kommen. »Das war's«, ich schaue Nagender traurig an und er versucht meinen Blick zu erwidern.

Ein Murenabgang aus Felsbrocken, Geröll und Schlamm hat sich oberhalb der Straße gelöst und einen Teil der Fahrbahn mit in die Tiefe gerissen. Nur mit schwerem Gerät ließe sich die Straße wieder passierbar machen, doch Bulldozer und Bagger sind weit und breit nicht zu sehen. »Das wird jetzt mein Gipfelbild«, sage ich mit Galgenhumor, während ich mich vor der grauen Geröllhalde aufbaue. Noch immer fällt es mir schwer einzusehen, dass hier Schluss sein soll. Bewohner aus den oberhalb liegenden Dörfern haben einen Trampelpfad durch den Matsch gegraben, über den gerade eine Familie, mit Säcken und Eimern bepackt, hinwegstiefelt. Ich kann und will nicht aufgeben. Nicht mehr als fünfzig Meter Geröll sind zu überwinden. Könnte ich jemanden finden, der mich, mein Gepäck, Rollstuhl und Fahrrad darüber hinwegträgt, wäre die Reise nicht zu Ende.

»Was hältst du davon, Nagender?«

»Dazu brauchen wir mindestens vier Sherpas«, entgegnet er skeptisch.

»Lass uns nach Uttarkashi zurückfahren, da erfahren wir mehr«, sage ich voller Tatendrang, während ich schon zum Auto rolle.

»Hej, dein Gipfelbild, ich habe noch nicht abgedrückt!«, empört sich Nagender.

»Ach egal«, mit einer wegwerfenden Bewegung fordere ich ihn auf einzusteigen.

»Bitte zurück nach Uttarkashi«, sage ich zum Fahrer, der es sich gerade für seine Mittagspause auf der vorderen Sitzbank gemütlich gemacht hat.

In einem Wald aus Daunenschlafsäcken, zwischen Regalen voller Pullover und Jacken fragen wir den jungen Ladenbesitzer aus. »No problem«, ertönt es, als ich ihm von meinem Reiseziel erzähle. Mein Herz macht einen Sprung und ich könnte dem Mann um den Hals fallen. Doch ich muss misstrauisch bleiben. Inder, die ein Geschäft wittern, neigen dazu, die Welt in den schönsten Farben zu malen. Augenblicklich wird das ganze Personal in hektische Betriebsamkeit versetzt. Man bittet uns für die ausgedehnten Preisverhandlungen in eine gemütliche Sitzecke, wo im Nu Tee und Gebäck bereitstehen. Der Sohn des Hauses wird losgeschickt und kommt nach zehn Minuten mit einem jungen Mann im Schlepptau zurück, der sich durch sein Äußeres als Nepali auszeichnet. Seine Wangenknochen stehen hervor, die Augen verstecken sich hinter schmalen Schlitzen und die Nase ist eindeutig breit.

Ich weiß, dass wir hier in eine Provisionsfalle getappt sind, denn wenn es zum Geschäft kommt, wird der Ladenbesitzer an der Vermittlung kräftig verdienen. Doch das soll mir egal sein. Nagender, der sich während der ganzen Reise durch viel Geduld und Geschick bei Preisverhandlungen ausgezeichnet hat, übernimmt die Diskussion mit Ain Badhur. Derweil mustere ich ihn von Kopf bis Fuß. Weit weg

kann er nicht wohnen, denn er ist mit schwarzen Plastik-
hausschuhen gekommen. Auch hat er noch einen halb auf-
gegessenen Chapatti mitgebracht, auf dem er herumkaut.
Sein Beinkleid ist weit und schlabberig. Dazu trägt er über
seinem T-Shirt mit der Aufschrift Lacoste sogar ein Jackett,
ziemlich verschlissen zwar, aber immerhin. Er hat ein auf-
geschlossenes Gesicht und sein dauerndes zustimmendes
Kopfwackeln, das nur von einem Blick zu mir und meinem
Rollstuhl unterbrochen wird, sagt mir, dass Nagenders Verhandlungen positiv voranschreiten.

Zusammen gehen wir hinaus zum Auto, wo der Umfang
und das Gewicht unseres Gepäcks begutachtet werden. Ain
Badhur besteht auf sechs Sherpas, die im Wechsel Gepäck
und Lebensmittel tragen sollen. Sollten wir es bis zur Gangesquelle schaffen, müssen wir mit sechs bis sieben Tagen
Fußmarsch und kalten Nächten unter freiem Himmel rechnen. Sie erhalten dafür zwölftausend Rupien (umgerechnet
sechshundert Mark) und kümmern sich um Kocher und Ge-
schirr. Erreichen wir die Quelle, lege ich eine Erfolgsprämie
von viertausend Rupien drauf.

Ain Badhur schreibt Nagender eine Einkaufsliste für
acht Personen und sieben Tage. Ich lasse mir die Liste übersetzen und ahne, was auf uns zukommt: ein Sack Linsen,
ein Sack Reis, ein Sack Mehl, Tee und Zucker, davon müssen wir eine Woche leben. Der Ladenbesitzer ist in bester
Stimmung, denn nun ist er an der Reihe. Bei ihm decken
wir uns mit Daunenschlafsäcken, Jacken, Hosen, Hand-
schuhen und guten Wanderschuhen für Nagender ein. Mit
Schweißtropfen auf der Stirn stapeln wir einen Berg win-
terwarmer Klamotten auf den Ladentisch – unmöglich,
sich vorzustellen, in zwei Tagen darin eingepackt zu sein.
Ich grinse Nagender an und meine: »Ich glaube, wir haben
alles.«

»Noch nicht!«, mahnt der Chef des Hauses und krönt

den Stapel mit zwei Eispickeln und Schneebrillen, »ohne das kommt ihr nicht weit.«

»Soll das ein Scherz sein?«, frage ich ihn ungläubig.

»Die Quelle am Gaumukh-Gletscher liegt auf über viertausend Metern Höhe, da herrschen Eis und Schnee!«, belehrt er mich.

Er ist nicht der Erste, der mir winterliche Bedingungen prophezeit, und jetzt beginne auch ich daran zu glauben.

Huckepack zur Quelle

Mit zwei Fahrzeugen voller Menschen, Gepäck und Lebensmitteln zockeln wir am nächsten Morgen wieder hoch. Allen sechs Sherpas stelle ich mich vor und bedanke mich für die Bereitschaft, die Tour zu übernehmen. Anfangs ist es schwer für mich, ihre Namen zu behalten. Ain Badhur, der nicht nur den Preis für alle ausgehandelt hat, sondern auch Vermittler zwischen uns und den Sherpas ist, versteht sich als Kommandogeber.

Unser Hab und Gut liegt nun in Rucksäcken und Säcken zu jeweils dreißig Kilogramm verschnürt am Fuße der Gerölllawine. Den größten Teil machen warme Kleidung, Schlafsäcke und die Lebensmittel aus. Jeder muss sein persönliches Gepäck auf ein Minimum reduzieren, so dass mir am Ende nur bleibt, was ich auf dem Körper trage, dazu eine abgespeckte Kulturtasche, fünf Filme und eine Kamera. Das gesamte Gepäck wird auf vier der Sherpas verteilt, während Janak und Prabhu mir zur Seite gestellt sind.

Janak trägt eine herrliche alte Strickmütze mit Löchern, aus denen seine Haarsträhnen herauswachsen. Jacketts scheinen sehr beliebt zu sein, denn auch er hat ein solches

Kleidungsstück ergattert, das jedoch für eine Trekkingtour in den Himalaja ungeeigneter nicht sein könnte. Im Rücken klaffen zwei große Löcher, durchgescheuert von den vielen schweren Lasten. Von den ehemals vier Knöpfen hat nur einer den Belastungen standgehalten. Sein Überleben hängt jetzt an einem seidenen Faden.

Prabhu dagegen ist passender gekleidet. Sein Trainingsanzug aus Ballonseide, der letzte Schrei, verschafft ihm weit mehr Bewegungsfreiheit. Sein Gesicht, in dem immer ein Lächeln zu finden ist, lugt aus einer wollenen Sturmhaube, die bis zu den Schultern reicht und für kalte Nächte und Banküberfälle bestens geeignet scheint. Einen ähnlich bunten Anblick bieten auch die anderen Sherpas, die Kleidungsstücke aus der ganzen Welt, doch nichts Nepalesisches tragen. Lediglich Pirth fällt aus der Reihe. Von Anfang an scheint er nicht ganz in Ordnung zu sein. Er ist mit ungefähr vierzig Jahren der Älteste und hat daher nur leichtes Gepäck zu schultern. Er ist förmlich in Sack und Asche gekleidet. Ständig macht er einen verschnupften Eindruck, ist immer der Letzte und gibt sich wortkarg. Beim Anblick der Schuhe werde ich das Gefühl nicht los, sie alle hätten beim letzten Sonderangebot in die gleiche Grabbelkiste gegriffen. Die Turnschuhe sind alle neu, sitzen gut und geben ihrem Träger festen Halt. Nur Prabhu hat keine mehr abbekommen, er muss in Hausschuhen klettern und ausgerechnet er ist es, der mich nun schleppen soll. Schnell ist entschieden, dass er mich über die fünfzig Meter breite Geröllschicht am besten auf seinem Rücken trägt, während ich mich an Hals und Schultern festhalte. Er kniet sich vor mir nieder, damit ich mich vorbeugen und auf seinem Rücken halten kann. Mit einem Kraftakt, der spürbar an seine Grenzen geht, stemmt er meine fünfundsiebzig Kilo hoch und kommt aus der Beuge in den Stand. Er versucht, mit mir loszugehen, aber ich hänge irgendwo fest. Aber es sind nur meine Füße, die auf der Erde schleifen. Meine Körpergröße von hundert-zweiundachtzig Zentimetern ist das Problem, ich bin zu groß. Die Sherpas sind durchweg keine hochgewachsenen Menschen, was auf Bergtouren sicher von Vorteil ist.

Janak muss zunächst meinen Rollstuhl hinübertragen, damit ich drüben sofort abgesetzt werden kann. Jetzt geht er hinter uns her, um meine Füße zu halten. Hoch hänge ich auf Prabhus Schultern und kann den Boden vor ihm sehen. Seine Hausschuhe sinken bei jedem Schritt tief in den Schlamm und es bereitet ihm Schwierigkeiten, den Fuß wieder herauszuziehen. Entdeckt er größere Steine im Geröll, versucht er mit mir von einem zum nächsten zu springen. Unsere Wangen liegen dicht aneinander, sein angestrengtes Atmen spüre ich ganz nah, ich rieche seinen Körper und fühle mit der linken Hand sein schnell schlagendes Herz. Diese plötzliche körperliche Nähe zu einem wildfremden Menschen ist eine ganz neue Erfahrung. Mit einem erleichterten Stoßseufzer lädt er mich im Rollstuhl ab und genehmigt sich eine Pause, während Janak zurückläuft, um mein Bike zu holen. Ich klopfe ihm auf die Schulter und bedanke mich. Offensichtlich war das nicht nötig, denn er schaut mich ganz entgeistert an. Doch froh, die erste Hürde überwunden zu haben, kann ich nicht anders.

Die kommenden drei, vier Kilometer gleichen eher einer gemütlichen Wanderung, die lediglich von quer liegenden Baumstämmen und Felsbrocken unterbrochen wird. Samt Fahrrad und Rolli werde ich über das unwegsame Gelände hinweggetragen. Mehrmals wechseln wir das Ufer auf schmalen Hängebrücken, die offensichtlich seit einem halben Jahr nicht mehr befahren wurden. Dann bietet sich jedes Mal ein Blick hinunter zum Ganges, der sich hier in Jahrtausenden eine tiefe Schlucht in den Fels gegraben hat. Danach entfernen wir uns für Stunden vom Fluss, um der Straße durch niedrige Nadelwälder zu folgen, vorbei an

Steilhängen, aus denen Rinnsale dem Ganges klares Schmelzwasser zuführen.

Fast unmerklich steigen die ersten imposanten schneebedeckten Gipfel vor uns auf. Mit ihren weit über viertausend Metern sind sie auf meiner Karte nicht eingezeichnet. Erst Berge ab sechstausend Metern bekommen Namen.

Erneut stehen wir vor einem riesigen Haufen Geröll, vor tonnenschweren Felsbrocken, die tief in die Asphaltdecke eingeschlagen sind und die Straße vollkommen zerstört haben. Wie im Krieg, mit Bombenhagel und einer infernalischen Zerstörungskraft, muss diese Lawine gewirkt haben. Jetzt bietet sich ein Bild der Verwüstung. Prabhu und Janak gehen auf die Suche nach einem geeigneten Pfad, doch bald kommen sie mit missmutigen Gesichtern zurück: »Die Lawine ist erst vor kurzem abgegangen«, übersetzt mir Nagender, »es gibt noch keinen Trampelpfad. Das wird ein hartes Stück Arbeit.«

Die Sherpas beginnen mit großen Steinen einen trittfesten Weg über der Schlammschicht zu verlegen. Nagender hilft tatkräftig mit, während ich mit Bergen von Gepäck vor der Barriere ausharre. Eine geschlagene Stunde später kommen sie völlig verdreckt von der Arbeit zurück. »So müsste es gehen«, sagt Nagender sichtlich erschöpft. Ohne eine Pause einzulegen, beladen sich die Sherpas mit ihren Rucksäcken, Prabhu nimmt mich wieder auf den Rücken, während Ain Badhur mich bei den Füßen hält. Janak trägt den Rolli und Pirth, dem es immer noch nicht besser geht, schultert das Bike. Erst jetzt wird mir das wahre Ausmaß der Zerstörung bewusst. Die ersten hundert Meter führen über Schlamm und Fels, doch vor uns liegt ein komplett zermalmter Wald, den wir durchqueren müssen. Hier konnten sie keinen Trampelpfad errichten. Baumstämme, wie von einer übermenschlichen Kraft zermalmt, als wären sie nichts, schauen kreuz und quer aus dem Schlamm. Äste,

300

Zweige und komplettes Wurzelwerk ergeben mit dem Geröll und den herumliegenden Felsen ein scheinbar undurchdringliches Gewirr.

Wir müssen aufpassen, uns nicht an den zersplitterten Nadelbäumen zu verletzen. Dazu geht es steil hinauf und Prabhu hat größte Probleme, mich durch das Astwerk zu tragen. Er braucht beide Hände, um sich an den Baumstämmen und Ästen zu halten. Dabei geht er so tief gebückt, dass ich fast waagerecht auf seinem Rücken liege. Ich fühle mich wie ein Sack, der jeden Moment zur Seite rutscht. Nur mit meinen Armen kann ich mich an Prabhu festklammern, aber dabei drücke ich ihm immer wieder die Luft ab. Dann gibt er mir ein Zeichen, damit ich mit einem Schwung von ihm höher rutschen kann. Mir schwinden langsam die Kräfte. Mein Körper sackt wie ein schwerer Stein immer tiefer, wogegen ich machtlos bin, wenn ich Prabhu nicht erwürgen will. Doch wie kann ich klagen? Prabhu hat einen ungleich größeren Kraftaufwand zu leisten. »Stopp, wir machen eine Pause«, befehle ich. Als hätte er nur darauf gewartet, setzt er mich auf dem nächstbesten Baumstamm ab. Nagender, der weiß, wie verletzlich meine Sitzhaut auf hartem Untergrund ist, ist augenblicklich mit meinem Sitzkissen zur Stelle. Alle sind sich einig, dass diese Art des Tragens zu viel Kraft kostet und unpraktisch ist. Doch von Zweien getragen zu werden ist ausgeschlossen, zu eng sind die Durchlässe zwischen Ästen und Stämmen.

Janak kramt aus seinem Rucksack einen breiten Stoffgurt, dessen Enden er verknotet und sich um die Stirn legt. Währenddessen erklärt er den anderen seine Idee. Es ist die übliche Art und Weise, wie hier in den Bergen Lasten getragen werden. Ein Gurt um die Stirn, in dem das Gepäck auf dem Rücken liegt. So wird die Wirbelsäule des Trägers über eine Linie gleichmäßig belastet, was die Arbeit erheblich erleichtert. Warum also nicht auch einen Menschen so tragen? Ich lege mir den Gurt um den Po, während Prabhu sich wiederum rückwärts vor mir hinkniet. Er legt sich den Gurt um die Stirn, womit ich einen erheblich besseren Halt bekomme. Mit einem zweiten Gurt werden meine Beine angewinkelt hochgebunden, so dass ich wie zu einem Paket verschnürt bin. Um mich hochzustemmen, wird beidseitig mit angehoben. Die Erleichterung ist sofort spürbar. Prabhu hat nun beide Hände frei, um sich den Weg zu bahnen und ich kann bei jedem Fehltritt und in allen Schräglagen mein Gleichgewicht halten.

Auch wenn ich mit Prabhu kaum ein Wort reden kann, sind wir jetzt ein gut eingespieltes Team. Inzwischen habe ich seine Gangart genau studiert, weiß, wo er seinen nächsten Schritt hinsetzen wird, wie er Baumstämme überquert und ahne, was er denkt, wenn er innehält, um das Gelände vor uns abzuschätzen. Endlich entdecke ich zwischen den Ästen ein Stück Straßenpflaster. Weit kann es nicht mehr sein. Schließlich haben wir wieder eine Hürde überwunden und alle lassen sich erschöpft auf der warmen Straße nieder.

Inzwischen ist die Sonne hinter den Bergen verschwunden und schon spüre ich die kühle Luft, die von den vereisten Berggipfeln herunterzieht. Ein paar Meter weiter macht die Straße eine Biegung, an der sich ein herrlicher Blick auf das Gangestal bietet. Weit unten lassen die letzten Sonnenstrahlen das Wasser des Ganges silbern glitzern. Ich suche mit dem Teleobjektiv die Bergflanken ab und entdecke den Ambassador dort, wo wir am späten Vormittag gestartet sind. Vermutlich wartet unser Chauffeur auf einen Fahrgast, den er mit nach Uttarkashi nehmen kann. Ich schätze unser heutiges Tagespensum auf acht Kilometer, wobei mir starke Zweifel kommen, wie lange Prabhu unter diesen Umständen noch weitergehen kann. Auch frage ich mich: Wie viel Aufwand willst du treiben, um zur Quelle zu gelangen? Ist es nicht unmenschlich, von einem Sherpa eine

302

solche Schufterei zu verlangen, nur weil ich mir dieses Ziel in den Kopf gesetzt habe? Vielleicht sollte ich die Reise hier abbrechen. Meine Selbstzweifel lassen mich einfach nicht mehr los und ich nehme mir vor, mit Nagender und den Sherpas noch heute zu reden.

An der Straße errichten wir unseren ersten Lagerplatz. Zerkleinertes Holz ist in großen Mengen vorhanden. Basant, der Koch der Truppe, hat in der Nähe ein Rinnsal entdeckt, aus dem er das Wasser für den Tee, für Reis und Linsen sowie zum Anfertigen des Teigs für die Chapattis schöpft. Nach einer Stunde sitzen wir um das Feuer mit einer kräftigen Mahlzeit, Fladenbrot und einem Glas wärmenden Tees.

Was mir auf dem Herzen liegt, bringe ich jetzt zur Sprache und bitte Nagender, den Sherpas alles zu übersetzen. Ich erzähle von meinem Unbehagen auf Prabhus Rücken, von diesem unheimlich dummen Gefühl, als reicher Europäer von einem vergleichsweise mittellosen Sherpa durch den Himalaja getragen zu werden, vom neokolonialistischen Gehabe vieler Touristen, dass ich mir wie ein Ausbeuter vorkomme und immer die Bilder der Herrenmenschen in den Kolonien, die sich von Eingeborenen in Sänften tragen ließen, vor Augen habe. Ein Gebaren, dass ich verurteile. Und nun lasse ich mich selbst tragen. Am Schluss meiner selbstanklagenden Rede schlage ich vor, die Tour abzubrechen.

Ain Badhur, der ernsthaft zugehört hat und offensichtlich meine Bedenken versteht, beginnt nun im Namen der Sherpas eine ebenso lange Antwortrede. Satz für Satz übersetzt Nagender, dass alle Sherpas größten Respekt vor mir hätten, vor meinem Durchhaltewillen und dem Mut, trotz dieser Behinderung das Leben nicht aufzugeben. Über meine Bedenken seien sie jedoch höchst verwundert. Es sei für sie ein Job, mit dem sie ihre Familien ernähren und im Übrigen sei ich nicht der Erste, der zur Gangesquelle getragen werden will. Gläubige Hindus, die in einer ähnlichen Situation stecken und es sich leisten können, lassen sich tragen, ohne ein schlechtes Gewissen zu haben. Ich bin zwar der erste Europäer und doppelt so schwer wie ein Hindu, aber dies sei kein Grund, die Tour abzubrechen.

Ain Badhur erzählt später von Touristen, die es mit dem Komfort in fünftausend Metern Höhe übertreiben. Da mussten schon Stühle und Tische, Satellitenfernseher und Sitztoiletten geschleppt werden. Am ärgsten hat es vor zwei Jahren eine fünfköpfige Gruppe aus den USA getrieben. Dreißig Sherpas mussten jeden erdenklichen Luxus durch die Berge transportieren. Einer von ihnen mochte selbst auf seine Badewanne nicht verzichten, die jeden Abend mit warmem Wasser gefüllt wurde. Da seien ihm Touristen wie ich weitaus lieber und alle würden ihr Äußerstes geben, um mich zur Gangesquelle zu führen.

Mit Blättern, Tannennadeln und allem, was ich zum Polstern auftreiben kann, beginne ich, mir auf der Straße mein Nachtlager zu richten. Ich muss höllisch darauf achten, keine Druckstelle zu bekommen. Mein Sitzkissen kommt unter das Becken. Die leeren Rucksäcke der Sherpas fülle ich mit Laub und erhalte damit ein gutes Polster für die Knöchel. Meinen Oberkörper kann ich vernachlässigen. Dort, wo ich Schmerz spüre, reicht der Schlafsack.

Ich kann nicht sagen, dass es eine ruhige Nacht war. Die Angst, meine Füße könnten doch auf den blanken Asphalt gerutscht sein, hat mich wach gehalten. Doch so oft ich die Lage geprüft habe, war alles in bester Ordnung.

Mit einer Hand voll Wasser für das Gesicht und zum Zähneputzen ist die Morgentoilette ein kurzes Unterfangen. Das Rinnsal gibt einfach nicht mehr her. Wasser vom Fluss zu holen würde zu viel Zeit kosten, denn wir haben einen langen Weg bis Gangotri, wo wir am Abend hoffen, eine Unterkunft zu finden. Es sind zwar nur zwanzig Kilometer, doch ob wir es schaffen, hängt allein von den zu überwindenden Lawinen ab. Bei Steigungen von weit über zehn Prozent muss mich fast immer jemand schieben. Auf dem sandigen Untergrund dreht das Vorderrad ununterbrochen auf der Stelle. Bis zur Mittagspause haben wir drei weitere Gerölllawinen überquert und gute zehn Kilometer hinter uns gelassen. Basant, der immer etwas missmutig dreinschaut, achtet streng darauf, dass die Essenszeiten eingehalten werden. Punkt ein Uhr lässt er alles fallen, um Feuerholz zu sammeln. Meistens hilft ihm jemand, doch am liebsten machen es sich alle im Schatten gemütlich.

Gangotri liegt an einer Flussbiegung, die für den Hausbau ungünstiger nicht sein könnte. Die Holz- und Steinhütten kleben an riesigen Felsblöcken, die einmal von hoch oben heruntergedonnert sein müssen. Nur Fußwege führen durch den Ort, denn für Straßen ist zwischen den Felsvorsprüngen und dem gähnend tiefen Abgrund, wo Mutter Ganga inzwischen zu einem gefährlich reißenden Wildbach geworden ist, kein Platz. Nur für mich ist es der Ganges, zu dem ich respektvoll hinunterblicke. So wie der Fluss an seiner Mündung bei Kalkutta Hughli genannt wird, befinde ich mich nun am Bhagirathi. Es sind lediglich zwei weitere unter den hundertacht Namen, mit denen die Menschen ihre Liebe zum Ganges bezeichnen. Erst weit unterhalb bei Deoprayag, wo Bhagirathi und Alaknanda zusammenfließen, bekommt der Ganges seinen weltberühmten Namen.

Hier in Gangotri endet die Straße, auf der im Sommer unendlich viele Pilger, Arm und Reich, anreisen. Massen von Hinweisschildern, die in englischer Sprache die schönsten Unterkünfte versprechen, zeigen, dass es auch ein touristischer Wallfahrtsort ist: *Ever happy guest house, Hill view restaurant, Hotel river garden.* Einen Moment lang ertappe ich mich bei dem Gedanken an ein Bett. Doch schnell holt Nagender mich in die Realität zurück: »Gangotri ist leer, kein Mensch da!«, sagt er mehr zu sich selbst und sinkt staunend auf den Eingangsstufen eines Souvenirladens nieder. Jede Tür ist mit einem schweren Schloss verrammelt. Es herrscht eine gespenstische Atmosphäre. Wir sitzen in einer Ladenstraße und ich rieche förmlich die Menschen, die sich von Mai bis Juli durch den Ort schiebt, höre die Rasseln der Straßenhändler, die Schreie der Shopbesitzer und das flehende Betteln der Obdachlosen. Doch jetzt herrscht absolute Stille. Nur das Rauschen der Ganga, das uns seit Tagen nicht mehr aus den Ohren geht, ist zu vernehmen.

»Wollen wir uns hier mitten auf den Weg legen?«, frage ich Nagender.

»Wenn wir nichts Besseres finden, aber vorher suche ich Gangotri nach Menschen ab.«

Alle schwärmen aus in der Hoffnung, eine offene Hütte aufzutreiben.

»Ich habe einen Swami gefunden, bei dem können wir im Ashram schlafen«, stürzt Nagender begeistert auf mich zu.

Der Weg durch das ausgestorbene Dorf ist fast so kompliziert, wie die Überquerung einer Geröllhalde. Der Ashram liegt weit außerhalb unter einem gewaltigen Felsüberhang, der jetzt in der Dämmerung nur als bedrohlicher Schatten am Himmel erscheint. Wir steigen hinab in einen Innenhof, der von zweistöckigen Holzhäusern mit Balkonen und Terrassen umbaut ist. Auf der einen Seite ragt ein mächtiger Fels in den Hof, an dem ein kleiner Tempel errichtet ist. Davor steht ein recht abgemagerter Mann in einer orangen Kutte und hantiert mit Räucherstäbchen. Er beachtet uns kaum, so als kämen alle zehn Minuten Leute wie wir vorbei. Er verweist uns mit einer Handbewegung auf zwei Räume an der gegenüberliegenden Seite und wen-

306

det sich wieder seiner Tätigkeit zu. Viel besser als auf der Straße zu schlafen ist es nicht, aber wenigstens haben wir ein Dach über dem Kopf und ein Kissen darunter. Das letzte für die kommenden Tage. Es ist nichts weiter als eine Holzpritsche, auf der ich ebenso gründlich meine Unterlage abpolstern muss. Inzwischen ist es stockdunkel und bitterkalt geworden. Wir haben die Dreitausendmetermarke überschritten. Vor uns liegen noch tausendzweihundert Höhenmeter und zwei Tage harte Arbeit.

»Ab jetzt gibt es keine Straße mehr, du musst das Bike hier zurücklassen«, klärt Nagender mich auf. Damit hatte ich gerechnet. Doch auch den Rollstuhl muss ich zerlegen und umbauen. Bei Kerzenschein montiere ich die Räder ab. Mit dem Bike werden sie hier deponiert. Was vom Rollstuhl übrig bleibt, ist ein Sitz mit Fußbrett, der nun zu einer Sänfte umgebaut wird. Bei unserem Swami ergattern wir zwei vier Meter lange Bambusstangen, die links und rechts am Sitz mit kräftigen Seilen angebunden werden. Nagender und Ain Badhur helfen mir dabei. Die Stangen müssen in der richtigen Höhe sitzen, damit vier Personen sie schultern können. Um zu verhindern, dass der Stuhl während des Tragens zusammenklappt, pressen wir ein Holzscheit von unten in den Rahmen.

In der Dunkelheit proben wir das Tragen im Innenhof des Ashram. Prabhu und Janak, weil sie gleich groß sind, postieren sich vorn, während Basant und Ain Badhur hinten tragen. Auf ein gemeinsames Kommando erheben sich alle vier. Die Seile straffen sich, es knarrt hier und da in den Bambusröhren und sanft hebt sich mein Rolli bis in Schulterhöhe der Sherpas. Sie gehen eine Runde über den Hof, treppauf und treppab, bis sich alle einig sind, die kommenden vier Tage so laufen zu können.

Ein geübter Wanderer benötigt in den Sommermonaten von Gangotri bis zum Gaumukh-Gletscher keine fünf Stunden. Doch für uns gelten andere Zeiten. Da der Trampelpfad häufig verschüttet ist, werden wir Umwege gehen müssen oder viel Zeit in das Freischaufeln investieren. Ain Badhur rechnet daher mit eineinhalb Tagen für den Hinweg und ebenso viel für die Rückkehr nach Gangotri. Die Temperaturen sinken deutlich unter null Grad. Hier im Ashram gibt es keine Heizung und ein größeres offenes Feuer können wir auch nicht entzünden, weshalb ich mich durchgefroren in den Schlafsack verkrieche. Sind meine Beine erst einmal kalt geworden, dauert es wegen der schlechten Durchblutung selbst unter günstigen Umständen Stunden, bis sie wieder warm werden. So schlottere ich mich warm, bis endlich der Schlaf kommt.

Weit vor Sonnenaufgang starten wir zur schwierigsten Etappe. Pirth und Kasar müssen jetzt tragen, was vorher auf sechs verteilt war. Wieder lassen wir Dinge zurück, die nicht überlebenswichtig sind. Lebensmittel werden rationiert und auch Nagender bekommt einen Rucksack. Noch gibt die Dämmerung kaum Licht, es ist die kälteste Stunde der Nacht.

Auch wenn sich mein schlechtes Gewissen hin und wieder meldet, so beginne ich trotz allem zu genießen. Meine Sänfte ist nicht nur gemütlich, durch die Biegsamkeit der Bambusröhren wird jeder Schritt abgefedert und ich sitze ganz ungewohnt hoch über den Köpfen der anderen, mit einem herrlichen Rundblick. Sich tragen zu lassen, hat nur einen entscheidenden Nachteil: Ich bin zur Untätigkeit verdammt. Während die Sherpas unter mir bei Minusgraden ins Schwitzen geraten, muss ich mir Pullover und Jacken schnorren, um nicht zu frieren.

Wir verlassen Gangotri sozusagen durch die Hintertür, denn der Trampelpfad ist durch Steinschlag völlig zerstört. Im schummerigen Dämmerlicht finde ich mich in einer faszinierend unwirtlichen Gegend wieder. Als hätten Riesen ihre Fußbälle hier vergessen, liegen drei Meter hohe, kreisrunde Felsen dicht an dicht, zwischen denen wir hindurchklettern.

Ich beginne in eine Welt einzutauchen, die mir seit zwanzig Jahren verschlossen geblieben ist: die Unwegsamkeit. Bewegt man sich mit Rädern vorwärts, ist die Abhängigkeit vom entsprechenden Untergrund groß. Meine Welt endet am Straßenrand. Wälder, Wiesen, Sandwüsten oder Gebirge bleiben ohne eine Zufahrt unerreichbar. Doch nun bin ich abwegig und entdecke eine Landschaft, gänzlich befreit von Straßen und Pfaden.

Die ersten Sonnenstrahlen, die ich sehnsüchtig erwartet habe, zwingen mich aus Jacken und Pullovern, denn so schnell die Temperatur am Abend fällt, steigt sie mit dem Aufgehen der Sonne. Die Riesenfelsen sind inzwischen erheblich kleineren Steinen gewichen, bis wir durch ein Kiesbett wandern, in dem wir gut vorankommen. Einst befand sich die Quelle des Ganges in diesem Tal. Aber der Gaumukh-Gletscher, aus dem der Ganges entspringt, schmilzt seit Jahrhunderten stetig ab. So ist die Gangesquelle keinem festen Ort zuzuweisen, sondern wandert Jahr für Jahr ein paar Zentimeter.

Bald haben wir die riesige Mure umwandert und steigen nun steil hinauf, um den Trampelpfad am Felshang zu erreichen. In ein paar Wochen, wenn alle Schäden beseitigt sind, bevölkert sich dieser Pfad mit Pilgern auf ihrem Weg zur Glückseligkeit. Jetzt scheint diese Gegend menschenleer. Rechts sehe ich ein riesiges Tal, so weit und groß, dass es mir Schwierigkeiten bereitet, Entfernungen abzuschätzen. Einzig die Bäume sind mir ein Anhaltspunkt, um Größenverhältnisse einzuschätzen. Sie erscheinen als winzige grüne Stäbchen in der Ferne. Links blicke ich auf loses Geröll an einem Steilhang, in den nichts weiter als eine meterbreite Stufe geschaufelt wurde, über die wir den Hang queren.

Hier bedarf es nicht mehr als eines losen Steinchens, um einen Geröllhagel loszutreten. Dass dies auch geschieht, sehen wir an den Felsbrocken, die wir überklettern müssen und den häufigen Blockaden. Gerölllawinen und zunehmend auch Gletscher, die alles mit sich in die Tiefe gerissen haben, kosten Zeit und Kraft. Dabei ist mir häufig nicht bewusst, dass es ein Gletscher ist, auf dem ich mich befinde. Ich hatte mir Gletscher als riesige, zerklüftete, weiße Eisflächen vorgestellt. Doch was wir nun überqueren müssen, ist ein Gemisch aus Eis, Geröll, zerbrochenen Hölzern und Schlamm. Zunächst wird ein trittfester Pfad in die verharschte Fläche geschlagen. Eine schweißtreibende Angelegenheit, die ohne Eispickel unmöglich gewesen wäre. Prabhu nimmt mich wieder auf den Rücken, weil der Weg zu schmal ist. Den Blick in den Abgrund bin ich zwar gewohnt, doch jetzt hat sich die Situation geändert: Ein Fehltritt von Prabhu kann lebensgefährliche Konsequenzen für uns beide haben. Der Untergrund ist einmal glatt, dann wieder schlammig oder mit Ästen und Steinen durchsetzt. Ich klammere mich an seinem T-Shirt fest und beginne zu überlegen, wie groß wohl die Überlebenschancen für uns wären, wenn wir hier abrutschten. Man könnte sich an einem der Äste festhalten, aber vermutlich würde man von ihnen aufgespießt.

Schnell verwerfe ich meine düsteren Gedanken und konzentriere mich auf Prabhus Schritte, mit denen ich mein Gewicht verlagere, um es ihm leichter zu machen.

Endlich haben wir diese Gefahrenstelle überwunden und ich darf wieder in meine Sänfte. Lange währt meine Freude jedoch nicht, denn das nächste Geröllfeld ist bereits in Sichtweite. Mir fällt auf, wie Ain Badhur aufmerksam den Hang über uns beobachtet. Auch die anderen blicken immer wieder besorgt hoch. Es dauert eine Weile, bis ich begriffen habe, was sie so beunruhigt. Das Fell der Bergziegen stimmt farblich perfekt mit der Umgebung überein, so dass ich die Tiere, bis sie sich bewegen, für Felsen halte. Ich bin begeistert.

Doch kaum habe ich meine Kamera bereit, kommt hektisches Treiben auf. »Achtung, Steine!«, schreit Nagender, während die Sherpas versuchen, mich schnell aus der Gefahrenzone zu tragen. Doch an Flucht ist nicht zu denken. Wir befinden uns zwischen zwei Geröllfeldern. Hinter uns, wo ich gerade noch abgestellt war, fliegen jetzt Brocken aller Größen in die Tiefe oder landen krachend auf dem Pfad. Als ich hoch blicke, sehe ich eine Lawine Kieselsteine auf mich zukommen. Ich lasse die Kamera fallen und kann mich nur noch mit den bloßen Händen schützen. Ich fühle mich unglaublich hilflos. Ich kann nicht wegrennen, nicht den Steinen ausweichen oder mich sonst wie in Sicherheit bringen, bin vollkommen darauf angewiesen, dass die Sherpas mich nicht stehen lassen, um die eigene Haut zu retten. Ob der hohen Fallgeschwindigkeit entwickeln diese kleinen Steinchen eine unglaubliche Kraft. Auf den Schultern und Händen durchzucken mich mit jedem Treffer heftige Schmerzattacken, bis nur noch Sand und Staub von oben rieseln. Mit blauen Flecken und leichten Blutergüssen sind wir alle noch einmal davongekommen. Von oben bis unten staubgepudert und gezeichnet von der ausgestandenen Angst, geben wir ein ziemlich erbärmliches Bild ab. Wir beschließen, dass einer von uns vorausgeht und Felsen und Hänge nach Bergziegen absucht.

In den Mittagsstunden wird die brennende Kraft der Sonne fast unerträglich, ihre Strahlen tauchen die steinige Landschaft in ein blendendes gleißendes Licht. Schatten spendende Bäume werden seltener, so dass wir froh sind, für die Mittagspause unter einem Felsvorsprung Schutz zu

311

finden. Wo die Sherpas mich absetzen, bleibe ich notgedrungen für die kommende Stunde. Ein Zustand, den ich immer gehasst habe, doch hier ist es anders. Nicht im Traum hätte ich mir solch abenteuerliche Touren vorstellen können und jetzt stehe ich in über dreitausend Metern Höhe mitten im Himalaja und spüre eine tiefe innere Genugtuung und Zufriedenheit. Vielleicht nehme ich all die Strapazen nur für diesen Moment auf mich. Um mir sagen zu können: Siehst du, es geht doch!

Während ich über meine Motive sinniere, kommt plötzlich ein skurril gekleideter Pilger des Weges. Ich staune nicht schlecht. Er ist sicher weit über siebzig Jahre alt, gestützt auf einen ziemlich abgenutzten Wanderstock und eingehüllt in oranges Tuch. Das Gesicht versteckt sich hinter den Gläsern seiner riesigen Sonnenbrille und einer Art Turban, der alle übrigen Hautpartien abdeckt. Wir laden ihn zu Reis und Linsen, unserem wenig abwechslungsreichen Mahl, ein. Dankend lässt er sich auf einem Fels nieder. Das Gespräch dreht sich offensichtlich um mich, erkennbar an den Handzeichen und Blicken. Nagender hört aufmerksam zu und übersetzt mir die wichtigen Informationen. Und die besagen nichts Gutes. Er prophezeit uns wenig Erfolg, denn dreihundert Meter oberhalb musste er auf allen vieren klettern, um eine extrem steile Gerölllawine zu überwinden, unmöglich dabei noch jemanden auf dem Rücken zu tragen. Inzwischen lasse ich mir durch solche Äußerungen nicht mehr die Laune verderben, dafür schien das Ende der Reise schon zu oft nah.

Zwei Stunden später bin ich nicht mehr so zuversichtlich. Wir stehen vor einem fünfzig Grad steilen Hang aus lockerem Geröll, der erst vor ein paar Tagen abgegangen sein muss. Die Äste und Bäume haben noch ganz frische Bruchstellen und noch immer lösen sich aus unerfindlichen Gründen Steinchen, die in die Tiefe rollen. Die Sherpas hocken sich nieder und beginnen eine lebhafte Diskussion, die sich anscheinend um die Strategie dreht, mit der wir diese Gefahrenstelle überwinden wollen. Ich kann mir beim besten Willen nicht vorstellen, wie ich das schaffen soll. Das Geröll ist so locker, dass Ain Badhur, der die Trittfestigkeit prüfen will, Probleme hat, nicht abzurutschen. Die Tiefe ist tödlich, das überlebt niemand. Erneut überlege ich, ob es an der Zeit ist abzubrechen. Dabei versuche ich mich in die Lage der Sherpas zu versetzen, denen bei Erreichen der Gangesquelle eine Extraprämie sicher ist. Kann es etwa sein, dass sie aus falschem Ehrgeiz und der Hoffnung auf die Prämie risikobereiter sind? Viele von ihnen haben selbst Frau und Kinder zu Hause, sie werden sich doch nicht leichtfertig in Gefahr begeben?

»Nagender«, rufe ich, »bitte sage ihnen, dass ich die Prämie auch zahle, wenn wir nicht zur Quelle kommen, ich will kein unnötiges Risiko eingehen.« Sie reagieren kaum und sind offensichtlich entschlossen weiterzugehen, denn ihre Antwort lautet: »Wir werden bis zur Dunkelheit in Zweistundenschichten einen Trampelpfad errichten. Morgen früh geht es dann weiter. Bis dahin übernachten wir an der verfallenen Hütte.« Ungefähr zweihundert Meter zuvor sind wir an der ehemaligen Behausung eines Einsiedlers vorbeigekommen.

Im Windschatten des Gebäudes, zwischen altem Gerümpel und zerbrochenen Möbeln errichten wir das Nachtlager, während jeweils zwei Sherpas mit Spitzhacken eine gangbare Stufe in den Abhang schlagen.

»Wir sollten morgen sehr zeitig aufbrechen«, übersetzt mir Nagender Ain Badhurs Plan, »dann können wir es zum Gaumukh-Gletscher bis mittags schaffen und abends wieder hier sein. Eine Nacht dort oben kann ziemlich ungemütlich werden. Wir haben kein Zelt, und selbst eure Daunenschlafsäcke sind dafür nicht mehr geeignet.«

Schon tags zuvor habe ich mich gefragt, warum wir eigentlich kein Zelt dabeihaben. Auch die Sherpas sind ziemlich blauäugig ausgerüstet. Sie wickeln sich nachts lediglich in mehrere Decken ein und besitzen keinen weiteren Kälteschutz. Doch ich will die angespannte Stimmung nicht noch mit Kritik anheizen, ändern lässt sich daran jetzt ohnehin nichts mehr.

»In spätestens drei Tagen wird es hier regnen«, erklärt mir Nagender, »siehst du die Wolken vom Tal hochziehen?« Auch mir waren die Wolkenfetzen aufgefallen, die sich jeden Nachmittag ein Stück weiter hochgeschoben haben. Morgens war der Himmel dann wieder herrlich blau. »Ain Badhur meint, dass wir auf dem Rückweg in schlechtes Wetter geraten könnten.«

Kaum sind die ersten Sonnenstrahlen hinter den Bergen verschwunden, krieche ich in meinen Schlafsack. Jetzt muss ich darauf achten, nicht auszukühlen. Das Essen brodelt auf dem Feuer, heißer Tee wärmt von innen, während die nächtliche Kälte aus der Dunkelheit mehr und mehr Besitz von uns ergreift. Mein Nachtlager errichte ich mir aus unseren Lebensmitteln. Unter den Knöcheln liegt der Mehlsack, die Knie ruhen auf dem Reis, fürs Becken habe ich das Sitzkissen und meine Schulter gräbt sich in den Linsensack. So kann ich beruhigt schlafen.

Alle müssen jetzt konzentriert zusammenarbeiten. Prabhu hat mich auf seinen Rücken geschnallt, Janak geht voran und Ain Badhur hinterher. Das erste Dämmerlicht reicht gerade aus, um genug sehen zu können. Alle halten mich fest, am Kragen, an der Hose und für den Fall, dass Prabhu abstürzt, wird auch er an die Hand genommen. Ich wage es nicht, mir auszumalen, was bei einem Fehltritt passiert. Dass mich dann noch jemand festhält, daran glaube ich nicht. Der Abgrund ist so tief und wir sind nur einen Schritt von ihm entfernt. Mein Leben liegt in den Händen dieses Sherpas, nein, auf seine Füße kommt es an. Jeder Schritt wird genau überlegt. Seine billigen Turnschuhe scheinen für dieses Gelände wie geschaffen, sie passen sich jeder Unebenheit perfekt an. Größere Steine werden von Janak aus dem Weg geräumt.

Da Prabhu, mit mir auf den Schultern, tief gebeugt gehen muss, kann er nur den Weg direkt vor seinen Füßen sehen. Wie einem Blinden wird ihm von Janak der Weg gewiesen. Ich spüre, wie ihm die Kraft schwindet und noch immer ist das Ende der Halde nicht in Sicht. Ich bin Prabhu so nah, dass ich den rasenden Herzschlag an seinen Schläfen fühle. Mit meinen Armen, die sich um seine Schultern klammern, mit den Händen, die seinen Brustkorb fast umgreifen, nehme ich wahr, wie zittrig sein ganzer Körper vor Anstrengung wird. Ich beobachte seinen Gang. Ist das Bein nicht gerade weggeknickt oder habe ich mich getäuscht? Wäre dieser Pfad nicht so verdammt schmal, könnten wir hier wechseln und Prabhu entlasten. Doch ein solches Manöver ist nicht möglich. Ständig hebe ich den Kopf in der Hoffnung auf ein absehbares Ende. Tatsächlich scheinen wir den Scheitelpunkt der Halde überschritten zu haben, denn es geht leicht bergab. Dadurch fällt Prabhu das Gehen zwar nicht leichter, aber die Aussicht auf das nahe Ende gibt ihm neue Kraft. Sicheren Schrittes kommen wir wieder auf festes Gelände. Als hätten wir bereits die Gangesquelle erreicht, fallen wir uns erleichtert in die Arme. Nagender mit Rucksack und die anderen mit meiner Sänfte und den Lebensmitteln treffen kurze Zeit später ein.

»Hat hier jemand auch einmal an den Rückweg gedacht?«, frage ich Nagender mit Galgenhumor. Beeindruckt von Prabhus Leistung, von seiner Angst abzustürzen und dieser schier unendlichen Tiefe, sitzt Nagender nur da und starrt mich an.

Prabhu darf bis zum nächsten Engpass ohne Gepäck laufen. Nur noch steil bergauf führt der Weg. Wer die Sänfte hinten trägt, muss jetzt ungleich mehr Last übernehmen, weshalb die Stellungen dauernd gewechselt werden. Nagender berichtet mir, dass Ain Badhur eine leichtere, aber dafür längere Route eingeschlagen hat. Sichtlich geschwächt nutzen die Sherpas jede Gelegenheit, eine Pause einzulegen. Noch einmal mache ich Ain Badhur, dessen Kompetenz für mich unzweifelhaft ist, klar, dass er die Tour jederzeit abbrechen kann.

»Im Regen gibt es für uns kein Zurück«, gebe ich zu bedenken, »dann versinkt hier alles im Schlamm und wir müssen auf besseres Wetter warten. Ohne Zelt sind wir bei diesen Temperaturen verloren!«

»No problem«, beruhigt er mich, »der Regen kommt erst in ein paar Tagen. Außerdem gibt es am Gletscher eine Hütte, die ist zwar verschlossen, aber notfalls brechen wir sie auf.«

In den folgenden Stunden müssen wir einen Zufluss des Ganges durchqueren, der uns zwingt, tief ins Tal und danach wieder steil bergan zu klettern.

Unweit des Übergangs legen wir zwischen Felsbrocken und himmelhoch aufragenden Felswänden eine Rast ein. Pirth, der offensichtlich an Grippe leidet und eine ständig triefende Nase hat, kann kaum noch Gepäck tragen. Alle massieren ihre Füße und kühlen sie im Gletscherwasser des Baches. Basant und Ain Badhur haben sich an den Bambusstäben ihre Schultern durchgescheuert und können mich nur noch auf der linken Seite tragen. Nagender, der solche Fußmärsche nicht gewohnt ist, begutachtet mit verzerrtem Gesicht seine Blasen. Meine blauen Flecken schillern jetzt in allen Farben. »Wie weit ist es noch?«, frage ich Ain Badhur. Ich wollte diese Frage vermeiden, schließlich ist mir klar, dass er darauf keine zufrieden stellende

Antwort geben kann. Doch er sagt: »Hinter dieser Flussbiegung. Wir müssen nur dort hoch«, dabei weist er auf den Anstieg, der vor uns liegt, »oben passieren wir einen Felsvorsprung und dann kann man Gaumukh sehen. Eine Stunde, wenn alles gut geht. Aber wenn der Felsvorsprung verschüttet ist, haben wir keine Chance.«

Als wir wieder unterwegs sind, begreife ich, warum die Pause so in die Länge gezogen wurde. Alle wussten wohl um das härteste Stück Arbeit. Eine Stunde lang klettern die Sherpas mit mir extrem steile Pfade hoch. Die Bambusstangen rutschen ihnen förmlich von der Schulter. Nagender und Kasar, die selbst schweres Gepäck tragen, schieben von hinten nach, um meinen vier Trägern die Arbeit zu erleichtern. Ständig muss ich meine Sänfte mit Prabhus Rücken tauschen, wenn Felsstufen und Abbruchkanten, auf denen nur eine Person Platz hat, überwunden werden müssen.

Dabei beginnt er häufig auf allen vieren zu klettern, was ihm mehr Sicherheit bietet. Einer schiebt von hinten, und so kämpfen wir uns Meter für Meter hoch. Auf halber Strecke, wir biegen gerade in eine Kehre, glaube ich plötzlich meinen Augen nicht zu trauen. Etwas unterhalb des Pfades, auf einem terrassenartigen Vorsprung flattert eine rote Gebetsfahne im Wind. Vier in den Boden gerammte Pfähle bilden mit einer Plastikplane einen Unterstand. Davor hockt ein Sadhu am Feuer, nur mit einem dünnen Tuch um die Hüfte bekleidet. Das verfilzte Haar hat er auf seinem Kopf zu einem Turm aufgedreht. Seine erdige Körperfarbe ist der Umgebung fast perfekt angepasst. Man sieht, dass er schon lange hier lebt. Der Boden ist mit allerlei Utensilien bedeckt, Kochgeschirr, Feuerhaken, Knüppel und verkohlte Scheite liegen wahllos umher. Seit fünf Jahren hat er diesen Ort am Ganges nicht verlassen, hier, wo es im Winter bis zu minus zwanzig Grad kalt wird, lebt er nahezu luftgekleidet von den Spenden der Pilger. Wir schenken ihm einen Topf Reis mit Linsen und machen uns wieder auf den Weg.

Die Probleme wollen nicht enden. Ein Gletscher, hundert Meter breit und steil wie die extremsten Geröllhalden, versperrt uns den Weg. Ain Badhur weiß, dass uns die Zeit knapp wird und es scheint, als wolle er um nichts in der Welt in dieser Höhe übernachten. Hektisch beginnt er mit seiner Spitzhacke auf das Eis einzuschlagen. Dabei brüllt er Kasar an, der gerade zufällig die zweite Spitzhacke hält, und fordert ihn zum Helfen auf.

Das Klima macht einen ganz verrückt. Wir müssen ungefähr bei viertausend Metern, jenseits der Vegetationsgrenze sein. Nie zuvor habe ich eine solche Höhe erlebt. Die Sonneneinstrahlung, die von dem Gletscher und den vereisten Bergflanken ringsum reflektiert wird, ist extrem. Ebenso der Temperaturunterschied zwischen Sonne und Schatten. Hier ist es brüllend heiß, dort eisig kalt. Längst tragen alle ihre Schneebrillen, auch Gesicht und Kopf sind mit Tüchern und Mützen abgedeckt. Die Sherpas gleichen einer Truppe vermummter Gestalten, die sich auf dem Gletscher tummeln, um mir einen Weg zu bahnen. Die dünne Luft macht erstmals auch ihnen zu schaffen. Ständig wandern die Spitzhacken von einem zum anderen, damit jeder zu seiner Atempause kommt. Erstaunlich schnell ist ein passabler Weg gehackt und wieder werde ich auf Prabhus Rücken geschnallt.

Die Stimmung unter den Sherpas ist zunehmend gereizt. Ich glaube, es hängt mit dem Zeitplan zusammen. Die Sonne hat längst den Zenit überschritten (eine Uhr trägt hier niemand), und noch immer klettern wir Schritt für Schritt hinauf. Dabei müssten wir jetzt längst beim Abstieg sein, um den Lagerplatz der letzten Nacht noch vor Einbruch der Dunkelheit zu erreichen. Es ist noch nicht einmal absehbar, ob wir überhaupt unser Ziel erreichen. Sollte der Felsvorsprung, von dem Ain Badhur gesprochen hat, unpassierbar geworden sein, müssen wir umkehren, ohne die Quelle gesehen zu haben. Davon hängt nun alles ab und seitdem Ain Badhur von diesem ominösen Felsvorsprung erzählt hat, von dem Erfolg oder Scheitern abhängt, versuche ich mir vorzustellen, wie ein solcher Engpass beschaffen ist.

Inzwischen wandern wir auf einem passablen Pfad im Gänsemarsch, links eine senkrechte Felswand, rechts ein nahezu bodenloser Abgrund. Janak, der uns vor Steinschlag warnt, geht voraus, gefolgt von Prabhu mit mir auf dem Rücken und Nagender, der bei all den Schwierigkeiten auch noch mit der Kamera hantiert. Regelmäßig wird Prabhu abgelöst, womit ich jeden unserer Träger einmal hautnah zu spüren bekomme. Nur Pirth, der nicht hätte mitkommen dürfen, weil er bereits krank war, bleibt von mir verschont. Am anstrengendsten ist es auf dem Rücken von Basant, unserem Koch. Sein Rundrücken macht mir das Atmen schwer und verursacht starke Schmerzen auf der Brust. Bei ihm rutsche ich immer hin und her, um die Lage etwas zu verbessern, was ihm das Tragen erheblich erschwert.

Zunächst sind es für mich nicht mehr als zwei Felsbrocken, wie Hunderte zuvor, die den Weg versperren. Erst auf den zweiten Blick bemerke ich, dass wir vor unserer letzten Hürde stehen. Alle lassen sich nieder und blicken stumm auf die drei Meter hohen Felsen. Es ist nicht das erste Mal, dass mir eine Barriere unüberwindbar erscheint. Doch nun gibt es keinen Zweifel: Diese Hürde können wir nicht nehmen. »Ich danke euch allen für die große Hilfe, ihr habt getan, was möglich war«, beginne ich gerührt meine Dankesrede. Doch so stumm, wie sie vorher die Felsbrocken angestarrt haben, blicken nun alle mich an. Ain Badhur unterbricht mich und Nagender übersetzt, der Fels sei

319

nicht verschüttet, und auch diese Hürde werden wir nehmen. »Wie soll das gehen?«, frage ich verwundert, »wir müssen geradewegs da hoch.« – »Kasar hat Seile im Rucksack, damit werden wir dich hochziehen«, übersetzt er mir Ain Badhurs Erläuterungen. Sie ziehen kurze Kletterseile heraus, die sie an allen vier Ecken meines Rollstuhlsitzes befestigen. Jetzt werde ich ganz nah neben den senkrechten Fels gestellt und vier der Männer klettern in der Spalte an der Wand steil hoch. Drei stemmen mich zunächst von unten so weit, wie es geht. Die vier an den Seilen beginnen nun gleichmäßig zu ziehen, während von unten mit den Bambusstäben gesichert wird. Wie in einem Lift steige ich an und schwebe nun über einem Abgrund, dessen Tiefe unendlich scheint.

Zentimeter für Zentimeter schrammt der Rollisitz am Fels entlang, bis Prabhu, Janak, Kasar und Nagender die Seile nach und nach fallen lassen und meinen Sitz mit den Händen greifen. Erleichtert erreiche ich die Klippe, noch immer in tiefem Respekt vor dem gähnenden Abgrund.

»Andreas«, meint Nagender, als wolle er mir gratulieren, »dreh dich mal um!« Ich blicke ihn zunächst fragend an und wende dann gespannt den Kopf.

Ein Anblick, der mir das Herz springen lässt und Magenkribbeln verursacht. Majestätisch erhebt sich vor mir der siebentausend Meter hohe Baghirati-Gipfel in den blauen Himmel, der oberhalb fast unmerklich in ein dunkles Stahlblau übergeht. Eine Schönheit, die mich sprachlos macht. Dass ein Berg so anmutig sein kann, überrascht mich ganz und gar. Er hat eine klare spitze Form, an seinen Flanken kleben blendend weiße Schneefelder. Dieser Gipfel krönt ein zehn Kilometer weites Tal, vielleicht sind es auch fünfzig Kilometer, ich kann es nicht schätzen. Am Fuße dieses Berges zieht sich der Gaumukh-Gletscher in einer sanften Kurve hinunter. Hier entspringt der Ganges.

Wir beginnen wie die kleinen Kinder zu jubeln und liegen uns in den Armen. »In einer Stunde sind wir da. Ab jetzt haben wir nur noch einen leichten Fußmarsch, dort drüben geht es lang.« Nagender weist auf die linke Seite des Tals, wo ich den Weg gut erkennen kann. »Können wir nicht da unten übernachten?«, frage ich mit Blick auf die Blechhütte, die, wie für uns errichtet, mitten im Tal steht. »Nein«, entgegnet Ain Badhur, »wir werden noch heute mit dem Abstieg beginnen. Ich habe Basant schon zurückgeschickt. Er kommt uns mit Feuerholz entgegen und wird am Treffpunkt das Abendessen fertig haben.«

Ein Lingam, das Symbol Gott Shivas, aus dessen Haupthaar der Ganges in der hinduistischen Mythologie entspringt, und kleine rote Gebetsfahnen markieren die geheiligte Quelle. Die Abbruchkante des zerklüfteten und von der Luftverschmutzung ergrauten Gletschers ist allein vier Meter hoch. Es ist mir unmöglich genau zu orten, an welcher Stelle der Fluss unter dem Eis hervortritt. Das ist jetzt auch egal. Ich stehe zwischen Felsbrocken und schöpfe eine Hand voll des jungen Gangeswassers.

Zweitausendsechshundert Kilometer hatte ich immer das gleiche Ziel vor Augen, malte mir den Gletscher in den schönsten Farben aus, habe ihn als schimmernd blaue Eisfläche idealisiert. Stattdessen zeigt er sich als eine dreckige Geröllhalde. Nur das Wasser ist so, wie ich es mir vorstellte: glitzernd klar und so sauber wie auf der ganzen Reise nicht. In eine Filmdose fülle ich Gangajal, es ist mein schönstes Andenken.

Ich zittere vor Kälte, die Feuchtigkeit zieht mir in die Knochen und die Sonne gibt uns höchstens noch drei Stunden für den Abstieg. Nervös wandert Ain Badhur hinter mir auf und ab, ein Wink mit dem Zaunpfahl, den ich bereitwillig akzeptiere. Wir müssen aufbrechen. Noch einmal blicke ich zurück, während ich in meiner Sänfte schaukelnd über das steinige Flussbett getragen werde und frage mich, ob die Strapazen diesen Moment wert waren. Den Wert einer Reise macht nicht das Ziel aus, sondern der Weg dorthin. Ich kehre der Quelle den Rücken und lasse dem Heimweh, das mich quält, endlich freien Lauf, denn nun beginnt die Rückkehr.

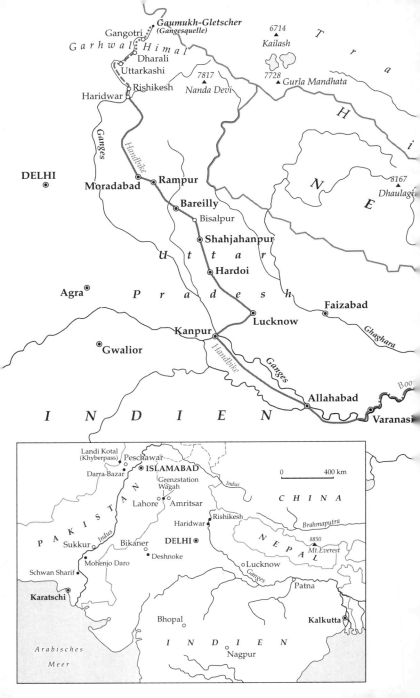

MALIK

Katja Büllmann

*Eine einzige Reise kann
alles verändern*

Frauen erzählen. 240 Seiten. Klappenbroschur

Reisen ist viel mehr als nur Urlaub machen: Es ist immer auch
ein Flirt mit dem Schicksal, besonders wenn man alleine
reist. Jede Reise zeigt uns neue Wege auf, und manchmal kann
sie ein ganzes Leben verändern. – Die Journalistin Katja
Büllmann hat unterwegs die spannendsten Schicksale kennen-
gelernt. Sie porträtiert fünfzehn Frauen, die weit weg von zu
Hause ihre Berufung oder den Fleck der Erde gefunden haben,
an dem sie für immer bleiben wollten. Sie überwanden per-
sönliche Ängste, als sie sich ins Ungewisse aufmachten: die
Münchnerin Elena, die nach Venezuela aufbrach, um ihren
unbekannten Vater zu suchen; Angelika, die im Mai 1989 aus
Mecklenburg floh und auf abenteuerlichem Weg über Un-
garn in die BRD kam; Marianne, der ein Aufenthalt in Sri
Lanka die Augen öffnete und die heute Patenschaften für
Kinder aus Asien und Mittelamerika vermittelt; Barbara, die
auf Safari in Kenia ihr Talent für die Fotografie entdeckte;
oder die Medizinerin Hilke, die seit einer Indienreise für »Ärzte
der Welt« arbeitet. Sie alle hat das Reisen zu neuen Menschen gemacht: stärker, mutiger und freier als zuvor.

MALIK

Arita Baaijens
Wüstennomaden

Als Frau mit Kamelen durch den Sudan. Aus dem
Niederländischen von Verena Kiefer. 256 Seiten mit
24 Seiten Farbbildteil. Gebunden

»Von Darfur quer durch die erbarmungslose Weite der suda-
nesischen Wüste nach Ägypten, auf einem Kamel, abseits
der lebenswichtigen Brunnen, durch gefährliches Banditenge-
biet, ohne Beschützer, als Frau allein... völlig unmöglich.« –
El Mardi schüttelt nachdenklich den Kopf, als er von Arita
Baaijens' Reiseplänen erfährt. Doch die läßt sich nicht aufhalten, so sehr ist sie vom Leben der Wüstennomaden fasziniert. Gewappnet mit historischen Karten, die sie zu entle-
genen Kulturschätzen führen sollen, will sie auf der jahrtau-
sendealten ägyptischen Karawanenroute »Darb el Arbain«,
dem »Weg der 40 Tage«, wie die einheimischen Nomaden nach
Ägypten ziehen – trotz der bürokratischen Hindernisse, der
kulturellen Unterschiede, der Spannungen mit den angeheuer-
ten Begleitern und der extremen körperlichen Strapazen, die
auf sie warten.

02/1058/01/L

MALIK

Anne Donath

*Wer wandert, braucht nur,
was er tragen kann*

Bericht über ein einfaches Leben. 192 Seiten mit zahlreichen
s/w Abbildungen und einem Postkartenbuch. Gebunden

Eine schlichte Hütte, versteckt zwischen Wein und Rosen, Kartoffeln und Gemüse, mit gerade mal 4x4 Meter Grundfläche: das ist Anne Donaths Zuhause. Zwölf Jahre liegt es zurück, daß sie nach einem Aufenthalt in Nordafrika, in einer Oase mitten in der Wüste, ihre Stadtwohnung verließ und sich auf ein Grundstück im Schwäbischen ihr kleines Blockhaus bauen ließ. Seitdem kommt sie ohne Strom, Heizung und Fernsehen zurecht. Mit der Kälte im deutschen Winter mußte sie ebenso lernen umzugehen wie mit der anfänglichen Skepsis der Ortsbewohner. Ihre Lebensmittel wachsen ums Haus, die Wolle zum Spinnen auf Nachbars Schafen, das Brennholz kommt aus dem Wald hinter dem Dorf. Und vieles von dem, was sie für ihr einfaches Leben brauchen kann, hat sie sich auf ihren Reisen in der Sahara von den Tuareg und Berbern abgeschaut.

02/1063/01/R

MALIK

Klaus Denart (Hg.)
Fernsüchtig

Die größten Abenteuer – die besten Reisen.
320 Seiten. Klappenbroschur

Wo fängt das wahre Abenteuer an? Klaus Denart, Globetrotter
aus Leidenschaft, hat die spannendsten Leseerlebnisse außergewöhnlicher Autoren zusammengestellt: Reinhold Messner, Jon Krakauer und Mark Twight, Hermann Buhl und
Joe Simpson, Hans Kammerlander und Kurt Diemberger, die
von den aufregendsten Momenten ihrer Bergsteigerkarrie-
ren, den Höhepunkten und Tiefschlägen berichten. Drachen-
flieger Angelo d'Arrigo, der der Spur der Zugvögel folgt und
als erster Mensch im freien Flug die höchsten Gipfel der Erde
überwand. Bruno Baumann, der in Tibet ein längst ver-
schwundenes Königreich wiederfand. Mike Horn, den seine
Arktis-Expedition 800 Tage lang den nördlichen Polarkreis
entlang führte. Arita Baaijens, die Winter für Winter mit Kamelen durch die Wüsten Afrikas zieht. Unkonventionelle
Pilgerreisende wie Bettina Selby, die den Jakobsweg mit dem
Fahrrad zurücklegte, und Ilija Trojanow, der an der tradi-
tionellen moslemischen Hadsch teilnahm. Oder Maria Blu-
mencron, deren Begegnung mit Flüchtlingskindern im Hi-
malaya auch ihr eigenes Leben für immer prägen sollte.

Erik Weihenmayer

Ich fühlte den Himmel

Ohne Augenlicht auf die höchsten Gipfel der Welt. Aus dem Amerikanischen von Maurus Pacher. 468 Seiten mit 16 Seiten Farbbildteil. Serie Piper

Durch eine seltene Augenkrankheit wurde Erik Weihenmayer vollkommen blind. Aber der Lebenswille des sportlichen jungen Amerikaners blieb ungebrochen. Erst beginnt er zu klettern, dann Berge zu besteigen. Sein Ziel: die sieben höchsten Gipfel aller Kontinente zu bezwingen. Im Mai 2001 steht er mit 32 Jahren auf dem Dach der Welt, dem Mount Everest, als erster Blinder in der Geschichte der Menschheit. In seinem humorvollen, inspirierenden Buch schildert er all die Abenteuer, die diesem großen Augenblick vorangingen.

»Weihenmayer ist in seinem Buch weit davon entfernt, seine Geschichte als sentimentale Erfolgsstory zu erzählen. Spannend zu lesen!«
Frankfurter Allgemeine

Jason Elliot

Unerwartetes Licht

Reisen durch Afghanistan. Aus dem Englischen von Anja Hansen-Schmidt. 487 Seiten mit 8 Seiten Farbbildteil. Serie Piper

»Und dann wurden wir von einem unerwarteten Licht überrascht, filigran wie Kristall. Es war, als hätten wir eine verzauberte Welt betreten.« Poetisch und spannend zugleich ist Jason Elliots Reisebericht über Afghanistan. Er besuchte das Land in den neunziger Jahren, als die Taliban gerade an die Macht kamen. In seinem Buch schildert er das Afghanistan hinter den Kulissen von Kampf und Marter, ein Land voller Kontraste und ein Volk von unvergleichlicher Warmherzigkeit.

»Gekonnt verknüpft Jason Elliot die verwickelte Geschichte des Landes mit seinen eigenen Erlebnissen, bemüht um ein tiefes Verständnis von Islam und Sufismus. Sehr lobens- und höchst lesenswert.«
Frankfurter Rundschau

SERIE PIPER

Jon Krakauer
In eisige Höhen

Das Drama am Mount Everest. Aus dem Amerikanischen von Stephen Steeger. 390 Seiten und 33 Schwarzweißfotos. Serie Piper

Geplant war ein Bericht über die dramatischen Auswüchse des kommerziellen Bergsteigens, Jon Krakauer wurde jedoch Augenzeuge der schlimmsten Katastrophe, die sich je auf dem Dach der Welt ereignet hat: Zwölf Bergsteiger kamen ums Leben. Jon Krakauers spannendes und tief berührendes Buch ist ein einmaliges Dokument, das sich mit der Faszination und Irrationalität des Bergsteigens auseinandersetzt.

»Eines der besten Bergbücher, weil es hautnah und nachvollziehbar zeigt, warum Leute auf den Gipfeln ihr Leben riskieren, obwohl sie es gerade dort wiederfinden wollen.«
Tages-Anzeiger, Zürich

Jon Krakauer
In die Wildnis

Allein nach Alaska. Aus dem Amerikanischen von Stephan Steeger. 302 Seiten. Serie Piper

Im August 1992 wurde die Leiche von Chris McCandless im Eis von Alaska gefunden. Wer war dieser junge Mann, und was hat ihn in die gottverlassene Wildnis getrieben? Jon Krakauer hat sein Leben erforscht, seine Reise in den Tod rekonstruiert und ein traurig-schönes Buch geschrieben über die Sehnsucht, die diesen Mann veranlaßte, die Zivilisation hinter sich zu lassen, um tief in die wilde und einsame Schönheit der Natur einzutauchen.

»Ein zutiefst bewegendes, ganz unsentimentales Abenteuerbuch.«
Die Woche

Pam Houston

Wildnis im Herzen

Aus dem Amerikanischen von Ulrike Wasel und Klaus Timmermann. 284 Seiten. Serie Piper

Pam Houston ist süchtig nach Abenteuern. Kein Fluß ist ihr zu reißend und kein Berg zu hoch auf ihrer Suche nach den extremen Seiten des Lebens. Stets zieht es sie in die entlegensten und unberührtesten Gegenden der Erde: in die Berge Colorados, auf die Stromschnellen wilder Flüsse oder in die Einsamkeit Alaskas. Sie fühlt sich dort am wohlsten, wo nur noch Steinböcke, Bären, Kojoten und Krokodile leben. Packend, unerschrocken und voller Humor erzählt sie von der Faszination der Wildnis, die sie in ihrem Herzen trägt.

»Das Buch liefert tiefenscharfe Erkundungen einer passionierten Beobachterin. Es sind Botschaften aus dem Herzen einer romantisierten Wildnis, die sich unterm Strich als kaum verstellte Liebesgeschichten einer Erotikerin des Natürlichen offenbaren.«
Facts

Break your Limits

Neue Extremabenteuer. Herausgegeben von Ulrich Wank. 316 Seiten. Serie Piper

Man kann seine Hochzeitsreise auch zu Fuß durch die Sahara machen – jedenfalls wenn man Michael Asher heißt und passionierter Abenteurer ist. Den leichten Weg gehen, das ist nichts für die Autoren in diesem Buch. Ob wie Bertrand Piccard mit dem Ballon um die Welt oder in einer einmotorigen Maschine über den Atlantik wie Beryl Markham, ob ein Jahr mit Frau und Baby allein in der kanadischen Wildnis wie Nicolas Vanier oder auf der Suche nach einer großen Reportage im afrikanischen Dschungel … Wovon andere Menschen nur träumen, das leben die Autoren dieses Buches: Denn für das Abenteuer gibt es keine Grenzen.

SERIE PIPER

SERIE PIPER

Nicolas Vanier
Der Sohn der Schneewüste
Roman. Aus dem Französischen von Reiner Pfleiderer. 509 Seiten Serie Piper

Wie schon in seinem Bestseller »Das Schneekind« entführt Nicolas Vanier den Leser in die verschneiten Weiten Kanadas. In seinem packenden Roman erzählt er die Abenteuer des jungen Indianers Ohio, der mit seinem Hundegespann allein durch die Wildnis der Rocky Mountains zieht. Von seinem Stamm verstoßen und seiner Wurzeln beraubt, begibt er sich in die Welt des weißen Mannes auf die Suche nach dem Vater, den er nie gekannt hat. Doch er wird zutiefst enttäuscht – bis er der schönen Mayoke begegnet . . .

»Ein moderner Jack London.«
Süddeutsche Zeitung

Nicolas Vanier
Die weiße Odyssee
Aus dem Französischen von Reiner Pfleiderer. 318 Seiten mit 42 Farbfotos. Serie Piper

Nicolas Vanier hat sich seinen Traum erfüllt, als erster allein mit seinen Schlittenhunden vom Pazifik bis zum Atlantik zu fahren: 8600 Kilometer quer über den Kontinent. Sein Bericht ist nicht nur ein packendes Leseabenteuer – es ist auch die Geschichte einer unerschütterlichen Freundschaft zwischen einem Menschen und seinen Hunden, die sich in der Auseinandersetzung mit einer gnadenlosen Natur bewährt.

»Von den Strapazen der Fahrt berichtet Vanier in seinem Buch, von ihrem beinahe fatalen Ausgang, aber auch von der Weite und Schönheit der Landschaft im Norden. Vanier ist mehr als ein Draufgänger, er kann blendend erzählen. Ein moderner Jack London.«
Focus

Reinhold Messner

13 Spiegel meiner Seele

320 Seiten mit 56 Farbfotos und 14 Karten. Serie Piper

Mit diesem Buch zeigt uns Reinhold Messner die andere Seite seines Wesens, jene Seite, die bisher allzu oft hinter den Sensationen seiner Abenteuer verborgen blieb: seine selbstverordnete Einsamkeit, seine Flucht in die Arbeit und in die Tröstlichkeit von Wüstensand, Eis und Schnee. Er erzählt von seiner Burg Juval im Vinschgau, von seiner Familie und von seiner Leidenschaft für die Jagd. In wenigen seiner Bücher hat Messner einen so tiefen Blick in sein Innerstes getan wie in diesen dreizehn Geschichten, die seine Seele spiegeln.

Isabel Hilton

Die Suche nach dem Panchen Lama

Auf den Spuren eines verschwundenen Kindes. Aus dem Englischen von Sigrid Langhaeuser. 413 Seiten. Serie Piper

Die Entführung eines sechsjährigen Jungen im Jahr 1995 stürzt das besetzte Tibet in eine seiner schwersten Krisen – gilt er doch als die elfte Reinkarnation des Panchen Lama, des zweithöchsten Würdenträgers nach dem Dalai Lama. Isabel Hilton erzählt die Geschichte eines unglaublichen politischen Verbrechens und bietet damit einen ebenso spannenden wie ungewöhnlichen Einblick in die religiös-politischen Verhältnisse Tibets und den unerschütterlichen Selbstbehauptungswillen des Landes.

»Isabel Hiltons international gewürdigtes Werk liest sich wie ein Krimi – und doch ist alles wahr.«

Süddeutsche Zeitung

SERIE PIPER